Dorothy Leeds

Vermarkte dich selbst!

Dorothy Leeds

Vermarkte dich selbst!

Mit Eigenmarketing zum neuen Job

Der ultimative Ratgeber für die Job-suche

Die Deutsche Bibliothek – Cip-Einheitsaufnahme

Leeds, Dorothy:
Vermakte dich selbst! : mit Eigenmarketing zum neuen Job / Dorothy
Leeds. Aus dem Amerikan. von Bettina Blank. - Landsberg a. L. : mvg-
verl., 1998
    Einheitssacht.: Marketing yypurself >dt.<
    ISBN 3-478-72490-2

Für Anna Pearl Robertson,

in ewiger Liebe.

Marketing Yourself. © 1991 by Dorothy Leeds. Published by arrangement
with author. All rights reserved.

Aus dem Amerikanischen von B. Blank.

Umschlaggestaltung: Vierthaler & Braun, München
Satz: Wolfgang Appun, München
Druck- und Bindearbeiten: Druckerei Himmer, Augsburg
Printed in Germany 072 490/998302
ISBN 3-478-72490-2

Inhalt

Dank

Mein besonderer Dank gilt:

- Sharyn Kolberg, deren Sorgfalt, Auffassungsgabe und Kreativität mir bei der Verwirklichung dieses Buches sehr halfen. Sie ist der perfekte rechte Arm.
- Tom Miller, für seine Geduld und Unterstützung. Er besitzt alle Eigenschaften, die ein Verleger haben sollte – und mehr.
- Verkaufs- und Marketingführungskräften im Großraum New York sowie Ed Flanagan, dafür, daß er mir die Türen öffnete.
- Jeff Slutsky, dem größten aller „Streetfighter", der obendrein ein ziemlich guter Verkäufer ist.
- Ann Wolbrom, für ihre Unterstützung, Fröhlichkeit und dynamische Hilfe im Büro.
- George Walther, einem klugen und kultivierten Mann, der mehr vom Telefonieren versteht als irgend jemand sonst auf der Welt.
- Allen, die mir so großzügig ihre Zeit und ihr Wissen schenkten, besonders: Robert Blinder, Susan Boren, James B. Clemence, Dr. Richard E. Emmert, Joe Gandolfo, Joe Girard, Roberts T. Jones, John Kelman, Aven Kerr, William Olsten, Judd Saviskas, Ellen Schneider, Arthur Denny Scott, Martin Shafiroff, Robert Shook, Steve Stein und Walter F. Whitt.
- Mein spezieller Dank geht an meine Familie – Nonny, Ian und Laura – für ihre unendliche Liebe, Unterstützung und Nachsicht.

———◆———

Einführung

Wie lautet der größte Wunsch aller Jobsuchenden? Fast jeder, den ich fragte, antwortete: „Viel Geld zu bekommen für etwas, das mir Spaß macht."

Und warum erfüllen wir uns diesen Wunsch nicht? Weil es bisher ein Geheimnis war, wie man sich die begehrten Jobs angelt. *Vermarkte Dich selbst!* lüftet dieses Geheimnis.

Egal welchen Job Sie suchen und welche Erfahrungen Sie mitbringen – dieses Buch bietet eine systematische Anleitung, wie Sie sich den Job Ihrer Wahl sichern. Sie müssen lernen, Ihr eigenes „Produkt" zu sein, das Sie geschickt verkaufen und vermarkten.

Ziel dieses Ratgebers ist es, Ihnen die nötigen Verkaufs- und Marketingfertigkeiten zu vermitteln – und wie Sie sie umsetzen, um Ihren Traumjob zu bekommen.

Meine Erfahrung in diesem Bereich ist die Frucht aus 15 Jahren Studium, Fortbildung und praktischer Tätigkeit. Ich habe es zu meinem Beruf erkoren, dieses Wissen an andere weiterzugeben, eine große Marketingorganisation aufgebaut und als Seminarleiterin und Beraterin über 20 000 Führungskräfte und Verkäufer trainiert.

Zu Beginn meiner Karriere nahm ich erfolgreiche Jobsuchende unter die Lupe: Was war ihr Geheimnis? Einige hatten eine bessere Ausbildung als ich, andere nicht. Manche waren besser angezogen oder charmanter oder technisch versierter. Der einzige gemeinsame Nenner, der sie von der Masse abhob, war ihre Fähigkeit, *sich selbst zu verkaufen und zu vermarkten.*

Am erstaunlichsten fand ich, daß diese Leute nicht etwa mit dieser Fähigkeit zur Welt gekommen waren, sondern sie sich systematisch angeeignet hatten: Durch Lesen, Üben und Experimentieren, bis sie die Techniken, die sie auf den Erfolgspfad führten, perfekt beherrschten.

Meine Absicht ist es, Ihnen mit Hilfe meines Buches das mühsame Experimentieren zu ersparen. In diesem leicht verständlichen Schritt-für-Schritt-Ratgeber finden Sie alle Informationen, die Sie brauchen, um Ihre persönlichen Träume und Ziele zu verwirklichen.

Beim Schreiben habe ich mich nicht allein auf meine Erfahrung verlassen. Ich habe Geschäftsführer, Manager, Human Resources-Beauftragte und andere Experten befragt, welche Eigenschaften sie in erster Linie von Jobkandidaten erwarten. Ich wollte von führenden Verkaufs- und Marketingprofis verschiedener Sparten wissen, was sie überlegen macht. Ich habe aktuelle und künftige gesamtwirtschaftliche und arbeitsmarktspezifische Tendenzen beleuchtet.

Nutzen Sie die Informationen und die Verkaufs- und Marketingtechniken dieses Buches, und Sie zählen zu den Top-Kandidaten für jeden Job, der Sie interessiert.

Vermarkte Dich selbst! ist in fünf Teile gegliedert:

TEIL EINS: Verkaufen, nicht abwarten:
Sichern Sie sich den Job Ihrer Wahl

- Mit Eigenmarketing auf schnellstem Wege zum Erfolg.
- Wie Ihre emotionale Einstellung Ihren Erfolg bremsen kann und wie Sie Abhilfe schaffen.
- Selbstvertrauen aufbauen, um Ihr Produkt zu unterstützen.

TEIL ZWEI: Erfolgsfaktoren:
Die zehn am besten vermarktbaren Qualitäten

- Zehn Qualitäten und Charaktereigenschaften, die bei allen Arbeitgebern gefragt sind. Beispielfälle, Quizfragen und Bewertungen, mit denen Sie Ihre persönlichen Erfolgsfaktoren einschätzen und verbessern können.

TEIL DREI: Wie gut kennen Sie Ihr Produkt?

- Lernen Sie, Ihr Produkt mit den wahren Gründen, warum Leute eingestellt werden, zu „verbinden" und potentielle Arbeitgeber von sich zu überzeugen.
- Klar abgesteckte Karriereziele erleichtern Ihre Jobsuche.
- Führen Sie Ihre am besten vermarktbaren Qualitäten und Leistungen ins Feld.

TEIL VIER: Wie gut kennen Sie Ihren Markt?

- Entwickeln Sie Ihren persönlichen Marketingplan, um motiviert zu bleiben und zielsicher zu agieren.

- Wirtschaftliche Tendenzen und ihre Auswirkungen erkennen.
- Berufe mit Zukunft und ihre Voraussetzungen.

TEIL FÜNF: Der Verkaufsabschluß

- Tips, wie Sie den Verkauf abschließen.
- Nützliche Verkaufs- und Marketingstrategien, um
  - die Personen zu lokalisieren, bei denen Sie die besten Chancen haben;
  - Arbeitgebern ein unwiderstehliches Angebot zu unterbreiten;
  - sich in jeder Interviewsituation gut zu verkaufen;
  - Auslöser für Interviewängste zu eliminieren;
  - über mehr zu verhandeln als über Geld;
  - den Job Ihrer Wahl zu bekommen.

Dieses Buch richtet sich an Sie als Individuum. Wir alle haben unterschiedliche Ziele und Prioritäten, die bei der Jobsuche eine dominante Rolle spielen. Dem tragen die vielen Quizfragen, Fragebögen und Arbeitsblätter in diesem Buch Rechnung, mit denen Sie die erläuterten Techniken auf Ihre persönlichen Bedürfnisse zuschneiden können. Es ist ein Ratgeber für Ihre Zukunft – ein Handbuch voller praktischer Informationen und Erfolgsstrategien.

Das Jahr 2000, eine neue Ära, steht vor der Tür. Im Informationszeitalter wandelt sich unsere Gesellschaft von der Produktions- zur Dienstleistungsgesellschaft. Wenn Sie von diesem Wandel profitieren wollen, dürfen Sie nicht passiv abwarten, sondern müssen Ihr berufliches Schicksal aktiv in die Hand nehmen. Verkaufs- und Marketingfertigkeiten bereiten Sie auf Veränderungen vor und steigern Ihr Selbstvertrauen. Sie werden sich Ihres Produktwerts stärker bewußt und nutzen dieses Wissen, um Ihre Karriereziele zu verwirklichen.

Meine Devise lautet: „Erfolg ist Umsetzung von Wissen in konkrete Aktionen." Es liegt an Ihnen, wie Sie die Informationen dieses Buches nutzen. Jedem Kapitel ist eine Verkaufs- und Marketingregel vorangestellt, die seinen Inhalt auf den Punkt bringt – alles in allem dreißig Grundsätze, die das Fundament für Ihren beruflichen Erfolg bilden.

———◆———

TEIL EINS

Verkaufen, nicht abwarten: Sichern Sie sich den Job Ihrer Wahl

1 Vermarkte Dich selbst! Mit Eigenmarketing zum neuen Job

Verkaufs- und Marketingregel Nr. 1:

Der Marketingerfolg wird durch die Qualität des Produkts und die Fähigkeit des Verkäufers bestimmt.

Wenn es Ihnen ernst ist mit dem Wunsch, den richtigen Job zu finden – einen Job, der Sie ausfüllt und gut bezahlt ist –, sollten Sie keine Zeit verlieren. Eine Zauberformel, die Sie Ihrem Ziel näherbringt, gibt es übrigens nicht, wohl aber ein Geheimnis.

Das Geheimnis heißt Verkauf und Marketing. Es besteht darin, die Fertigkeiten und Techniken zu erlernen, mit denen erfolgreiche Verkäufer seit langem arbeiten, und diese auf die Jobsuche anzuwenden.

Die in diesem Buch erläuterten Verkaufs- und Marketingfertigkeiten helfen Ihnen,

- die Personen zu erreichen, die am stärksten an Ihrer Einstellung interessiert sind;
- die wahren Gründe der „Käufer" kennenzulernen – und warum Arbeitgeber geneigt sind zu kaufen, was Sie Ihnen anbieten;
- mehr zu fordern – und es zu bekommen;
- die Karriere zu machen, von der Sie träumen.

Die Geburtsstunde eines Verkäufers

Das Erfolgsrezept auf dem heutigen, sich stetig ändernden Arbeitsmarkt heißt: Aktion statt Reaktion. Auf Stelleninserate zu antworten reicht längst nicht mehr aus. Es gibt zahllose intelligente, kreative Bewerber auf der Suche nach interessanten und lukrativen Jobs. Um nicht den kürzeren zu ziehen, sollten Sie Ihr eigener Verkäufer werden.

Wenn Sie sich gegen die Konkurrenz durchsetzen wollen, müssen Sie potentielle Arbeitgeber davon überzeugen, genau Sie zu brauchen. Das ist der Kern aller Verkaufs- und Marketingstrategien.

Verkaufen meint, jemandem zu zeigen, inwiefern Ihr Produkt oder Ihr Service seine/ihre Bedürfnisse erfüllt oder Probleme löst.

Marketing meint den Prozeß, mit dem Produkt oder Service vom Verkäufer zum Käufer befördert werden.

Eigenmarketing bedeutet zu lernen, wie man das Produkt (Sie) mit den Käufern (Arbeitgebern) „verbindet". Der Käufer fällt seine Entscheidung auf der Basis des ihm angebotenen „Gesamtpakets". Wie Sie dieses Paket präsentieren entscheidet, ob Sie gegenüber Ihren Mitbewerbern die Nase vorn haben.

Ich zeige Ihnen, wie Sie Ihre Stärken entdecken und herausstreichen können, um die Karriere zu machen, von der Sie immer geträumt haben. Sie lernen,

- Ihre Stärken, Talente und Interessen herauszufinden;
- Selbstvertrauen aufzubauen, indem Sie Ihren Wert für andere erkennen;
- Verkäufer in eigener Sache zu werden und Ihre Vorzüge effektiv zu vermarkten.

Hört sich nach einer Riesenaufgabe an? Nicht, wenn Sie sich klar machen, daß Ihre Karriere – wie jedes Unternehmen – Zeit und Mühe erfordert, um reifen zu können. Dieser Prozeß dauert Ihr ganzes Leben.

Das Aus für die harte Verkaufsmasche

Warum sind Verkäufer in den letzten Jahren ins Zwielicht geraten? Früher waren erfolgreiche Verkäufer Charmeure und Schmeichler, die einem mit Schönrederei die letzte Mark aus der Tasche zogen. Gesundheit, Reichtum, Glück – der gutgläubige Konsument hatte für alle Versprechungen ein offenes Ohr, auch wenn der Preis horrend war.

• Es scheint, als hätte die seit Jahrhunderten greifende „harte Masche" – Schummeln, Lügen, Übers-Ohr-hauen – ausgedient und würde einer „soften" Verkaufsphilosophie weichen. Die Zukunft gehört dem freundlichen, sanften Verkäufertypus, der Fragen stellt und aufmerksam zuhört, statt sich in Rambo-Manier zum Ziel zu boxen. Im Informationszeitalter ist Ehrlichkeit die beste Politik.

• Wie kommt es dann, daß uns der Gedanke, etwas verkaufen zu sollen – geschweige denn uns selbst – erschaudern läßt? Weil wir schüchtern sind. Bescheiden. Verlegen und unwillig, unser eigenes Loblied zu singen. Aber mal angenommen, Sie hätten einen eigenen Laden: Würden Sie da etwa untätig dasitzen und warten, bis die Leute von selbst zu Ihnen kämen? Falls ja, wären Sie ohne Zweifel schnell pleite. Um Ihr Produkt erfolgreich zu vertreiben, müssen Sie es propagieren, kräftig die Werbetrommel dafür rühren. Wenn *Sie* es nicht tun, wer dann?

• Der neue Verkäufertypus verdankt seine Existenz einem sehr viel kritischer gewordenen Konsumenten, der längst nicht mehr so leicht zu überzeugen ist und brav schluckt, was man ihm vorsetzt. Der neue Verkäufer betrachtet es als seine Aufgabe, anderen bei der Lösung ihrer Probleme zu helfen.

• Und genau das tun auch Sie, wenn Sie sich auf die Suche nach einem neuen Job begeben. Sie versuchen, mit Ihrem Talent und Ihren Fähigkeiten einem Arbeitgeber bei der Lösung seiner Probleme oder Stillung seiner Bedürfnisse behilflich zu sein. Sie werden sehen: Die bewährten Techniken der Verkaufs- und Marketingstrategen lassen sich ausgezeichnet – und mit gleichem Erfolg – auf die Jobsuche übertragen.

Der Karriere-Entrepreneur

Wieso sind manche Verkäufer erfolgreicher als andere? Eine Frage, auf die es viele Antworten gibt. Die vielleicht wichtigste: Egal ob selbständig oder angestellt, legen Spitzenverkäufer für gewöhnlich großen Einfallsreichtum und Pioniergeist im Erschließen neuer Märkte an den Tag. Diese Bereitschaft, über den Tellerrand hinauszublicken und neue Territorien zu erkunden, zeichnet sie besonders aus.

Ein Entrepreneur ist jemand, der günstige Gelegenheiten wittert, Alternativen abwägt, Risiken einkalkuliert und forsch zur Aktion schreitet. Der intelligente Jobsuchende der 90er Jahre ist ein Karriere-Entrepreneur auf der ständigen Ausschau nach neuen Märkten, auf denen er seine Arbeitskraft verkaufen kann.

Ob Sie für einen Multikonzern oder für sich selbst arbeiten – Sie sollten die Mentalität eines Entrepreneurs besitzen und Ihre Person so managen, als seien Sie Ihre eigene kleine Firma. Wie jede Firma benötigen Sie einen aggressiven Marketingplan. Sie müssen Ihr „Produkt" in- und auswendig kennen und wissen, wie Sie es an die Öffentlichkeit bringen. Sie sollten taxieren, in welche Richtung Ihre Branche oder Ihr Interessengebiet steuert, um sicherzugehen, daß Ihr Produkt in einer sich ständig wandelnden Welt seinen Marktwert erhält. Und Sie müssen Verkaufstalent entwickeln, damit Sie den Käufer vom Wert Ihres Produkts überzeugen können.

Erfolg ist Umsetzung von Wissen in konkrete Aktionen

Diese Devise läßt sich auf verschiedenste Situationen anwenden. Möglich, daß man Ihnen günstige Gelegenheiten serviert, aber nur Sie alleine können diese konkret umsetzen. Letztlich sind Sie auch als Arbeitnehmer Ihr eigener Chef und für all Ihre Entscheidungen selbst verantwortlich.

Das Jahr 2000 steht vor der Tür, ein frischer, belebender Wind weht durch unsere Arbeitswelt, der den Anspruch, den wir mit unserem Job verknüpfen, und die Art, wie wir unser Leben lenken, beeinflußt. In diesem Klima des Umbruchs dient kluges Eigenmarketing als wichtigstes Karriereinstrument.

Wenn Sie die in diesem Buch erläuterten Verkaufs- und Marketingregeln befolgen, sind Sie für die Zukunft gewappnet und werden Ihre beruflichen Ziele souverän realisieren. Als Karriere-Entrepreneur werden Sie mit einem einzigartigen Produkt Erfolg haben – mit sich selbst.

Das Verkaufs-
bereitschafts-Quiz

2

Verkaufs- und Marketingregel Nr. 2 :

*Die richtige Einstellung ist die wichtigste Voraussetzung
für den Verkaufs- und Marketingerfolg.*

Haben Sie eine „Verkäuferpersönlichkeit"? Sind Sie „markt- und verkaufsorientiert"? Diese Qualitäten benötigen Sie, um den Job Ihrer
Wahl zu bekommen.

Im folgenden Quiz geht es nicht darum, Ihr Wissen an Verkaufstechniken zu testen, sondern Ihre Verkäuferpersönlichkeit und Ihre
generelle Einstellung zum Verkaufen zu beurteilen.

Seien Sie ehrlich mit sich. Antworten Sie nicht kalkuliert, sondern
spontan. Sie können bei diesem Quiz nichts falsch machen. Es dient
lediglich als Barometer für Ihre Verkaufsbereitschaft.

Machen Sie sich keine Sorgen, wenn Ihr Ergebnis schlechter ausfällt als erhofft. Lesen Sie dieses Buch, befolgen Sie meine Anregungen und wiederholen Sie dann das Quiz. Ich garantiere Ihnen, daß Sie
kein zweites Mal enttäuscht werden.

Verkaufsbereitschafts-Quiz

1. Sie planen mit einem Freund eine gemeinsame Reise. Sie möchten nach Paris, Ihr Freund plädiert für eine Kreuzfahrt. Würden Sie
   A. euphorisch von Paris und darüber, was Sie an der Stadt so lieben, schwärmen;
   B. streiten oder seine Argumente für die Kreuzfahrt ignorieren;
   C. versuchen, herauszufinden, was ihn an einer Kreuzfahrt am meisten reizt?

2. Wenn Sie sich einen klassischen Verkäufer vorstellen, sehen Sie
   A. jemanden, der Ihnen bei der Lösung eines Problems helfen will;
   B. einen „Rambo"-Verkäufer, der Druck auf Sie ausübt;
   C. einen geschickten Manipulator, dem es primär darum geht, sein Produkt loszuwerden?

3. Ihr Hauptziel in einem Vorstellungsgespräch ist
   A. den Job zu bekommen;
   B. soviele Informationen wie möglich zu sammeln;
   C. Fragen zu stellen.

4. Es gelingt Ihnen, in Ihrem Job ein wichtiges Problem zu lösen. Würden Sie
   A. deshalb um eine Gehaltserhöhung bitten;
   B. den Vorgang notieren und bei der nächsten Leistungsbesprechung vorlegen;
   C. der Sache keine große Beachtung schenken, weil Sie annehmen, Ihr Chef bemerkt Ihre guten Leistungen auch so?

5. Sie wollen drei teure Paar Schuhe in einer Boutique kaufen. Würden Sie
   A. den regulären Preis bezahlen;
   B. gleich zu Anfang fragen, ob Sie bei Kauf aller drei Paare einen Preisnachlaß bekommen;
   C. nachdem Sie drei Stunden lang Schuhe anprobiert haben, sagen: „Wenn Sie mir Mengenrabatt gewähren, kaufe ich eventuell drei Paare auf einmal"?

6. Das letzte Mal, als Sie mit einem Nein konfrontiert waren, haben Sie
   A. nach den Gründen gefragt;
   B. das Nein als unwiderruflich akzeptiert;
   C. versucht, die Person umzustimmen?

7. Wie verhalten Sie sich in einer Runde selbstbewußter, geschwätziger Menschen?
   A. Sie halten locker mit – kein Problem.
   B. Sie ziehen sich schüchtern zurück und hören nur zu.
   C. Sie melden sich ab und an zu Wort, um nicht ausgegrenzt zu werden.

8. Jemand bittet Sie, Ihre größte Stärke zu beschreiben. Wie reagieren Sie?
   A. Sie reden stundenlang ohne Punkt und Komma.
   B. Sie werden rot und wissen nicht, wo Sie anfangen sollen.
   C. Sie umreißen knapp zwei oder drei positive Wesenszüge.

9. Wenn Sie unter der Hand von einem attraktiven Jobangebot erfahren, würden Sie
   A. Bewerbungsunterlagen schicken;
   B. in der Personalabteilung anrufen, um sich näher zu informieren;
   C. versuchen, die Person zu kontaktieren, für die Sie arbeiten würden?

10. Wie bereiten Sie sich auf ein Vorstellungsgespräch vor?
    A. Rollenspiele mit Freunden oder Kollegen durchführen.
    B. Einen Katalog mit Fragen zusammenstellen.
    C. Überlegen, was man Sie fragen wird, und ein paar Antworten parat haben.

11. Sie bewerben sich für einen Job, der Ihnen sehr am Herzen liegt, scheitern aber an der Personalabteilung. Würden Sie
    A. anrufen und versuchen, einen zweiten Termin zu bekommen;
    B. die Absage akzeptieren und es bei einer anderen Firma versuchen;
    C. nachforschen, mit wem Sie im Vorstellungsgespräch hätten reden sollen, und versuchen, mit dieser Person einen Gesprächstermin zu vereinbaren?

12. Warum kaufen Leute Ihrer Meinung nach?
    A. Weil sie sich gut dabei fühlen.
    B. Weil sie logische Gründe für ihre Kaufentscheidung haben.
    C. Weil ihnen der Verkäufer sympathisch ist.

13. Sie haben demnächst ein wichtiges Vorstellungsgespräch. Was tun Sie im Vorfeld?
    A. Sie recherchieren über das Unternehmen.
    B. Nichts, Sie lassen die Sache auf sich zukommen.
    C. Nichts, Sie wollen im Gespräch Fragen stellen und sich so Ihre Informationen besorgen.

14. Warum ist Zuhören ein wichtiger Teil des Verkaufsgesprächs?
    A. Weil man wichtige Informationen erhält.
    B. Weil versteckte Bedenken zum Vorschein kommen.
    C. Weil man so echtes Interesse demonstriert.

15. Wie behalten Sie bei Verkaufspräsentationen oder in einem Vorstellungsgespräch die Kontrolle?
    A. Sie haben immer eine Handvoll Fragen in petto.
    B. Sie sprechen mit überzeugendem Tonfall.
    C. Sie gehen auf geäußerte Einwände oder Bedenken ein.

16. Das Vorstellungsgespräch ist zu Ende. Wie reagieren Sie?
    A. Sie bedanken und verabschieden sich.
    B. Sie bitten um den Job.
    C. Sie fragen, wann Sie mit Nachricht rechnen können.

17. Sie haben während Ihrer sechsmonatigen Jobsuche rund zwanzig Absagen bekommen. Wie wirkt das auf Sie?
    A. Sie lassen Ihren Ärger an Familie und Freunden aus.
    B. Sie zweifeln allmählich an Ihren Fähigkeiten.
    C. Sie überlegen, was Sie im Vorstellungsgespräch falsch machen.

18. Was werten Sie als positives Zeichen in einem Vorstellungsgespräch?
    A. Wenn der Interviewer fragt: „Wann können Sie anfangen?".
    B. Wenn der Interviewer sagt: „Das hier wäre Ihr Schreibtisch".
    C. Wenn das Vorstellungsgespräch lange dauert.

19. Wenn Sie ein Dankschreiben von einem zufriedenen Kunden erhalten, der Ihre Arbeit lobt, würden Sie
   A. den Brief Ihrer Familie, Freunden und Kollegen zeigen;
   B. den Brief lesen, sich gut dabei fühlen und ihn dann weglegen;
   C. den Brief vervielfältigen und Kopien an Ihren Chef, den Abteilungsleiter und die Geschäftsführung schicken?

20. Wer macht Ihrer Meinung in einem Unternehmen am ehesten Karriere?
   A. Die am härtesten arbeiten.
   B. Die sich am besten in die Unternehmenskultur eingliedern.
   C. Die sich am effektivsten verkaufen können.

Beurteilen Sie Ihre Verkaufsbereitschaft

1.   A = 3   B = 1   C = 5
Der größte Fehler, den Sie einem Käufer gegenüber machen können: mit ihm zu streiten oder seine Argumente zu ignorieren (B). Damit verletzen Sie seine Gefühle, worauf er erst recht auf seinem Standpunkt beharren wird. Euphorisch von Paris zu schwärmen (A) kann hilfreich sein, aber das wahre Geheimnis besteht darin, herauszufinden, was Ihren Freund an einer Kreuzfahrt besonders reizt (C). Wenn es ihm beispielsweise gefällt, daß an Bord des Schiffes viel getanzt wird, können Sie mit einer Liste der Tanzbars in Paris dagegenhalten.

2.   A = 5   B = 0   C = 1
Wie Sie sich einen Verkäufer vorstellen, entscheidet über Ihren Erfolg oder Mißerfolg auf dem Arbeitsmarkt. Sie halten Verkäufer für aggressiv und rücksichtslos (B)? Kein Wunder, daß Ihnen der Gedanke, Ihre Person verkaufen zu sollen, unangenehm ist. Statt dessen sollten Sie sich in der Rolle des Problemlösers (A) sehen. Auch der Manipulator behauptet sich meist gut auf dem Arbeitsmarkt, aber immer schlechter als andere, die um aufrichtige Problemlösungen bemüht sind.

3.   A = 5   B = 5   C = 5
Alle drei Antworten sind gut. Ihr Hauptziel ist das konkrete Jobangebot (A), über dessen Annahme Sie dann entscheiden. Um richtig entscheiden zu können, benötigen Sie soviele Informationen wie möglich

(B). Und als Voraussetzung für (A) und (B) sollten Sie sich gezielte Fragen (C) überlegt haben.

4.   A = 5   B = 3   C = 1

Die Bitte um eine Gehaltserhöhung (A) zeigt, daß Sie verkaufsorientiert denken und an einer Steigerung Ihres Marktwerts interessiert sind. Bis zur nächsten Leistungsbewertung abzuwarten (B) hat den Nachteil, daß bis dahin viel Zeit vergehen kann. Sie sollten sich ein Herz fassen und auf Ihre Verdienste aufmerksam machen. Wenn Sie ihnen keine Beachtung schenken (C), wer sollte es sonst tun?

5.   A = 1   B = 3   C = 5

Gute Verkäufer sind immer auch gute Verhandler. Der beste Zeitpunkt, nach einem Rabatt zu fragen: Wenn die Boutiquenbesitzerin bereits viel Zeit investiert hat (C) und die Schuhe lieber billiger als gar nicht verkauft. Sich gleich zu Beginn nach einem Rabatt zu erkundigen (B) zeigt, daß Sie zwar Mumm haben, sich aber auch leicht die Finger verbrennen. Einen Punkt (A) bekommen Sie, weil Sie offenbar so erfolgreich sind, daß Ihr Budget den Kauf zum regulären Preis ohne weiteres gestattet.

6.   A = 5   B = 1   C = 3

Man muß die Gründe für ein Nein kennen (A), um beim nächsten Mal ein Ja erreichen zu können. Der Versuch, die Person umzustimmen (C), zeugt von Beharrlichkeit und Selbstvertrauen. Indem Sie die Entscheidung als unwiderruflich akzeptieren (B), berauben Sie sich der Chance, aus Fehlern zu lernen.

7.   A = 5   B = 2   C = 3

Glückwunsch, wenn Sie locker und mit guter Miene in der Runde mithalten (A). Die Konkurrenz auf dem Arbeitsmarkt ist groß, und je besser Ihre Kommunikationsfähigkeit, um so leichter fällt es Ihnen, sich gut zu verkaufen und den Job Ihrer Wahl zu ergattern. Sich ab und an zu Wort zu melden (C) zeigt wenigstens Ihren guten Willen. Wer nur zuhört (B), profitiert zwar von wichtigen Informationen, sollte aber lernen, sich besser durchzusetzen.

8.   A = 1   B = 3   C = 5

Stundenlang die Vorzüge eines Produkts – in dem Fall Ihre eigenen – zu schildern (A) ist keine empfehlenswerte Taktik, da Ihre Kunden Sie womöglich für angeberisch, aggressiv oder desinteressiert halten.

Rot zu werden und nicht zu wissen, wo Sie anfangen sollen (B), verrät mangelnde Vorbereitung. (C) als Antwort zeigt, daß Sie genügend Selbstbewußtsein haben, um Ihre positiven Wesenszüge knapp zu umreißen, ohne aufdringlich oder arrogant zu wirken.

9.   A = 1   B = 2   C = 5

Erfolgreiche Verkäufer ergreifen die Initiative und wenden sich direkt an die Person, die letztlich entscheidet, wer eingestellt wird (C). Weil Sie unter der Hand von der Position erfahren haben, sollten Sie Ihre Quelle als „Türöffner" benutzen: „David Jones schlug vor, ich solle ..." Sich wegen näherer Informationen an die Personalabteilung zu wenden (B) ist kaum vielversprechend, dokumentiert aber immerhin Ihr Interesse. Wenn Sie nur Ihre Bewerbungsunterlagen schicken (A), verspielen Sie den Vorteil Ihres Insider-Wissens.

10.   A = 5   B = 5   C = 5

Auch hier sind alle drei Antworten gut. Der positive Eindruck im Vorstellungsgespräch erfordert sorgfältige Vorbereitung und sehr viel Übung.

11.   A = 3   B = 0   C = 5

Wer eine Absage einfach hinnimmt (A), steckt den Kopf zu früh in den Sand. Erfolgreiche Verkäufer starten mindestens fünf Anläufe, den Verkauf abzuschließen, bevor Sie ans Aufgeben auch nur denken. Das direkte Gespräch mit dem Entscheider (C) zu suchen demonstriert Cleverness und Hartnäckigkeit – beides notwendige Eigenschaften für Jobsuchende. Wenig Erfolg verspricht der Versuch, über die Personalabteilung einen zweiten Termin zu bekommen (A), zeigt aber, daß Sie nicht so leicht die Flinte ins Korn werfen.

12.   A = 5   B = 1   C = 3

Emotionen spielen eine wesentliche Rolle bei der Jobsuche und -vergabe. Leute kaufen weniger aus logischen (B) als aus emotionalen Gründen (A): weil sie sich gut dabei fühlen, weil das Produkt ein Bedürfnis oder einen Wunsch in ihnen stillt. Deshalb müssen Sie Ihrem potentiellen Arbeitgeber zeigen, inwiefern Sie seine Bedürfnisse erfüllen oder Probleme lösen können. Gute Karten hat außerdem, wer Sympathie, Vertrauen oder Respekt im Käufer weckt (C).

13.   A = 5   B = 0   C = 3

Zwar macht ein Bewerber, der im Vorstellungsgespräch Fragen stellt (C), einen guten Eindruck, noch imponierender finden die meisten Arbeitgeber jedoch, was derjenige bereits an Wissen über die Firma mitbringt. Holen Sie soviele Erkundigungen wie möglich über das Unternehmen und den Interviewer ein (A), um sich von Ihren Mitbewerbern abzuheben. Definitiv ins Aus manövrieren Sie sich, wenn Sie die Sache einfach auf sich zukommen lassen (B).

14.   A = 5   B = 5   C = 5

Alle drei Antworten sind korrekt. Der Interviewer möchte sicher sein, daß Sie ein echtes Interesse an Job und Firma haben (C). Wer gut zuhört, erfährt außerdem eine Menge Fakten (A) und hat die Chance, versteckte Bedenken und Motive des Interviewers zu erkennen (B).

15.   A = 5   B = 1   C = 3

Eine Verkaufsmaxime lautet: „Derjenige, der die Fragen stellt, kontrolliert das Gespräch." Indem Sie im Vorstellungsgespräch gut überlegte Fragen in petto haben (A), behalten Sie die Lage im Griff und sammeln alle nötigen Informationen für eine kluge Entscheidung. Vorsicht: Der „überzeugende" Ton (B) klingt in den Ohren des Interviewers oft allzu forsch oder gekünstelt. Zu Einwänden oder Zweifeln Stellung zu beziehen (C) ist wesentlich für den Gesprächserfolg, gewährt aber weniger Kontrolle als Fragenstellen.

16.   A = 1   B = 5   C = 3

Es ist wichtig, daß Sie um den Job oder „Zuschlag" bitten (B). Fragen Sie freundlich und höflich, um nicht unverschämt zu wirken. Wer im entscheidenden Moment den Mund nicht aufkriegt (A), braucht sich keine Hoffnungen zu machen. Etwas mehr – aber nicht genug – Selbstvertrauen zeigt die Frage, wann Sie mit einer Nachricht rechnen können (C). Die lapidare Standardantwort lautet jedoch höchstwahrscheinlich: „Wir haben sehr viele Bewerber. Sie bekommen so bald wie möglich Bescheid."

17.   A = 0   B = 1   C = 5

Sie sollten unbedingt Ihr Verhalten im Vorstellungsgespräch kritisch unter die Lupe nehmen (C). Lassen Sie die verschiedenen Interviewsituationen Revue passieren und überlegen Sie, was Sie verbessern können. Sobald Sie an Ihren Fähigkeiten zu zweifeln beginnen (B), nehmen Sie die Absagen zu persönlich. Eine negative Entscheidung muß nichts mit Ihrer Person zu tun haben. Am wenigsten bringt es, Ihren Ärger an sich oder anderen (A) auszulassen. Kopf hoch, es klappt bestimmt beim nächsten Mal!

18.   A = 3   B = 5   C = 1
Viele Bewerber werten ein langes Vorstellungsgespräch als gutes Zeichen (C), obwohl dies meist auf einen fahrigen Interviewer zurückzuführen ist, der nicht weiß, was er will. Visualisiert Ihr Gegenüber Sie jedoch als künftigen Mitarbeiter – mit Bemerkungen wie „Ihr Schreibtisch", „Ihre Kollegen" etc. (B) – spricht das für definitives Interesse. Die Frage „Wann können Sie anfangen?" (A) signalisiert ebenfalls Interesse, kann aber auch heißen, daß der Arbeitgeber schnell jemanden braucht und nicht auf Sie warten kann.

19.   A = 3   B = 1   C = 5
Haben Sie genügend Selbstbewußtsein, Ihre Zukunft beherzt in die Hand zu nehmen und in eigener Sache die Werbetrommel zu rühren? (C) ist die beste Antwort. Den Brief Freunden und Kollegen zu zeigen (A) mag Sie stolz machen und Ihrem Ruf förderlich sein, aber bei Ihrem Chef verdienen Sie sich damit keinen Stein im Brett. Sich gut zu fühlen (B) ist eine feine Sache, aber warum auf eine goldene Gelegenheit verzichten?

20.   A = 3   B = 4   C = 5
Information und Marketing genießen heute einen hohen Stellenwert. Selbst Politiker können es sich nicht leisten, auf „PR" zu verzichten. Wer vorankommen will, muß sich verkaufen können (C). Auch das Einfügen in die Unternehmenskultur ist wichtig (B). Fleiß und harte Arbeit (A) sind zwar nicht geringzuschätzen, führen aber nicht unbedingt an die Spitze, außer vielleicht in kleinen oder jungen Firmen. Leider wahr: Sofern niemand mitbekommt, wie tüchtig Sie sind und wie gut Sie ins Team passen, wird Ihre harte Arbeit selten gewürdigt!

Quiz-Auswertung

95-75 Punkte:
Bravo! Ihre Antworten sprechen für eine hohe Verkaufsbereitschaft, die Ihnen einen Vorsprung vor Ihren Mitbewerbern garantiert. Ihre positive Einstellung zum Verkaufen und Ihre dynamische Persönlichkeit prädestinieren Sie zum Eigenmarketing-Genie!

74-54 Punkte:
Sie denken in die richtige Richtung, um auf dem heutigen Arbeitsmarkt Erfolg zu haben. Wenn Sie Ihre Hausaufgaben machen, sind Sie nicht mehr zu bremsen!

53-33 Punkte:
Noch sind Ihre Verkaufs- und Marketingfertigkeiten unterentwickelt, doch der Ansatz stimmt. Etwas mehr Selbstvertrauen täte Ihnen gut. Feilen Sie an Ihrer Einstellung und seien Sie lernbereit!

32 Punkte oder weniger:
Sie sollten Ihre Einstellung zu Verkauf und Marketing intensiv überdenken und sich um einen systematischen Aufbau Ihrer Fähigkeiten bemühen. Die Übungen und Regeln in diesem Buch helfen Ihnen dabei.

Seien Sie von sich überzeugt!

3

Verkaufs- und Marketingregel Nr. 3:

*Wenn Sie nicht an den Wert Ihres Produkts glauben,
tut es keiner.*

Verkaufen Sie sich nicht unter Wert

Zucken Sie bei dem Gedanken, sich verkaufen zu sollen, zusammen? Meinen Sie, damit offenbaren Sie Charakterschwäche oder büßten gar an persönlicher Würde ein? Vielleicht halten Sie sich ja auch für so genial, daß Sie es nicht nötig haben? Ich hoffe, keine der drei Aussagen trifft zu.

Sie werden nie Erfolg haben, wenn Sie abwarten, daß Ihnen der Traumjob auf dem Silbertablett serviert wird. Marketing ist das A und O in der heutigen Zeit. Egal ob Popstar, Schauspieler oder Business-Tycoon – sie alle müssen sich verkaufen, um sich an die Spitze durchzusetzen.

Sich selbst effektiv zu verkaufen hat nichts mit Ausverkauf zu tun. Einen Ausverkauf ihrer Träume betreiben im Gegenteil diejenigen, die vorzeitig aufgeben, stellt sich der gewählte Weg steiniger als angenommen heraus.

Sicher wurden Sie als Kind oft von den Erwachsenen gefragt: „Was willst du einmal werden, wenn du groß bist?" Und bestimmt wußten Sie die Antwort auf Anhieb: Ärztin, Ballerina, Feuerwehrmann, Astronaut, Filmstar, Präsident etc.

Wären Sie gefragt worden: „Was glaubst Du, kannst Du einmal werden, wenn Du groß bist?", hätten Sie dann anders geantwortet?

Kaum. Als Kinder glauben wir, alle Möglichkeiten dieser Welt stünden uns offen: die Mailänder Skala ebenso wie das Weiße Haus oder Wimbledon. Wir stellen uns vor, stark zu sein, furchtlos und voller Selbstvertrauen. Die Kluft zwischen dem, was wir wollen, und dem, was wir uns zutrauen, ist minimal.

Doch je älter wir werden, desto größer wird diese Kluft für die meisten. Wenn uns das erste Mal jemand sagt, daß wir zu dumm, zu klein oder nicht hübsch genug sind, stecken wir das vielleicht noch locker weg. Aber beim zweiten, dritten Mal schleichen sich Selbstzweifel ein, wir nehmen die Kritik für bare Münze, bauen eine Mauer aus Ängsten und Skepsis um uns herum auf. Die klare Vision aus Kindertagen wird blaß und fleckig.

Manchmal hilft es, einen Schritt zurückzugehen, um vorwärtszukommen. Dieses Buch führt Sie zu Ihren Visionen zurück – was Sie wirklich tun wollen – und ersetzt alte negative Denkmuster durch eine neue objektive Einschätzung Ihres Potentials.

Keine Angst vor Fehlern!

Statt uns für das einzusetzen, was wir wirklich wollen, begnügen wir uns allzuoft mit dem, was wir kriegen können. Der Verkaufs- und Marketingerfolg hängt in hohem Maß von der Erwartungshaltung des Verkäufers ab. Wenn Sie davon überzeugt sind, etwas nicht zu schaffen – den Auftrag oder Job nicht zu bekommen –, werden Sie vermutlich recht behalten.

Die meisten von uns sind dahingehend „programmiert", Fehler mit Niederlagen gleichzusetzen. Die Tatsache, einen Fehler gemacht zu haben, nehmen wir als Beweis dafür, wertlos zu sein – Versager. Wir fallen in alte Muster zurück, reagieren auf neue Aufgaben automatisch mit: „Wie bitte?! Tut mir leid, völlig unmöglich!" Wir verkaufen uns unter Wert, geben auf, ehe wir es überhaupt versucht haben.

Wenn Sie sich anstrengen, kann der Glaube an den Erfolg genauso zum Automatismus werden wie der Glaube ans Scheitern. Das beweisen nicht nur Profisportler, die ihre Kämpfe mental bis ins kleinste Detail „proben".

Machen Sie es genauso! Visualisieren Sie klar und deutlich, was Sie erreichen wollen, und dann unternehmen Sie die für die Verwirklichung Ihrer Ziele nötigen Schritte. Wenn es Ihnen gelingt, sich selbst von Ihrem Erfolg zu überzeugen, überzeugen Sie auch andere.

Selbstbewußtes Auftreten kann man lernen

Wer nicht an sein Produkt glaubt, kann unmöglich ein guter Verkäufer sein. Enthusiasmus steckt an. Wenn Sie von sich und Ihrer Eignung für den Job überzeugt sind, spürt das auch Ihr potentieller Arbeitgeber.

Auch wenn Sie hin und wieder auf Ablehnung stoßen: Lassen Sie sich keine Minderwertigkeitsgefühle einreden! Betrachten Sie eine Absage als das, was sie ist – eine temporäre Zurückweisung. Auf ein Nein kann schon bald ein Ja folgen.

Nach einem nervenaufreibenden Vorstellungsgespräch bekam eine meiner Freundinnen eine Absage für einen Job, den sie unbedingt haben wollte. Zwei Tage später dann der Anruf: Der Arbeitgeber hatte sich das Gespräch noch einmal durch den Kopf gehen lassen und bat sie nun um einen zweiten Besuch. Dieses Mal war er besserer Laune und bot ihr die Stelle an. Er hatte es sich einfach anders überlegt. Auch Chefs sind nur Menschen – mit guten und schlechten Tagen, wie wir alle.

Werten Sie ein Nein nicht als unwiderruflich und schon gar nicht als Beginn einer Pechsträhne oder negatives Omen. Geben Sie sich selbstbewußt und begeistert von dem Job – nicht verzweifelt oder panisch. Ein Verkäufer, der verzweifelt agiert oder sich anbiedert, erregt immer Mißtrauen. Lassen Sie niemals durchblicken, wie dringend Sie einen Job benötigen. Seien Sie sich stets bewußt, daß Sie ein besonderer, einzigartiger Mensch mit vielen hochgeschätzten Qualitäten sind.

Ein Wort zur Konkurrenz

Auf dem heutigen Arbeitsmarkt weht ein scharfer Wind, und natürlich sind gerade die interessanten Positionen und lukrativen Jobs heiß umkämpft. Daß die Konkurrenz nicht schläft, merken Sie an der Zahl der Bewerber, die sich mit Ihnen um eine attraktive Stelle bemühen.

Kein Wunder also, daß Sie anfangen, sich mit anderen zu vergleichen, Zweifel hegen, ob die anderen nicht vielleicht klüger, eloquenter oder besser qualifiziert sind. Möglicherweise fühlen Sie sich minderwertig, als verdienten Sie keinen Erfolg. Vielleicht mußten Sie in der Vergangenheit Niederlagen einstecken und sagen sich jetzt: „Die Erfahrung hat gezeigt, daß ich unfähig bin." Die meisten von uns werden gelegentlich von solchen Selbstzweifeln gequält. Um so wichtiger ist es, die Perspektive geradezurücken und zu wissen, daß es sich um subjektive Eindrücke, nicht um Fakten handelt.

Vergessen Sie nie eine der wichtigsten Verkaufs- und Marketingregeln: Wenn Sie nicht an den Wert Ihres Produkts glauben, tut es keiner.

So überzeugend Ihre negative innere Stimme auch sein mag: Lassen Sie sich nicht einreden, unfähig zu sein, unkreativ, eine Null in Mathematik oder eine Niete am Rednerpult.

In der Schule war Albert Einstein schlecht in Algebra. Ein Beweis für seine mathematische Unfähigkeit? Hätte er das geglaubt, gäbe es vielleicht bis heute keine Relativitätstheorie.

Die „Du-mußt-nicht-Einstein-sein"-Formel

Philip, ein Freund von mir, war in Panik. Seine Vorgesetzte hatte sich zur Ruhe gesetzt, und er, Philip, konnte sich für ihren Posten bewerben. Wie lange hatte er auf diese Chance gewartet! Doch die Sache hatte einen Haken: Als Abteilungsleiter müßte er der Geschäftsleitung halbjährliche Rechenschaftsberichte vorlegen. Für diese Fähigkeit hatte er seine Chefin immer bewundert und meinte, „niemals so wie sie vor all den Leuten reden zu können".

Er bat mich um Hilfe. Ich wußte, daß ich ihm helfen konnte, seine Stimme zu schulen und seine Rhetorik zu verbessern, doch mir war auch klar, daß er sich nicht würde verkaufen können, solange er glaubte, „wie sie" reden zu müssen. Solange er seine Ehrfurcht nicht ablegte und durch den Glauben in seine eigenen Fähigkeiten ersetzte, würde er erfolglos bleiben.

Wer sich einredet, etwas nicht zu können, scheitert in der Tat sehr häufig. Sie müssen nicht Einstein sein, um ein Wörtchen aus der Formel zu streichen und zu folgendem Ergebnis zu kommen:

KANN NICHT – NICHT = KANN

Bei Philip funktionierte die „Du-mußt-nicht-Einstein-sein"-Formel – er begann, an sich zu glauben. Als er nach sechs Monaten zum ersten Mal vor die Geschäftsleitung zitiert wurde, trat er ruhig und selbstbewußt auf. Später meinte er zu mir: „Wie ich jemals Angst haben konnte, mich um den Posten zu bemühen!"

Lassen Sie sich nicht von der Vergangenheit einschüchtern. Nehmen Sie das Gute mit und lassen Sie das Schlechte zurück. Und grübeln Sie nicht über die Zukunft – das bringt nichts. Wenn Sie sich in dem Glauben bestärken, die Gegenwart meistern zu können, brauchen Sie sich um Ihre Zukunft nicht zu sorgen.

Ihr Chef sitzt im selben Boot

Es mag zunächst komisch klingen, aber die meisten Kunden wollen den Erfolg des Verkäufers. Wie Sie in Kapitel 28 feststellen werden: Was wir oft meinen, wenn wir sagen: „Ihr Produkt kann ich mir beim besten Willen nicht leisten", ist: „Bitte zeigen Sie mir den wahren Wert Ihres Produkts, damit ich den Kauf rechtfertigen kann."

Dieses Prinzip gilt auch bei der Jobsuche. Ihr potentieller Chef möchte von Ihnen „zum Kauf" überredet werden, damit seine Suche ein Ende hat. Vielleicht hat er früher Fehler beim Einstellen von Personal gemacht, die er nicht wiederholen will. Oder er hat bereits mit unzähligen Bewerbern geredet und die Hoffnung verloren, die ideale Besetzung für den Job zu finden.

Und Sie dachten, nur Sie wären nervös!

Der Interviewer ist oftmals genauso nervös wie Sie – schließlich steht für ihn mehr auf dem Spiel. Ein Beispiel:

Jane, als Vizepräsidentin ihrer Bank für die Abteilung Fortbildung zuständig, sucht schon seit drei Monaten erfolglos nach einem Abteilungsleiter. Ihr Chef wird allmählich ungeduldig, die anderen Mitarbeiter der Abteilung beschweren sich über die Mehrarbeit. Jane fühlt sich unter Druck gesetzt, weil sie den früheren Abteilungsleiter nicht halten konnte und ihr Chef und die überlasteten Mitarbeiter ihr in den Ohren liegen. Sie möchte die Position schnell besetzen, fürchtet aber eine falsche Entscheidung. Kein Wunder, daß sie nervös ist!

Versetzen Sie sich in die Lage Ihres potentiellen Arbeitgebers. Verkäufer, die sich in die Situation des Kunden einfühlen können, haben deutlich mehr Erfolg. Wie Jane geht es vielen Arbeitgebern: Sie haben zwar eine vage Idee, wie der Kandidat sein sollte – engagiert, selbständig, verantwortungsbewußt –, aber keine konkrete Vorstellung. Indem Sie ruhig und selbstbewußt bleiben und die richtigen Fragen stellen, helfen Sie dem Interviewer, ein klareres Bild von Ihnen zu bekommen.

Übrigens möchte auch ein Chef einen guten Eindruck auf Sie machen. Gerade hochkarätige Bewerber können meist zwischen mehreren Angeboten wählen, und er möchte, daß Sie sich für sein Unternehmen entscheiden. Die Angst vor Ablehnung ist ihm nicht fremd. Gehen Sie also auch mit Solidarität und Verständnis in das Vorstellungsgespräch, und versichern Sie dem Interviewer, daß er keinen besseren Kandidaten als Sie finden wird.

Gleichwertige Partner

Manche Verkäufer scheuen sich, potentielle Kunden zu kontaktieren – aus Angst, sie zu stören oder lästig zu sein. Die Teilnehmer meiner Verkaufsseminare erinnere ich stets daran, daß sie dem Kunden einen nützlichen Dienst offerieren; wenn sie nichts zu bieten hätten, das seine Bedürfnisse oder Wünsche erfüllt, gäbe es sie nicht! Kein Verkäufer sollte sich jemals minderwertig oder aufdringlich fühlen.

Denken Sie daran: Sie und Ihr potentieller Arbeitgeber sind gleichberechtigte Partner. Fühlen Sie sich ihm nicht unterlegen, nur weil Sie einen Job suchen. Sie bieten ihm etwas von großem Wert – andernfalls wären Sie nicht dort. Und wenn ein Interviewer Sie nicht ebenbürtig behandelt, sollten Sie sich ohnehin zweimal überlegen, ob Sie für ihn arbeiten möchten.

Wertewandel und die neue Arbeitsphilosophie

Warum arbeiten wir? Was bedeutet uns Arbeit? Ich habe viele Leute behaupten hören, der Grund zu arbeiten sei, viel Geld zu verdienen. Beschreibt man dann eine bestimmte Arbeit, wehren sie oft ab: „Nicht für alles Geld der Welt würde ich das tun!" Die Marketingtechniken, die Sie bei Ihrer Jobsuche einsetzen, sollten Ihre persönlichen Ziele und den Stellenwert, den Sie Ihrer Arbeit beimessen, reflektieren.

Vor ein paar Jahren lief ich meinem Nachbarn George über den Weg, der mehrere Kartons in unseren Aufzug lud. George arbeitete seit über zwölf Jahren als Buchhalter in derselben Firma und beklagte sich oft lautstark. Ich fragte ihn nach seiner Arbeit.

„Ich hasse es, zu arbeiten", erwiderte er, „vermutlich bin ich einfach faul. Ich habe keine Lust, morgens aufzustehen. Den ganzen Tag über sehe ich nur Zahlen. Abends hänge ich vor dem Fernseher. Mein Job ist todlangweilig, aber wenigstens verdiene ich nicht schlecht – genug, um mir ein Geschenk zu gönnen", und er deutete auf die Kartons. Sie enthielten, erklärte er, eine High-Tech-Stereoanlage, und prompt begann er, ihre zahlreichen Raffinessen aufzuzählen. Ich wollte wissen, wer die Anlage zusammenbauen würde.

„Oh, das mache ich", antwortete er mit leuchtenden Augen. Seine Stimme schlug Purzelbäume, als könne er es kaum abwarten, das komplizierte System zusammenzubauen. Stunden würde das dauern, vermutete er.

„Hört sich nach 'ner Menge Arbeit an", sagte ich.

Darauf er: „Arbeit, wie meinst du das? Das ist doch keine Arbeit!"

Das Lexikon definiert Arbeit als „körperliche oder geistige Betätigung, Mühe, Anstrengung, die ein Ergebnis oder Ziel anstrebt". Nach dieser Definition war das Zusammenbauen der Stereoanlage Arbeit, denn es erforderte körperliche und geistige Mühe und verfolgte ein Ergebnis. George sah das anders.

Kommt Georges Verhalten Ihnen bekannt vor? Haben Sie auch morgens öfter keine Lust zum Aufstehen? Was bedeutet Ihre Arbeit Ihnen? Freuen Sie sich auf den Wochenanfang, oder packt Sie regelmäßig der „Montagmorgen-Blues"? Sind Sie unzufrieden in Ihrem momentanen Job?

Obwohl wir den weitaus größten Teil unserer Wachzeit mit Arbeiten verbringen, empfinden die wenigsten ihre Tätigkeit als befriedigend. Wir haben uns damit abgefunden, arbeiten zu müssen, um unseren Lebensunterhalt zu bestreiten, und harren dem Ruhestand entgegen. Befriedigung und Kitzel suchen wir in der Freizeit, nicht am Arbeitsplatz.

Immer mehr Arbeitgeber begreifen inzwischen: Mitarbeiter, die ihren Job mögen, arbeiten produktiver, kreativer und engagierter.

Wir sind nicht länger bereit, einen Großteil unserer Zeit im Frust zu verplempern und das „Leben" auf irgendwann später zu verschieben. Hart zu arbeiten macht uns nichts aus, solange die Lebensqualität stimmt.

Mein Nachbar George konnte das nur bestätigen. Als seine Firma von einem Konzern aufgekauft wurde, bot man ihm den vorzeitigen Ruhestand an. Er nahm die großzügige Abfindung und wurde Teilhaber eines TV-Hifi-Reparaturbetriebs. Der Betrieb läuft prima, und Georges Einstellung zu seiner Arbeit hat sich komplett geändert. Wenn ich ihn heute frage, wie es ihm geht, lautet seine Antwort: „Müde, aber glücklich". George nutzte das Wissen, das er besaß – obwohl es sich bis dahin um ein Hobby gehandelt hatte –, und setzte es positiv ein, um mehr Befriedigung in seiner Arbeit zu erfahren. Das ist die neue Arbeitsphilosophie.

Wir haben in diesem Kapitel eine Reihe wichtiger Punkte untersucht:

- *Um sich verkaufen zu können, müssen Sie fest an sich glauben.* Nur wenn Sie auf sich selbst vertrauen, vertrauen Ihnen andere. Absagen haben nichts mit Ihrer Person zu tun, sondern sind vollkommen normal. Zu lernen, wie man aus Fehlern und Erfahrungen klug wird, ist eine wichtige Voraussetzung für gute Verkäufer.
- *Erfolg hat, wer sich Ziele steckt und diese systematisch verfolgt.* Manchmal fürchten wir uns vor „großen" Zielen, weil sie fern und unerreichbar scheinen. Stellen Sie sich vor, wie Sie Ihrem Ziel Schritt für Schritt näherkommen, aus Fehlern lernen und vor allem: diese Reise genießen.
- *Je wertvoller Ihre Arbeit für Sie ist, um so wertvoller fühlen Sie sich.* Sie sollten sich nach einer Tätigkeit umsehen, die Sie ausfüllt und so Ihr Selbstwertgefühl unterstützt.
- *Wer seinem Instinkt folgt und an seine Träume glaubt, betreibt keinen „Ausverkauf".* Die eigene Person zu verkaufen zeugt von Selbstbewußtsein und dem Glauben an die eigene Überzeugung. Nur wenn Sie nicht an sich glauben, verkaufen Sie sich unter Wert.

TEIL ZWEI

Erfolgsfaktoren: Die zehn am besten vermarktbaren Qualitäten

Sie wollen sich so erfolgreich wie möglich auf dem Arbeitsmarkt verkaufen? Dafür brauchen Sie die in den folgenden zehn Kapiteln skizzierten Erfolgsfaktoren – Qualitäten und Charakteristika, die Sie von der Masse abheben, Ihre Verhandlungsposition stärken und Ihren Traumjob Wirklichkeit werden lassen.

Die Mitarbeiter sind das wichtigste Gut jeder Firma – ihre wichtigste Investition. Jede Einstellungsentscheidung kostet Zeit und Geld – Fehlentscheidungen können Kunden vergraulen, die Moral schwächen und am Image kratzen. Um den Job zu bekommen, der Sie fordert und Ihre Karriere voranbringt, müssen Sie der Firma zeigen, daß diese eine goldrichtige Entscheidung trifft, Sie einzustellen.

Wie wünschen sich Firmen den idealen Arbeitnehmer? Wonach suchen sie? Was veranlaßt sie, sich unter einer Vielzahl von Anwärtern mit gleicher Ausbildung, Qualifikation und Erfahrung ausgerechnet für Sie zu entscheiden?

Das Partnerprinzip

Gleichberechtigte Partner sein bedeutet, Rechte und Pflichten zu teilen. Es bedeutet, die Arbeit anderer genauso zu respektieren wie die eigene: Sie setzen sich für Ihre Arbeit ein, die Firma für Sie und alle Mitarbeiter für die hohe Qualität des Endprodukts. Beim Partnerprinzip gibt es keine Verlierer.

Moderne Arbeitgeber wollen keine seelenlosen Roboter, sondern Menschen aus Fleisch und Blut, die qualifiziert sind und Spaß am Arbeiten haben. Der Einzug neuer Technologien weicht alte Unternehmenshierarchien auf; Computer und Telekommunikationssysteme bieten vielen Mitarbeitern Zugang zu gleichen Informationen und damit gleiche Chancen, sich durch Produktivität und Originalität hervorzutun.

Und weil das so ist, verlangen die Firmen heute mehr von ihren Mitarbeitern als Qualifikation und Erfahrung. Sie achten auf die zehn Qualitäten und Charakteristika, die nachfolgend beschrieben werden. Je stärker diese Erfolgsfaktoren bei Ihnen ausgeprägt sind, um so leichter wird es sein, den Traumjob zu bekommen.

Vorschläge, wie Sie diese begehrten Erfolgsfaktoren entwickeln und praktisch umsetzen können, finden Sie in den nächsten Kapiteln. In der Regel ist dafür nicht viel mehr nötig, als Ihre Einstellung zur Arbeit – und zu sich selbst – zu überdenken.

Erfolgsfaktor Nr. 1: Flexibilität

4

Verkaufs- und Marketingregel Nr. 4:

*Statt sich gegen Veränderungen zu wehren,
heißen effektive Verkäufer sie als Herausforderung
und Chance willkommen.*

Das Chamäleon als Vorbild

Die wahrscheinlich wichtigste Charaktereigenschaft, um in der heutigen Zeit Erfolg zu haben, ist Flexibilität: die Fähigkeit, sich bereitwillig und mühelos an wechselnde Bedingungen anzupassen. Ihre Einstellung gegenüber Veränderungen kann entscheiden, ob Sie beruflich vorankommen oder auf der Stelle treten.

Wenn Sie Veränderungen als Herausforderung ansehen, als Chance, sich zu behaupten, steigert das Ihren Wert für einen potentiellen Arbeitgeber deutlich. Je mehr sich die Unternehmenskultur wandelt, um so gefragter sind anpassungsfähige Arbeitnehmer. Veränderungen als Chance betrachten – so lautet das Erfolgsrezept der Zukunft.

Maria und Joan gehören zum Führungsnachwuchs des Unternehmens XY. Beiden wurde mitgeteilt, die Geschäftsleitung plane die Installation eines neuen Computersystems und alle Mitarbeiter sollten sich mit dem System vertraut machen, um wichtige Daten jederzeit selbst abrufen zu können.

Maria ist begeistert. Es hatte sie schon lange gestört, daß andere ihr die gewünschten Informationen bringen mußten. Sie betrachtet die

Umstellung nicht nur als Möglichkeit zu mehr Unabhängigkeit und Produktivität, sondern auch als Chance, etwas Neues zu erlernen und ihrer Liste an Qualifikationen hinzuzufügen.

Ganz anders Joan. Sie denkt: „Ich werde nie Zeit haben, mich mit dem System vertraut zu machen, und vermutlich benutze ich es ohnehin nie. Wenn ich Daten brauche, lasse ich sie mir einfach bringen." Sie wälzt sich mehrere Nächte schlaflos im Bett und meldet sich am Tag der Installation krank. Als ein paar Monate später nicht sie, sondern Maria befördert wird, ist Joan wie vor den Kopf gestoßen.

Dieses Szenario erlebe ich immer wieder bei der Einführung neuer Systeme und Technologien. Joan bekäme beim Erfolgsfaktor Flexibilität schlechte Noten, sie agiert engstirnig und festgefahren. Ähneln Sie eher Joan oder Maria? Werfen Sie Dinge, die den Status quo zu gefährden scheinen, leicht aus der Bahn?

In unbekanntes Terrain vordringen

Wir haben alle unsere Arbeitsmethoden, die uns Sicherheit geben. Auf unerwartete Probleme reagieren wir meist mit gewohnten Verhaltensmustern. Warum ist es so schwierig, aus dem Schema auszubrechen? Der Grund hängt mit der Angst vor Unbekanntem zusammen. Auf unsere Methoden können wir uns verlassen, soviel steht fest, aber wer weiß, was passiert, wenn wir neue Pfade betreten? Dabei sind die Konsequenzen zwar nicht immer so wie von uns gewünscht, aber auch selten so, daß wir sie fürchten müßten. Wer sich um eine objektive Einschätzung der Situation bemüht, schafft es allmählich, sich von alten Mustern zu lösen und neue Wege zu beschreiten.

Wenn Sie das nächste Mal mit einem Problem konfrontiert werden, bereiten Sie ein Arbeitsblatt wie das folgende vor und beantworten Sie diese Fragen:

- Inwiefern ist die Lage einzigartig?
- Wie gehe ich am besten mit dieser Situation (oder Person) um?
- Wie gehe ich normalerweise mit Problemen um?
- Was funktioniert?

- Was nicht?
- Wann habe ich das letzte Mal einen Sachverhalt auf neue Weise angepackt?
- Wie wünsche ich mir den Ausgang dieser Situation? Mein Ziel?
- Wie kann ich mein Ziel erreichen? Welche neuen Wege kann ich gehen?

Wenn Sie ablehnend auf Veränderungen reagieren, sollten Sie nachforschen, warum es Ihnen so wichtig ist, an Altbewährtem festzuhalten. Selbstverständlich müssen Sie nicht auf jeder neuen Trendwelle reiten, aber Sie sollten in der Lage sein, das Neue objektiv und ohne Vorurteile gegen das Alte abzuwägen.

Für Ihre Person ist Flexibilität genauso wichtig wie für Ihre Firma. Angenommen, Sie verlieren unerwartet Ihren Job. Wenn Sie flexibel sind, wird sich Ihr angekratztes Ego bald erholen, Sie werden aus der Erfahrung lernen und – mit einem Marketingplan gewappnet – Ihre berufliche Situation vielleicht sogar verbessern. Die Tatsache, daß Sie sich nicht unterkriegen lassen, wird Ihr Selbstbewußtsein stärken. Und je selbstbewußter Sie sind, um so gelassener meistern Sie große und kleine Katastrophen.

Nutzen Sie Ihre Ängste positiv

Nutzen Sie Ihre Ängste positiv und heißen Sie Veränderungen als dynamische Kraft in Ihrem Leben willkommen. Die folgenden Fragen durchleuchten Ihre Einstellung zu Veränderungen.

Sie planen einige Veränderungen in Ihrem Berufs- oder Privatleben. Was denken oder fühlen Sie dabei?

1. Daß Sie sich von allem Vertrauten trennen und ganz von vorn anfangen müssen.
   Richtig   ✗**Falsch**

2. Daß Sie gezwungen sind, Dinge zu tun, die Sie nicht tun wollen.
   Richtig   ✗**Falsch**

3. Daß Sie ein Gewohnheitsmensch sind, und man einen alten Bären eben schlecht das Tanzen lehren kann.
   Richtig   ⤫**Falsch**

4. Daß Sie Fehler riskieren, wenn Sie etwas Neues ausprobieren.
   ⤫ **Richtig**   **Falsch**

5. Daß Veränderungen mühsam und unangenehm sind.
   Richtig   ⤫   **Falsch**

Sie haben mindestens einmal mit „Richtig" geantwortet? Dann ist Ihre Einstellung in jedem Fall verbesserungswürdig. Lesen Sie die Erläuterungen zu den Fragen:

1. *Ich muß mich von allem Vertrauten trennen und ganz von vorn anfangen.* Falsch. Anpassungsfähig sein heißt bewährte Verhaltensmuster auf neue Bedingungen abstimmen – nichts weiter. Sie müssen nicht das Rad neu erfinden. Konzentrieren Sie sich auf die Entwicklung übertragbarer Qualitäten – die zehn Erfolgsfaktoren –, die Sie auf verschiedene Bereiche anwenden können.

2. *Ich bin gezwungen, Dinge zu tun, die ich nicht tun will.* Was glauben Sie wohl, ist schlimmer: eine Wohnung gekündigt zu bekommen, die Sie sich ohnehin nie leisten konnten, oder sich freiwillig nach einer günstigeren Bleibe umzusehen? Nach einer Herzattacke Ihr Leben komplett umzukrempeln oder bei (noch) intakter Gesundheit mehr Wert auf maßvolle Ernährung und körperliche Aktivität zu legen?
   Von außen aufgezwungene Umstellungen werden immer als mühsamer empfunden. Handeln Sie rechtzeitig, und betrachten Sie Veränderungen als Katalysator für eine freiwillige Neuorientierung.

3. *Ich bin ein Gewohnheitsmensch, und einen alten Bären kann man eben schlecht das Tanzen lehren.* In unserer heutigen Zeit herrscht ein Klima des schnellen Wandels, und die Firmen bevorzugen Mitarbeiter, die dies nicht nur aushalten, sondern Freude daran finden. Fassen Sie den Vorsatz, jeden Tag etwas bislang Unbekanntes auszuprobieren – einen neuen Nachhauseweg, ein neues Restaurant oder eine neue Sportart. Lesen Sie ein Buch über ein Thema, von dem Sie nie vorher gehört haben. Kleine Veränderungen bringen große Überraschungen mit sich.

4. *Ich riskiere Fehler, wenn ich etwas Neues ausprobiere.* Stimmt! Na und? Fehler begehen wir alle, und wir lernen, aus ihnen zu lernen, zu analysieren, was schieflief, und es beim nächsten Mal besser zu machen.

5. *Veränderungen sind mühsam und unangenehm.* Kann sein, aber das hängt von Ihrer Einstellung ab. Es mag Ihnen schwer fallen, einige der Vorschläge in diesem Buch zu akzeptieren. Aber entscheidend ist doch: Sind Sie unzufrieden? Denn wenn Sie es sind, was ist Ihnen dann Ihre Zufriedenheit wert? Entschädigt das Ergebnis nicht für den Aufwand? Diese Frage können nur Sie allein beantworten.

Was kann ich tun, um meine Flexibilität zu verbessern?

5 Erfolgsfaktor Nr. 2: Engagement

Verkaufs- und Marketingregel Nr. 5:

Bei der Vielzahl an Produkten und Dienstleistungen,
die heute um die gleichen Märkte konkurrieren,
ist das Engagement des Verkäufers
oftmals der entscheidende Faktor.

Loyalität sich selbst gegenüber

Die Stichworte Engagement und Loyalität gegenüber der Firma kommen in meinen Seminaren häufig zur Sprache. Ein Manager formulierte, was wohl die Mehrzahl der Führungskräfte denkt: „Ein engagierter Schaffer, der die Firma nach zwei Jahren wieder verläßt, ist mir lieber als ein unmotivierter, selbstzufriedener Mitarbeiter, der bei uns alt wird."

An der Schwelle zu einem neuen Jahrtausend und neuen Arbeitsstrukturen verschiebt sich die Definition von Engagement im Job. Arthur Denny Scott, der fast dreißig Jahre für IBM tätig war, sagt: „Der Begriff der Loyalität bezieht sich immer weniger auf ein bestimmtes Unternehmen als auf eine Branche, ein Berufsfeld oder ein Interessengebiet. Für IBM zu arbeiten hieß früher, eine Art Ehe einzugehen. Solche Beziehungen wird es in Zukunft nicht mehr geben." Das liegt nicht nur daran, daß die Angestellten zu solch „eheähnlichen" Langzeitbindungen an ein Unternehmen nicht mehr bereit sind, sondern auch an den sich verändernden Technologien und der Tendenz zur Fusionierung und Firmenübernahme.

Daraus darf natürlich nicht abgeleitet werden, daß der seiner Firma treu ergebene Arbeitnehmer ausgestorben ist. Vielleicht können wir nicht länger versprechen, zwanzig Jahre in derselben Firma zu bleiben. Trotzdem müssen wir uns unserer Aufgabe verpflichtet fühlen und zu jedem Zeitpunkt das Beste geben. Der Fokus verlagert sich von der Quantität zur Qualität.

Früh übt sich ...

Engagement ist eine Eigenschaft, die man schon als junger Mensch, aber auch später im Leben entwickeln kann. Der Sohn meines Nachbarn hatte seine gesamte Schul- und Universitätszeit bei diversen Firmen gejobbt – und nach seinem Examen mehrere Angebote für eine Vollbeschäftigung bekommen. Warum? Weil die Firmen ihn als engagiert und leistungswillig kennengelernt hatten und sich einen solchen Mitarbeiter nicht durch die Lappen gehen lassen wollten.

Ein charakteristisches Merkmal des heutigen Arbeitsmarkts ist die wachsende Bereitschaft von Firmen, Aushilfs- und Teilzeitkräfte anzuheuern, die sich oft durch ein hohes Maß an Engagement auszeichnen. Die Zahl der Zeitarbeitsagenturen nimmt kontinuierlich zu, und die Aushilfen wissen, daß sie um so häufiger gebucht werden, je zufriedener die jeweiligen Arbeitgeber sich über ihre Zuverlässigkeit und Leistung äußern.

Das Unternehmen der Zukunft wird ein Konglomerat aus Festangestellten, „festen Freien", Freiberuflern und selbständigen Beratern sein, die unabhängig voneinander für ein gemeinsames Ziel arbeiten. Je engagierter alle an einem Strang ziehen, um so größer wird der Erfolg sein.

Engagement zahlt sich aus

Wie steht es mit Ihrem beruflichen Engagement? Was könnten Sie besser machen? Führen Sie sich vor Augen, daß sich Ihr Engagement letztlich vor allem für Sie selbst auszahlt. Wenn es Ihnen an Eifer mangelt, kann das ein Signal für eine notwendige Neuorientierung sein.

Denken Sie über Ihre Aufgaben und Verpflichtungen – in der Schule, beruflich und privat – nach.

Erledigen Sie sie engagiert oder eher halbherzig?

Wie würden Ihr Lehrer, Ihr Chef oder Ihre Familie diese Frage beantworten?

Wann haben Sie sich das letzte Mal wirklich für eine Sache eingesetzt?

Was für ein Gefühl hatten Sie dabei?

Bereitet es Ihnen Probleme, sich einer Sache aus voller Seele zu widmen? Dann ist es wichtig, daß Sie sich nicht zuviel vornehmen. Gehen Sie Stück für Stück vor; versprechen Sie, das in der Situation unmittelbar Notwendige diszipliniert und nach bestem Wissen zu tun. Gewiß sollte man Langzeitziele haben und Pläne für die Zukunft schmieden, aber wer sagt, daß Sie alles auf einmal erreichen müssen?

Halten Sie Ihre Versprechen

Zwei weitere Aspekte des Engagements am Arbeitsplatz sind Zuverlässigkeit und Verantwortung. Halten Sie alle Versprechen, die Sie sich selbst und anderen geben. Niemand erwartet von Ihnen, unfehlbar zu sein, wohl aber, daß Sie pünktlich und konzentriert arbeiten. Wenn Sie oft unorganisiert sind, teilen Sie sich Ihre Aufgaben in leicht überschaubare Blöcke ein. Vergessen Sie nie Ihren Terminkalender oder Ihr Notebook, um Ideen und Vereinbarungen sofort eintragen zu können. Prüfen Sie regelmäßig, daß Sie keine unerfüllbaren Versprechen gemacht und nicht zuviele Projekte gleichzeitig angenommen haben.

Engagiert zu sein heißt Zuverlässigkeit zeigen und Verantwortung übernehmen für das berufliche Handeln. Der moderne Arbeitnehmer hat sich aus den Kinderschuhen befreit und bewegt sich auf ein „Erwachsenenstadium" zu, in dem jeder für sein Tun und Lassen selbst verantwortlich ist.

Raus aus den Kinderschuhen

Der Arbeitsmarkt steuert in eine interessante Phase, an die eine große Herausforderung geknüpft ist. Firmen behandeln ihre Angestellten als „Erwachsene" mit autonomen Ideen und individuellen Fertigkeiten. Die Herausforderung besteht darin, daß zwar immer mehr Eigenverantwortlichkeit vom Arbeitnehmer verlangt, er aber längst nicht immer mit den entsprechenden Befugnissen betraut wird, um dies praktizieren zu können.

Die neue Unternehmensphilosophie beabsichtigt, auf allen Ebenen – vom einfachen Arbeiter bis zum Manager – Ideen und Anregungen zu produzieren, die wie ein Ballon nach oben an die Spitze steigen, wo sich die Geschäftsleitung die besten Lösungen herausgreift und weiterverfolgt. Dieses Konzept ersetzt das alte, bei dem die Geschäftsleitung nur eine einzige Lösung für ein Problem ausarbeitete und diese an die Basis weitergab. Immer mehr Firmen, die früher nur den Geschäftsführern und wenigen Auserwählten Befugnisse verliehen, realisieren die Notwendigkeit, die Entscheidungsautorität zu dezentralisieren, um den Dienst am Kunden effektiver zu gestalten.

Nicht „Wieso ich?", sondern „Was nun?"!

Dem klassischen Arbeiter des Produktionszeitalters, der allen Regeln brav gehorchte und genau tat, womit man ihn beauftragte, aber keinen Handstreich mehr, war der Gedanke, Verantwortung für sein Handeln zu übernehmen, unangenehm. Flexible, kreative und unabhängige Arbeitnehmer dagegen sind bereit, Risiken einzugehen – und die Konsequenzen zu akzeptieren.

Fragen Sie oft: „Wieso immer ich?" Halten Sie sich für einen Pechvogel, dem ständig Schlechtes widerfährt? Wenn ja, müssen Sie Ihre Einstellung ändern, um erfolgreich zu sein. Denken Sie „Was" statt „Warum", nicht „Warum ist es immer das Gleiche?", sondern „Was kann ich nächstes Mal anders machen?"

Janet war seit acht Jahren in einem medizinischen Labor beschäftigt, als ihr zu Ohren kam, ihr Forschungszweig solle aufgelöst werden.

Sie hatte immer getan, was man ihr sagte, und auch nachdem sie nicht befördert wurde, brav ihren Mund gehalten, zumal sie sich die Rolle der Abteilungsleiterin nicht recht zutraute.

Janet fragte Marie, mit der sie seit vier Jahren zusammenarbeitete: „Machst Du Dir keine Sorgen? Es heißt, sie machen die Abteilung dicht, und auf dem Gebiet wird nirgends sonst in der Gegend geforscht. Wenn ich meinen Job verliere, bin ich aufgeschmissen. Wieso passiert das ausgerechnet mir?"

„Am Anfang war ich auch beunruhigt", erwiderte Marie, „aber dann habe ich mich einfach erkundigt. Sie sagten mir, unser Labor würde mit Geräten für die AIDS-Forschung ausgerüstet. Dafür habe ich mich schon immer interessiert, und ich fragte, was ich tun müßte, um zum neuen Team zu gehören. Daraufhin boten sie mir an, mich weiter oben im Norden an den neuen Geräten auszubilden und rechtzeitig zur Eröffnung unseres Labors zurückzuversetzen."

Statt abzuwarten, hatte Marie nachgehakt und ihren Arbeitgeber wissen lassen, daß sie bereit war, Neues zu lernen und Herausforderungen anzunehmen. Sie nahm so die Verantwortung für ihr Leben selbst in die Hand.

Was kann ich tun, um mein Engagement zu verbessern?

Erfolgsfaktor Nr. 3: Kommunikation

6

Verkaufs- und Marketingregel Nr. 6:

*Den Verkaufserfolg steigern durch bessere Kommunikation:
Vergewissern Sie sich, daß Ihre Botschaft so ankommt,
wie Sie sie vermittelt und gemeint haben.*

Überzeugend kommunizieren – vier Grundsätze

Im heutigen Geschäftslcben ist im Prinzip jeder ein Verkäufer. Ob der Käufer Ihr jetziger oder ein potentieller Chef, ein Kunde oder Klient ist – am Wesen des Verkaufens ändert das nichts. Am erfolgreichsten sind Verkäufer, die den Käufer durch überzeugende Kommunikation dazu bringen, die Verbindung zwischen seinen Bedürfnissen und dem angebotenen Produkt zu erkennen. Überzeugende Kommunikation verfolgt vier Grundsätze:

1. *Kommunikation hat viele Formen.* Nicht nur, was Sie sagen, ist wichtig, sondern vor allem, *wie* Sie es sagen. Ihr Tonfall, die Art, im Gespräch Akzente zu setzen, sagt viel über Sie aus. Gleiches gilt für Ihre Körpersprache. Leiden Sie unter Nägelkauen oder anderen nervösen Angewohnheiten? Ist Ihre Körperhaltung aufrecht, oder gehen Sie mit krummem Rücken, hängenden Schultern und gesenktem Blick?
Jahr für Jahr werden Millionenbeträge in Design und Verpakkung von Produkten investiert. Marketingexperten wissen, wie wesentlich die Präsentation eines Produkts – oder eines Bewer-

bers – dessen Akzeptanz beeinflußt. Sind Sie sich des Eindrucks bewußt, den Sie – verbal und physisch – auf einen potentiellen Arbeitgeber machen?

Wenn Sie ungekämmt und schlampig gekleidet zu einem Vorstellungsgespräch kommen, müssen Sie sich sehr anstrengen, damit Ihr Gegenüber über die „Verpackung" hinwegsieht. Bitten Sie Freunde und Familie um deren Feedback, wie Ihr Auftreten, Ihre Körperhaltung und Gestik wirken.

2. *Standpunkt und Erfahrungen bestimmen die Reaktion des Käufers.* In den verschiedenen Teilen der Welt entwickeln sich Sprachen unterschiedlich, weil jede Kultur einzigartig ist. Eskimos beispielsweise kennen über 100 Begriffe für das Wort Schnee: „Schnee zum Trinken", „Schnee auf dem Boden", „frisch gefallener Schnee" und 97 weitere Varianten. Schnee nimmt im Leben der Eskimos einen primären Stellenwert ein, der durch die Vielfalt der Synonyme reflektiert wird. Jede Kommunikation hängt vom Standpunkt und den Erfahrungen der Beteiligten ab. Effektive Verkäufer müssen effizient kommunizieren; achten Sie darauf, daß Ihre Botschaft so ankommt, wie von Ihnen beabsichtigt. Wenn Sie sich etwa einen Workaholic nennen, mag das der eine Arbeitgeber als positiv, der andere hingegen als negativ empfinden. Drücken Sie sich stets klar und präzise aus – und bitten Sie gleichzeitig Ihren Interviewer, vage oder mißverständliche Aussagen konkreter zu formulieren.

3. *Nicht Ihre Bedürfnisse zählen, sondern die des Käufers.* Dieser Grundsatz ist überaus wichtig. Wenn Sie einen Autohändler aufsuchen, tun Sie das, weil Sie ein neues Auto wollen oder brauchen – nicht, weil der Verkäufer es Ihnen verkaufen will. Ihr Chef erfüllt Ihre Bitte nach einer Gehaltserhöhung, weil er Sie braucht – nicht, weil Sie mehr Geld brauchen. Und wenn Sie einen Job bekommen, dann weil *die Firma* Sie braucht – nicht, weil Sie eine Anstellung brauchen.

Dieser Punkt wurde bereits in Kapitel 1 diskutiert. Sie bekommen einen Job, weil Sie die Bedürfnisse des Arbeitgebers erfüllen. Sie verkaufen sich nicht, indem Sie ihn bitten: „Stellen Sie mich ein. Ich brauche einen Job." Sie verkaufen sich, indem Sie ihn überzeugen: „Stellen Sie mich ein. Ich helfe Ihnen bei der Lösung Ihrer Probleme."

4. *Standpunkt und Bedürfnisse des Käufers lernt man nur durch gezielte Fragen und aufmerksames Zuhören kennen.* Die richtigen Fragen stellen und gewissenhaft zuhören – das sind zwei der

effizientesten Kommunikationswerkzeuge. Die richtigen Fragen liefern Ihnen die benötigten Informationen zum richtigen Zeitpunkt. Warum? Einen besseren Aufhänger als eine klug gestellte Frage gibt es nicht. Fragen besitzen eine Macht, der sich kaum jemand entziehen kann.

Aufmerksames Zuhören ist eine weitere Voraussetzung für effektives Kommunizieren. Der griechische Philosoph Epiktetos sagte: „Gott gab uns klugerweise zwei Ohren und einen Mund, damit wir doppelt soviel hören wie sprechen können."

Der folgende Test verrät Ihnen, ob Sie ein schlechter oder guter Zuhörer sind.

Wie gut hören Sie zu?

Wie verhalten Sie sich in Gesprächssituationen:

	Mei-stens	Manch-mal	Selten
1. Bereiten Sie sich physisch vor, indem Sie sich zum Sprecher drehen und darauf achten, daß Sie ihn gut hören können?			
2. Hören Sie dem Sprecher nicht nur zu, sondern beobachten Sie ihn gleichzeitig?			
3. Beurteilen Sie aufgrund seines Äußeren und seiner Art zu sprechen, ob es sich lohnt, ihm Aufmerksamkeit zu schenken?			
4. Achten Sie primär auf neue Ideen und versteckte Zwischentöne?			
5. Sind Sie sich eigener Vorurteile bewußt, und versuchen Sie, diese zu akzeptieren?			
6. Konzentrieren Sie sich auf das, was der Sprecher sagt?			
7. Unterbrechen Sie ihn, sobald Sie eine Stellungnahme für falsch halten?			

8. Antworten Sie ihm erst, wenn Sie sicher sind, seine Position verstanden zu haben?			
9. Versuchen Sie, stets das letzte Wort zu behalten?			
10. Untersuchen Sie seine Aussagen auf Logik und Glaubwürdigkeit?			

Auswertung

Fragen 1, 2, 4, 5, 6, 8, 10:
10 Punkte für „meistens", 5 für „manchmal", 0 für „selten".

Fragen 3, 7, 9:
0 Punkte für „meistens", 5 für „manchmal", 10 für „selten".

Errechnen Sie nun Ihre Gesamtpunktzahl.

- Unter 70 Punkte: Sie sind ein schlechter Zuhörer.
- 70-89 Punkte: Sie sind ein guter Zuhörer, könnten sich aber noch steigern.
- 90 Punkte und mehr: Sie sind ein exzellenter Zuhörer.

Die Kunst der Kommunikation

Die gute Kooperation mit anderen Menschen ist das A und O für alle, die in unserer heutigen Dienstleistungsgesellschaft Erfolg haben wollen. Und diese gute Zusammenarbeit besteht zu 100 Prozent aus Kommunikation. Die Art und Weise, im Job zu kommunizieren, ist so wichtig wie die Arbeit selbst. Arthur Denny Scott sagt: „In einer Servicegesellschaft genießen persönliche Beziehungen einen hohen Stellenwert. Man muß sich in die andere Person hineinversetzen, die Dinge aus ihrer Perspektive betrachten können."

Das Phänomen Kommunikation hat viele Facetten. Auf den Punkt gebracht, besteht sie aus der Vermittlung von Gedanken und Meinungen an einen oder mehrere Empfänger – an den Partner im intimen

Dialog, an ein Dutzend Konferenzteilnehmer oder an ein Millionenpublikum vor den Fernsehbildschirmen. Einige Formen sind direkt, andere subtiler, aber grundsätzlich gilt: Sie alle können untersucht, trainiert und vervollkommnet werden.

Wenn Ihr Bewerbungsanschreiben von Rechtschreibfehlern nur so wimmelt, können Sie kaum mit einer Einladung zum Vorstellungsgespräch rechnen. Wenn Sie Ihren Interviewer mit laschem Händedruck begrüßen und die ganze Zeit nervös auf Ihrem Stuhl herumrutschen, während Sie seine Fragen beantworten, nützen Ihnen die besten Qualifikationen und Referenzen nicht viel. Umgekehrt ist man geneigt, Ihnen einen Mangel an Erfahrung nachzusehen, wenn Sie sich gut artikulieren und selbstsicher auftreten.

Kommunikation ist eine Kunst. Auch der Klang Ihrer Stimme am Telefon programmiert Erwartungshaltungen vor. Mal ehrlich: Haben Sie nicht auch schon Vorurteile gegen eine Person gehabt, nur weil sie nuschelte? Legen Sie Wert darauf, daß Ihre Stimme kraftvoll und vertrauenerweckend klingt und den Eindruck von Kompetenz vermittelt.

Was kann ich tun, um meine Kommunikationsfähigkeit zu verbessern?

7 Erfolgsfaktor Nr. 4: Kreativität

Verkaufs- und Marketingregel Nr. 7:

Verkaufen heißt, ein Problem kreativ lösen.
Sie müssen überlegen, wie Sie am besten ans Ziel kommen und
dabei die Bedürfnisse Ihrer Kunden erfüllen können.

Entdecken Sie Ihre kreative Ader

Was verstehen Sie unter Kreativität? Nur weil Sie kein Picasso oder Hemingway sind, heißt das nicht, daß Sie nicht kreativ wären. Kreativität hat nicht unbedingt etwas mit künstlerischem Schaffensdrang zu tun, sondern mit neuen Betrachtungsweisen und visionärer Begabung. Picasso drückte seine Sicht der Welt in seinen Bildern aus, Hemingway in seinen Büchern. Beethoven und Bruce Springsteen wählten die Musik, Albert Einstein die Wissenschaft als Ventil für Kreativität. Zum Glück für uns „Normalsterbliche" setzt Kreativität nicht notwendigerweise Genialität voraus. Sie beginnt mit einer objektiven Betrachtung von Problemen oder Hindernissen und mündet in deren Bewältigung mit Hilfe von Phantasie und Ratio.

Obwohl wir uns selten dessen bewußt sind, werden uns in fast jedem Job kreative Lösungen abverlangt – egal auf welcher Ebene. Jedesmal wenn ein Manager die Geschäftsführung von einer Idee überzeugt, die Chefsekretärin ihrem Boß einen Platz in der ausgebuchten Maschine nach London besorgt oder ein Arbeiter einen Trick ersinnt, wie er seine Produktivität erhöhen kann, ist Einfallsreichtum im Spiel.

Je stärker unsere Wirtschaft vom Dienstleistungssektor dominiert wird, um so gefragter ist Kreativität am Arbeitsplatz.

Aufschluß über Ihr Kreativitätspotential gibt Ihnen wiederum ein Test. Antworten Sie spontan:

1. Genießen Sie das kreative Experimentieren mit neuen Ideen und Methoden?
2. Akzeptieren Sie bewährte Methoden als unwiderrufbar – unter dem Motto: „So haben wir es immer gemacht"?
3. Halten Sie „Dienst nach Vorschrift" für wichtiger als die optimale Erfüllung einer Aufgabe, oder sind Sie zu „Schlenkern" bereit?
4. Was tun Sie, wenn Sie etwas nicht mögen, zu lange warten oder mitansehen müssen, wie Zeit oder Material verschwendet wird? Sich beschweren? Die Situation in die Hand nehmen?
5. Sind Sie von Natur aus neugierig?
6. Wenn Sie praktischen oder genialen Lösungen begegnen, suchen Sie nach Möglichkeiten, diese auf Ihren Job oder Ihr Privatleben zu übertragen?
7. Kümmern Sie sich solange um ein bestimmtes Problem, bis es gelöst ist?
8. Erwägen Sie viele verschiedene Lösungen, bevor Sie zur Aktion schreiten?
9. Erinnern Sie sich an die letzte gute Idee, die Sie hatten. Was machte diese so gut? Wodurch wurde sie angeregt?
10. Träumen Sie manchmal in den Tag hinein oder malen gedankenversunken auf einem Stück Papier herum?
11. Gehen Sie mit sich ins Gericht, noch bevor Sie ein Projekt beendet haben?
12. Ärgern Sie sich, wenn Sie ein Problem nicht auf Anhieb lösen können? Gestatten Sie sich eine zweite Chance?
13. Haben Sie neue Wege entdeckt, Ihre Kreativität anzuregen? Gartenarbeit? Relaxen in der Badewanne? Meditieren?
14. Lesen Sie in Ihrer Freizeit? Wenn ja, was?
15. Wissen Sie, wo die nächste Bibliothek in Ihrer Nähe ist? Lesen Sie Fachzeitschriften und Businessmagazine? Wie informieren Sie sich?
16. Sind Sie ein Spielefreund?
17. Sehen Sie kreative Möglichkeiten in Ihrem Job?
18. Sind Sie offen für Ideen und Anregungen – egal, von wem sie stammen?

19. Ein Kollege hat eine vielversprechende Idee. Geben Sie ihm Schützenhilfe?
20. Was ist derzeit das größte Problem in Ihrem Job?
21. Haben Sie versucht, das Problem in Teilblöcke zu zerlegen, um es leichter bewältigen zu können?
22. Kennen Sie jemanden mit einem ähnlichen Problem, den Sie um Tips bitten könnten?
23. Neigen Sie zu der Auffassung, Kreativität hänge mit Kunst zusammen – und hätte mit Ihnen wenig zu tun?
24. Was tun Sie, wenn Sie bei einem Problem festhängen? Wie schnell geben Sie auf?
25. Macht es Ihnen Spaß, Probleme zu lösen?

Probleme aus einer neuen Warte betrachten

Das nächste Mal, wenn Sie ein Problem lösen müssen, betrachten Sie es als kreative Übung. Bemühen Sie sich um eine objektive Analyse. Überlegen Sie: „Was ist an diesem Problem interessant?", und sehen Sie, welche Lösungen sich aus diesem Blickwinkel ergeben. Dann rücken Sie einen anderen Aspekt in den Vordergrund. Testen Sie den Blickwinkel, der Ihnen anfangs spontan einfiel, den Sie aber verwarfen, weil Sie ihn zu simpel fanden. Oder zu schwierig. Oder lächerlich.

Machen Sie sich keine Gedanken über Details oder Kosten. Konzentrieren Sie sich auf das „große Bild", den konzeptionellen Ansatz. Klammern Sie keine Möglichkeit von vornherein aus. Kreativität ist die Fähigkeit, jenseits des Erprobten neue Ansätze zu finden oder alte Lösungen zu adaptieren.

Probleme im Job sollten Sie grundsätzlich als Chance für Ihr kreatives Potential begreifen. Je kreativer Sie sind, um so größer ist Ihr Wert für jedes Unternehmen.

Was kann ich tun, um meine kreativen Fähigkeiten zu verbessern?

Erfolgsfaktor Nr. 5: Entscheidungen fällen

8

Verkaufs- und Marketingregel Nr. 8:

Marketing erfordert schnelles, sicheres Entscheiden.
Das bedeutet nicht, daß der Entscheider immer richtig liegen muß –
wir lernen aus allen Fehlern.

Faustregel für Entscheidungen: Information, Analyse ... und Vertrauen

Jason hatte mehrere Jahre als Assistent eines bekannten Fotografen gearbeitet, in dem Glauben, sich eines Tages selbständig zu machen. Doch dann fand er, daß die Dinge zu langsam vorangingen und der Fotografie nicht mehr sein Hauptinteresse galt. Er wollte bald heiraten und eine Familie gründen, zweifelte aber, ob er diese mit seinem Assistentengehalt ernähren könnte. Und so beschloß er, sich beruflich zu verändern.

Sein Freund, ein Juwelier, bot ihm eine Stelle als Verkäufer an. Jason sagte zu und versuchte, sich die nächsten eineinhalb Jahre einzureden, die richtige Entscheidung getroffen zu haben, obwohl der Job ihn in Wahrheit unglücklich machte. Er fühlte sich seinem Freund gegenüber verpflichtet und hatte Angst vor einer zweiten Fehlentscheidung. Bis er merkte, daß er die Fotografie vermißte. Dieses Mal ging er seine Entscheidung wesentlich vorsichtiger an. Er listete alle Punkte auf, die ihm an der Fotografie Spaß gemacht hatten, und no-

tierte in der Spalte daneben die Gründe, weshalb er damals aufgehört hatte. Dann schrieb er in einer zweiten Liste auf, was ihm am Schmuckverkaufen gefiel und was nicht.

Jason stellte fest, daß er viel über Verkaufen, aber wenig über das Produkt (Schmuck interessierte ihn nicht) gelernt hatte. Sein Interesse an Kameras dagegen war groß. Er verband seine Verkaufserfahrung mit seinem Steckenpferd und arbeitet seither sehr erfolgreich als Verkäufer für hochwertige Fotoausrüstungen – ein Job, der ihn sehr befriedigt.

Die erste Entscheidung hatte Jason überstürzt und emotional gefällt. Seine zweite, gründlich überdachte Wahl basierte auf einer Analyse von Fakten und Zukunftsoptionen und dem Vertrauen in sein Urteilsvermögen.

Beruflich wie privat treffen wir Tag für Tag eine Vielzahl von Entscheidungen. Einige Menschen packen diese mühelos und zuversichtlich an, viele haben ernste Schwierigkeiten damit. Ob wir gute oder schlechte Entscheider sind, hängt davon ab, wie sehr wir bereit sind, auf unser eigenes Urteil zu vertrauen.

Je häufiger Sie Dinge entscheiden, um so geübter und besser werden Sie darin. In einer Welt des Wandels und der Unsicherheit ist der Bedarf an schnellen, beherzt getroffenen Entschlüssen größer denn je. Ihr Marktwert erhöht sich proportional zu Ihrer Entscheidungsfähigkeit.

Acht Schritte zur richtigen Entscheidung

Jede Entscheidung involviert ein gewisses Risiko und reflektiert immer nur das, was zu einem gegebenen Zeitpunkt am besten erscheint:

1. *Die zu treffende Entscheidung eingrenzen.* Sie sollten die Problematik präzise formulieren, um sie in Teilaspekte zerlegen zu können.
2. *Soviele Informationen wie möglich sammeln.* Seien Sie sich jedoch darüber im klaren, daß Sie unmöglich alle Informationen zusammentragen können. Irgendwann muß Schluß sein mit der Recherche.
3. *Informationen auf Wahrheitsgehalt prüfen.* Versuchen Sie, Fakten und Zahlen wann immer möglich selbst zu überprüfen.

4. *Ratschläge einholen.* Ob Sie sie befolgen oder nicht bleibt Ihnen überlassen. Aber es besteht die Chance, etwas Neues zu lernen.

5. *Pro & Kontras auflisten, um zu sehen, was überwiegt.* Mit einem Problem oder einer Entscheidung konfrontiert, pflegte Benjamin Franklin einen Bogen Papier zur Hand zu nehmen. In der Mitte zog er eine senkrechte Linie, links davon schrieb er „Yes", rechts „No", und darunter notierte er die Gründe, die für und gegen eine Entscheidung sprachen. Je nachdem, welche Spalte länger war, entschied er mit „Ja" oder „Nein".

6. *Nach der günstigsten Konsequenz einer Entscheidung fragen.* Welche Konsequenz wäre die beste? Die schlechteste? Am wahrscheinlichsten? Und was wäre die Alternative? Listen Sie alle möglichen Problemlösungen und vermutlichen Konsequenzen auf.

7. *Auf Ihre Intuition vertrauen.* Warum tendieren Sie „aus dem Bauch heraus" zu dieser oder jener Entscheidung? Lernen Sie, Ihren tieferen Instinkten zu vertrauen, statt spontanen Impulsen zu folgen.

8. *Fehler erkennen und nutzen, um beim nächsten Mal klüger zu entscheiden.*

Weil er seine erste Entscheidung emotional und übereilt gefällt hatte, landete Jason in einem Job, der ihm nicht gefiel Doch die eineinhalb Jahre als Schmuckverkäufer waren keine vergeudete Zeit, denn sie öffneten ihm die Augen für sein berufliches Glück.

Was kann ich tun, um meine Entscheidungsfähigkeit zu verbessern?

9 Erfolgsfaktor Nr. 6: Richtig urteilen

Verkaufs- und Marketingregel Nr. 9:

*Die beste Frage, die ein Verkäufer sich stellen kann, lautet:
„Was kann ich beim nächsten Mal besser machen?"*

Situationen richtig einschätzen

Stellen Sie sich vor, Sie sind allein im Büro, mit einem eiligen Projekt beschäftigt, und das Computersystem stürzt ab. Wie reagieren Sie? Reden Sie sich ein, machtlos zu sein? Geraten Sie in Panik, heulen und befürchten vielleicht sogar, Ihren Job zu verlieren? Oder behalten Sie einen kühlen Kopf, setzen klug Prioritäten und bekommen so wenigstens die drängendsten Probleme in den Griff?

Natürlich halten Arbeitgeber nach Bewerbern Ausschau, die in die letzte Gruppe fallen. Die Fähigkeit, auch in Notlagen den Überblick zu bewahren und richtig zu urteilen, ist in jedem Job von unermeßlichem Wert. Situationen richtig einschätzen – dies wird uns in allen Lebensbereichen ständig abverlangt.

Schon beim Überqueren einer Straße gilt es, die involvierten Risiken abzuwägen: Kommt ein Auto? Wenn ja, wie schnell? Reicht die Zeit, um auf die andere Seite zu gelangen? Ihr Urteilsvermögen kommt bei jeder noch so harmlosen Entscheidung zum Einsatz – ob Sie sich ein neues Sofa zulegen oder den Verlobten Ihrer Tochter kennenlernen.

Das gleiche Urteilsvermögen benötigen Sie im Beruf. Sie müssen in der Lage sein, unterschiedlichste Situationen (wie den eingangs erwähnten Computerabsturz), Kaufoptionen (vom Filzschreiber bis zur Firmenfusion) und Menschen (Kollegen, Personal, Vorgesetzte) kompetent und sicher einzuschätzen.

Formale Beurteilungsverfahren

Unsere Einschätzungen im Alltag sind häufig instinktgesteuerte, allzu schnell gebildete subjektive Meinungen. Im Berufsleben reicht das nicht aus: Hier ist eine objektive Meinung gefragt, die aus einem formalen Beurteilungsverfahren resultiert. Die meisten Menschen lassen sich von oberflächlichen Eindrücken und ihrem Instinkt leiten. Ein gutes Urteilsvermögen hat, wer zwar auf seinen Instinkt hört, ihm aber nicht hundertprozentig vertraut.

Formale Beurteilungsverfahren bestehen aus drei Stufen:

1. *Wer oder was soll beurteilt werden?* Personen, Orte, Situationen? Leistungen oder Kaufentscheidungen?
2. *Liste mit Anforderungskriterien erstellen.* Der Bleistifthersteller, der Ihre Firma bisher belieferte, hat bankrott gemacht. Sie sollen einen Nachfolger finden. Ihre Kriterienliste könnte wie folgt aussehen:
   * Hohe Produktqualität
   * Günstiger Preis (Rabatt?)
   * Großbestellungen problemlos lieferbar
   * Auslieferung eine Woche nach Auftrag möglich
   * Gute Qualität der Radiergummis
3. *Anforderungskriterien auf das Objekt Ihrer Beurteilung anwenden.* Von den vier in Frage kommenden Bleistiftherstellern erfüllen nur zwei alle Kriterien. Um zwischen diesen beiden Kandidaten auszuwählen, müssen Sie zusätzliche Kriterien aufstellen und als Maßstab verwenden.

Diese drei Stufen sind auf alle Beurteilungsverfahren übertragbar – egal, ob es sich um einmalige Entscheidungen oder länger andauernde Prozesse (z.B. Personalbeurteilungen) handelt.

Was kann ich tun, um mein Urteilsvermögen zu verbessern?

10 Erfolgsfaktor Nr. 7: Weitblick

Verkaufs- und Marketingregel Nr. 10:

Damit Produkte und Dienstleistungen in einer Zeit des schnellen Wandels überlebensfähig sind, müssen sie mit Weitblick und Zukunftssinn vermarktet werden.

Die Zukunft im Visier

Wer in die Zukunft sehen will, benötigt Weitblick. Die Voraussetzungen dafür sind eine sorgfältige Analyse der Gegenwart und eine realistische Hochrechnung künftiger Trends.

Wann immer sich neue Tendenzen auf dem Arbeitsmarkt, unerwartete Probleme oder verheißungsvolle Technologien abzeichnen, sollten Sie überlegen, wie diese nicht nur unser Heute, sondern auch das Morgen beeinflussen werden. Zukunftstrends rechtzeitig zu erkennen ist sowohl für Firmen als auch für deren Mitarbeiter unerläßlich.

Jedes Unternehmen glaubt an sein Wachstumspotential. Und sucht deshalb Bewerber, die in der Lage sind, vorausschauend Expansionskonzepte oder Produktverbesserungen auszuarbeiten. Wenn Sie einem potentiellen Arbeitgeber aufzeigen können, daß Sie genau das in der Vergangenheit getan haben, kassieren Sie wichtige Bonuspunkte.

Im medizinischen Bereich ist Weitblick die wohl wichtigste Eigenschaft, die ein Bewerber besitzen kann. In der Biotechnologie werden fast täglich revolutionäre Durchbrüche erzielt – ein rasant wachsender

Sektor, bei dem auf verlorenem Posten steht, wer nur im Hier und Heute denkt.

Aber nicht nur in der High-Tech-Industrie, auch in der Mode ist ein Gespür für Trends das Gebot der Stunde. Designer sind ihrer Zeit voraus, und Einzelhändler müssen wissen, was in der kommenden Saison schick sein wird, um gezielt ordern zu können. Finanzinstitute versuchen, Tendenzen der nationalen und internationalen Wirtschaftsmärkte zu prognostizieren; Immobilienmakler fahnden nach den Regionen mit dem größten Zulaufpotential. Kurz gesagt: Bewerber mit Weitblick sind in jeder Branche herzlichst willkommen.

„Ich hätte es ahnen müssen!"

Wer Veränderungen – oder die Möglichkeit von Veränderungen – vorausahnt, kann sich rechtzeitig auf sie einstellen. Kreativität und Weitblick – zwei Eigenschaften, die effektive Problemlösungen unterstützen. Weitblick erfüllt eine ähnliche Funktion wie die aktive Gesundheitsvorsorge: Wer heute mit vernüftiger Ernährung und Fitneßtraining anfängt, erntet später die Früchte seiner Disziplin.

Weitblick bringt vielfältigen Nutzen. Er hilft Ihnen bei der Konzeption Ihres persönlichen Marketingplans und beim Einordnen Ihrer Interessen und Fertigkeiten in die Arbeitsmarktsituation der Gegenwart und der Zukunft.

„Ich hätte es ahnen müssen!" oder „Ich habe es kommen sehen!" – bestimmt haben Sie sich auch schon solche Vorwürfe gemacht. Wir sehen oft Dinge „kommen", versäumen es aber, ihnen Aufmerksamkeit zu schenken oder rechtzeitig zu handeln, weil wir verbohrt oder ängstlich sind.

Kann man Weitblick erlernen? Oder handelt es sich um eine Art „Gottesgeschenk", das einigen mitgegeben wurde, den meisten aber nicht? Ganz und gar nicht. Wie die anderen neun Erfolgsfaktoren ist auch Weitblick eine Sache der Einstellung. Er setzt Offenheit voraus – Phantasie. Weitblick entwickeln Sie, indem Sie sich vom Konzept der Zukunft begeistern lassen – auch wenn Sie nicht genau wissen, was diese mit Ihnen vorhat.

Was kann ich tun, um meinen Weitblick zu schärfen?

11 Erfolgsfaktor Nr. 8: Unabhängigkeit

Verkaufs- und Marketingregel Nr. 11:

Je mehr wir uns auf unsere eigenen Verkaufs- und Marketingfertigkeiten verlassen, um so selbstsicherer werden wir.

Auf eigenen Füßen stehen

Unabhängigkeit und selbständiges Arbeiten sind heutzutage sehr gefragt, um so mehr als starre Hierarchien zunehmend gelockert und durch beweglichere Gefüge ersetzt werden. Arbeit ist weniger aufgaben- als projektorientiert: Der Arbeitnehmer schließt mit seinem Chef einen „Vertrag" über die Durchführung eines bestimmten Projekts ab.

Früher sah der klassische Arbeitstag so aus: Sie kamen an Ihren Arbeitsplatz, erfuhren, was Sie wie zu erledigen hatten, und gingen nach vollbrachtem Werk wieder nach Hause. Zugegeben, in manchen Berufsfeldern und bei geringerer Qualifikation mag das vereinzelt heute noch so sein, doch in Zukunft wird das Gros aller Jobs diesen rigiden Strukturen eine Absage erteilen. Sie bekommen dann zwar immer noch Aufgaben zugeteilt, genießen aber sehr viel mehr Freiraum bei deren Durchführung. Sie entscheiden – allein oder im Team –, welche Methode sich zur Bewältigung einer Aufgabe binnen einer vorgegebenen Frist am besten eignet. Wie Sie sich Ihren Arbeitstag einteilen, bleibt weitgehend Ihnen überlassen.

Dabei ist es wichtig, alle relevanten Fakten zu kennen, um die Bedeutung Ihrer Aufgabe und deren Bezug zum übergreifenden Projekt zu erfassen. Je unabhängiger Sie arbeiten, um so weniger sollten Sie sich scheuen, Fragen zu stellen.

Da konkrete Jobbeschreibungen in diesem unabhängigen Rahmen schwierig sind, kann es sein, daß Sie die Inhalte Ihrer Position selbst definieren müssen. Den Ausgangspunkt hierfür bilden die angestrebten Schlüsselresultate – wie Sie diese erzielen, ist Ihre Sache. Das bedeutet nicht, daß Sie keine Hilfe bekämen. Unabhängig arbeiten heißt nicht, alles im Alleingang zu machen, sondern zu erkennen, welche Mitarbeiter hilfreich sein können und deren Fertigkeiten kongenial mit den eigenen zu verknüpfen, um das gemeinsame Ziel zu erreichen.

Was kann ich tun, um meine Unabhängigkeit zu verbessern?

12 Erfolgsfaktor Nr. 9: Teamfähigkeit

Verkaufs- und Marketingregel Nr. 12:

Gegenseitige Abhängigkeit und Vertrauen sind Voraussetzungen für ein erfolgreiches Team.

Teamplayer statt Einzelkämpfer

Eric arbeitete als Flugzeugingenieur bei einer großen internationalen Gesellschaft. Als Ingenieur war er brillant, und die Tatsache, daß er mehrere Sprachen sprach, machte ihn um so wertvoller. Das Problem: Eric war zwar auf seinem Fachgebiet ein As, besaß aber keinerlei Teamgeist. Er arbeitete lieber alleine statt im Team und mochte weder anderen helfen noch deren Hilfe akzeptieren.

Durch seine Weigerung, diese Haltung zu ändern und sich ins Team zu integrieren, verscherzte er sich viel, und sein Wert für seinen Arbeitgeber sank drastisch.

In vielen zukunftsträchtigen Berufen ist Teamarbeit ein wesentliches Element. Nicht nur die High-Tech-Industrie und Multikonzerne, auch kleinere Firmen bauen auf Teamwork. Unternehmen aller Größenordnungen haben erkannt, daß kleine Arbeitsgruppen – Teams – der Schlüssel zu mehr Effizienz sind. Die hierarchische Pyramide wandelt sich zugunsten einer teamorientierten Struktur, welche Motivation und Energie verleiht und ein größeres Mitspracherecht bei Entscheidungen gestattet. Die Mitarbeiter bekommen so stärker das Gefühl, Teil einer „großen Familie" zu sein. Durch diese Identifikation mit dem Unternehmen wird ihr Engagement unterstützt.

Wie werden Sie ein guter Teamplayer?

Was macht ein erfolgreiches Team aus? Ein Team ist mehr als eine Gruppe kooperierender Einzelpersonen. Nehmen wir zum Beispiel eine Fußballmannschaft. Nur weil elf der begabtesten Fußballer auf dem Platz versammelt sind, heißt das noch lange nicht, daß auch die Mannschaft erstklassig sein muß. Der Erfolg des Teams hängt vor allem davon ab, wie gut die elf Spieler harmonieren und sich gegenseitig unterstützen. Eine gute Mannschaft ist mehr als die Addition von Einzeltalenten – das Ganze ist immer größer als die Summe seiner Teile.

Wie werden Sie ein gutes Teammitglied? Acht Punkte, die Sie beherzigen sollten:

1. Respektieren Sie, daß Ihr persönlicher Beitrag und der des Teams gleichwertig sind.
2. Seien Sie bereit, anderen zu helfen und wenn nötig um Hilfe zu bitten.
3. Vergewissern Sie sich, die Ziele des Teams und Ihre Rolle bei deren Realisierung verstanden zu haben.
4. Äußern Sie anderen Teammitgliedern gegenüber offen Ihre Ideen, Anregungen, Meinungen, Einwände und Fragen.
5. Akzeptieren Sie Kommentare und Vorschläge anderer Teammitglieder; versuchen Sie, deren Standpunkte nachzuvollziehen.
6. Begreifen Sie, daß jedes Team Konflikte erlebt. Setzen Sie sich für eine schnelle, konstruktive Lösung ein.
7. Leisten Sie Ihren Beitrag zu Teamentscheidungen. Akzeptieren Sie jedoch, daß der Teamleiter das letzte Wort hat.
8. Seien Sie auf den Erfolg Ihres Teams genauso stolz wie auf Ihre eigenen Leistungen.

Egozentriker, die sich in den Vordergrund spielen, kann kein Team gebrauchen. Ein Team funktioniert nur, wenn die Mitglieder sich gegenseitig genügend Raum lassen und alle an einem Strang ziehen. Um ein guter Teamplayer zu werden, sollten Sie vielleicht Ihre persönlichen Fertigkeiten verbessern:

- Kennen Sie den Unterschied zwischen „Autorität" und „autoritär"?
- Sind Sie fähig zu konstruktiver Kritik?
- Wie gut verkraften Sie Selbstkritik?
- Verwechseln Sie manchmal Entschlossenheit mit Aggressivität?

Ihre Antworten geben Rückschluß auf Ihre Teamfähigkeit. Mehr dazu im nächsten Abschnitt.

Testen Sie Ihren T.Q.

Der erste Schritt, Ihrem Teamgeist auf die Sprünge zu helfen, ist eine genaue Beobachtung Ihrer Mitmenschen. Wer besitzt echten Teamgeist? Wenn Sie ein Team zusammenstellen müßten, wen würden Sie wählen? Würden Sie sich selbst berufen? Oder teilen Sie das Geständnis von Groucho Marx: „Ich möchte keinem Club angehören, der mich zum Mitglied hat"?

Der folgende Test hilft Ihnen bei der Einschätzung Ihres „Teamquotienten" (T.Q.). Kreuzen Sie jeweils die Antwort an, die am ehesten auf Sie zutrifft.

1. Wie ist meine Einstellung zu Gruppen allgemein?
   A. Ich bin gern Teil einer Gruppe.
   B. Ambivalent – manchmal mag ich Gruppenaktivitäten, manchmal nicht.
   C. Ich komme mir meistens wie ein Außenseiter vor.

2. Fühle ich mich in einer Teamumgebung wohl?
   A. Überwiegend ja.
   B. Ich meine oft, in meinen Äußerungen sehr vorsichtig sein zu müssen.
   C. Ich habe nie das Gefühl, vor einer Gruppe ganz ich selbst sein zu können.

3. Wie sieht mein Beitrag zur Teamarbeit aus?
   A. Ich steuere meinen Anteil an Vorschlägen bei.
   B. Ich sage meine Meinung, wenn man mich danach fragt.
   C. Ich mache den Mund nur auf, wenn es absolut unvermeidlich ist.

4. Wie ist meine Einstellung zu Teamleitern?
   A. Ich respektiere ihre Autorität, melde mich aber, wenn ich mit ihren Entscheidungen nicht einverstanden bin.
   B. Autoritätspersonen schüchtern mich ein, und ich gebe oft vor, Dinge zu wissen, wenn ich eigentlich Fragen stellen sollte.
   C. Ich lehne mich gegen ihre Autorität auf und lege ihnen Steine in den Weg, wo immer ich kann.

5. Wie ist meine Einstellung zu den anderen Teammitgliedern?
   A. Das Wohlbefinden anderer liegt mir grundsätzlich am Herzen.
   B. Ich kümmere mich manchmal um andere.
   C. Ich lege mich selten für andere ins Zeug.

6. Wie gehe ich mit den Meinungen anderer um?
   A. Ich respektiere ihre Meinungen, selbst wenn ich anderer Ansicht bin.
   B. Ich höre mir ihre Meinungen fast immer an.
   C. Ich bin den Meinungen anderer gegenüber intolerant.

7. Wie gehe ich mit Kritik um?
   A. Ich begrüße sie.
   B. Sie macht mich nervös, aber ich höre sie mir an.
   C. Ich gehe ihr wann immer möglich aus dem Weg.

8. Wie stehe ich zu Konflikten im Team?
   A. Ich halte sie für gesund und versuche, sie konstruktiv zu nutzen.
   B. Sie bereiten mir Unbehagen, aber ich werde damit fertig.
   C. Ich tue alles, damit Konflikte gar nicht erst aufkommen.

9. Welche Rolle spiele ich in der Gruppendynamik?
   A. Ich bin aktiv und räume anderen das Recht ein, so zu arbeiten, wie sie es für richtig halten.
   B. Ich möchte, daß die Dinge auf bestimmte Art erledigt werden, bin aber offen für Anregungen und Vorschläge.

C. Ich neige dazu, andere zu manipulieren und ihnen meine Arbeitsweise aufzuzwängen.

10. Wie beeinflußt das Team mich persönlich?
   A. Ich besitze klare persönliche Wertvorstellungen.
   B. Ich ziehe meine persönlichen Werte in Zweifel, wenn andere diese nicht teilen.
   C. Ich lasse mich sehr stark von den Ansichten anderer beeinflussen.

Auswertung

5 Punkte für jede A-Antwort,
2 Punkte für jede B-Antwort und
1 Punkt für jede C-Antwort.

Errechnen Sie Ihre Gesamtpunktzahl

35-50 Punkte:
Ihr Teamquotient ist ausgezeichnet. Sie haben eine sehr gute Einstellung zu Teamkonzepten, Teamleitern und -kollegen.

20-34 Punkte:
Sie fühlen sich nicht immer hundertprozentig wohl in der Gruppe und sollten versuchen, aktiver an der Gruppendynamik mitzuwirken.

Unter 20 Punkte:
Sie sind eher ein Einzelgänger. Sie müßten sich vermutlich umstellen, um in einer teamorientierten Atmosphäre arbeiten zu können.

Waren Sie früher bereits einmal Teil eines Teams? Denken Sie an Schule, Beruf, Sport, Kirche, Studium, Wohngemeinschaften, Chöre, Clubs etc. Auch Ihre Familie ist ein Team. Durchleuchten Sie Ihre „Teamvergangenheit" mit Hilfe der folgenden Fragen:

- Wie sah Ihre Rolle im Team aus?
- Was gefiel Ihnen am besten daran, Teil eines Teams zu sein?

- Wie gingen Sie mit Teamkollegen um, die Ihre Erwartungen nicht erfüllten?
- Waren Sie in der Lage, anderen Teammitgliedern zu helfen?
- Konnten Sie die Hilfe anderer akzeptieren?

Teamfähigkeit – dieser wichtige Erfolgsfaktor kann gerade im Vorstellungsgespräch nicht oft genug betont werden. Nach zwei, drei hervorgehobenen Einzelleistungen sollten Sie unbedingt ein lobenswertes Stück Teamarbeit zitieren. Statt immer nur „ich, ich, ich" zu sagen, flechten Sie häufig „wir", „das Team" oder „unsere Firma" ein. Ob Sie willens und in der Lage sind, sich in die „große Familie" zu integrieren, ist dem potentiellen Arbeitgeber mindestens ebenso wichtig wie Ihre Fähigkeit zu selbständigem Arbeiten.

Was kann ich tun, um meine Teamfähigkeit zu verbessern?

13 Erfolgsfaktor Nr. 10: Mehrwert- marketing

Verkaufs- und Marketingregel Nr. 13:

Mehrwertmarketing bedeutet, die Bedürfnisse des Käufers zu kennen und seine Erwartungen zu übertreffen.

Obwohl unsere von Anrufbeantworter, Computer, Internet und Fax dominierte Zeit vielleicht nicht den Anschein erweckt – letztlich ist es doch immer noch der Mensch, der ein Unternehmen ausmacht und im Innersten zusammenhält. Viele Firmen stellen fest, daß gerade im Elektronikzeitalter der „menschliche Faktor" – oder human touch – eine außerordentlich wichtige Rolle spielt. Arbeitgeber suchen Kandidaten, die das Image ihrer Firma optimal verkörpern, denn *diese* sind die Firma.

Mehrwertmarketing – die Quintessenz

Das Informationszeitalter legt den Schwerpunkt auf den Dienst am Kunden, und da besteht für Mitarbeiter, die nur minimalen Einsatz zeigen, kein Bedarf. Gesucht sind Leute, die mehr leisten als erwartet – für die Firma, den Kunden, sich selbst. Arbeitgeber halten heute Ausschau nach Bewerbern, die – erstens – die Bedürfnisse des Käufers kennen und – zweitens – seine Erwartungen übertreffen.

Viele meinen, die Kunst des Marketing sei es, die einzigartigen Aspekte eines Produkts herauszustreichen und der Öffentlichkeit zu

„verkaufen". In Wirklichkeit rangieren die Bedürfnisse des Käufers im Vordergrund: Sie sollen lokalisiert und nach Möglichkeit mit dem Produkt übertroffen werden.

Angesichts zunehmender Konkurrenz wird es immer schwieriger, ein Produkt oder eine Dienstleistung aus der Masse hervorzuheben. Deshalb ist es unentbehrlich, daß Sie die Bedeutung des Mehrwertmarketing-Konzepts begreifen – egal, ob Sie in einem Multikonzern beschäftigt, selbständig oder gerade auf Jobsuche sind.

Heutzutage wünscht sich jedes Unternehmen Mitarbeiter, die, statt sich mit der Erfüllung der elementaren Bedürfnisse des Kunden zu begnügen, das Quentchen mehr Einsatz zeigen, sich intensiver bemühen, die typische „Verkäufermentalität" besitzen.

Erfolgreiche Verkäufer können überzeugen, sind beharrlich, initiativ und enthusiastisch. Sie verfügen über die neun vermarktbaren Qualitäten, die wir bisher diskutiert haben, und wissen, wie sie diese sowohl zum Wohl der Firma als auch zu ihrem eigenen Vorteil nutzen. Das Wichtigste aber: Im Dienst am Kunden gehen sie über den Pflichtteil hinaus – weil sie die Kür lieben.

Die Philosophie der modernen Dienstleistungsgesellschaft lautet: Die Aufgabe in jedem Job besteht darin, die Firma zu repräsentieren sowie die Probleme des Kunden zu lösen und seine Bedürfnisse zu erfüllen. Diese Haltung, kombiniert mit einer „Verkäuferpersönlichkeit", macht Sie zur ersten Wahl für jeden Chef.

Der Visibilitätsfaktor

Erfolg im Job verlangt auch: Nutzen Sie jede Gelegenheit, gesehen zu werden, um sich von der Masse abzuheben. Übernehmen Sie Aufgaben, die Ihnen hohe Aufmerksamkeit sichern. Wenn man Sie um die Vorsitzübernahme in einem Ausschuß, den Beitritt zu einem Team oder eine Präsentation bittet, nehmen Sie an. Wenn Ihre Organisation einen Sprecher sucht, melden Sie sich freiwillig. Lassen Sie möglichst viele Leute wissen, daß Sie eine Prüfung bestanden haben oder mit einem Preis geehrt wurden. Nur wer seine Verdienste für alle sichtbar macht, kann mit maximalem Erfolg rechnen.

Unsere Erziehung warnt uns davor, das eigene Loblied anzustimmen, aber ein hoher Sichtbarkeitsfaktor, ein positives Image und Eigenwerbung sind für ein effektives Selbstmarketing unverzichtbar.

Daß heißt nicht, arrogant und selbstgefällig zu agieren. Sie sollten sich nur nicht hinter Ihren Leistungen verstecken, sondern stolz auf sie sein und verkünden: „Das war meine Idee!" Ihr Ziel ist es, potentiellen Arbeitgebern zu signalisieren, daß Sie das Mehrwertmarketing-Konzept verinnerlicht haben.

Ihr Image ist Dreh- und Angelpunkt Ihrer Marketingbemühungen: Ihr Aussehen, wie Sie am Telefon reden, Briefe schreiben oder Ihre Visitenkarte gestalten – all diese Dinge definieren Ihr Image. Wie ich in meinem Buch *Smart Questions: A New Strategy for Successful Managers* schrieb: „Ein Image ist nichts, das man an- und auszieht wie ein Kleid oder einen Anzug. Ihr Image sollte Ausdruck Ihrer besten Qualitäten sein. Ein positives Image strahlt Selbstbewußtsein, Zuverlässigkeit und die unverwechselbare Aura des Erfolgs aus."

Die folgenden Fragen helfen Ihnen, Ihr Image einzuschätzen und wenn nötig aufzupolieren:

- Wie nehmen andere mich wahr?
- Wie ist meine Meinung zu diesem Image?
- Wie würde ich gerne wahrgenommen werden? Welches Image wünsche ich mir?
- Wenn ich telefoniere, einen Brief oder eine Notiz schreibe, einen Vortrag halte – welches Image möchte ich vermitteln?
- Wie würde ich als potentieller Arbeitgeber meine Person beschreiben?
- Besitze ich besondere Qualitäten, die mich von der Masse abheben?
- Was kann ich tun, um diese Qualitäten zu stärken?

Das Reisegepäck des Verkäufers

Diese zehn Erfolgsfaktoren sind die wichtigsten Gepäckstücke, die Sie auf Ihre Jobsuche mitnehmen sollten. Mit ihnen können Sie alle Hürden meistern und Ihr Berufsziel erreichen.

Was kann ich tun, um mein Mehrwertmarketing zu unterstützen?

Wieviele der zehn Erfolgsfaktoren besitzen Sie bereits? Vermutlich mehr als Sie denken. Mit dem Erfolgsfaktoren-Quiz finden Sie es heraus.

Das Erfolgs-faktoren-Quiz

14

Verkaufs- und Marketingregel Nr. 14:

Je mehr Sie über Ihr Produkt wissen, um so besser können Sie es verkaufen.

Was wissen Sie über Ihre Chancen auf dem aktuellen Arbeitsmarkt? Besitzen Sie die nötigen Erfolgsfaktoren? Kennen Sie Ihre Stärken und Schwächen?

So leicht es sein mag, andere objektiv zu betrachten, so schwer fällt uns in aller Regel die Objektivität gegenüber uns selbst. Das folgende Quiz trägt dazu bei, Ihre eigene Person aufrichtig unter die Lupe zu nehmen. Dabei geht es weniger um eine Kritik Ihrer Unzulänglichkeiten, als darum, Ihrer Zukunftsplanung die Bahn zu ebnen.

Wie immer sollten Sie nicht lange über die Fragen nachdenken, sondern spontan antworten. Nur so können Sie Ihr momentanes Erfolgspotential ehrlich einschätzen – und Schwachstellen gezielt ausmerzen.

Die Erläuterungen zu den einzelnen Fragen verweisen auf den jeweils untersuchten Erfolgsfaktor. Verbesserungsbedürftige Bereiche werden dadurch auf Anhieb erkennbar. Errechnen Sie Ihre Gesamtpunktzahl und studieren Sie die Bewertung am Ende dieses Kapitels.

1. Wie packen Sie wichtige Entscheidungen an?
    A. Ich entscheide zügig mit Hilfe der mir verfügbaren Informationen.
    B. Ich schiebe sie immer wieder auf.
    C. Ich nehme mir die Zeit, alle Optionen zu betrachten und mir zusätzliche Meinungen zu besorgen.

2. Sie arbeiten zu Hause. Womit haben Sie die größten Probleme?
   A. Ablenkungen zu ignorieren.
   B. Nicht rund um die Uhr zu arbeiten.
   C. Alles selbst machen zu müssen (Kopien etc.).

3. Wie planen Sie Ihren Arbeitstag?
   A. Ich lasse mich treiben.
   B. Ich führe eine Pflichtenliste und hake Erledigtes nacheinander ab.
   C. Ich setze Prioritäten und widme ihnen die meiste Zeit.

4. Wie würden Kunden/Schüler/Familienangehörige Ihre Kommunikationsfähigkeit beschreiben?
   A. Schüchtern, aber kompetent.
   B. Logisch und informativ.
   C. Überzeugend und interessant.

5. Wie würden Sie sich als Zuhörer einstufen?
   A. Ich höre aufmerksam zu.
   B. Ich falle anderen ständig ins Wort.
   C. Ich höre nur auf die Fakten.

6. Wie würden Sie Ihre analytischen Fähigkeiten beschreiben?
   A. Welche analytischen Fähigkeiten?
   B. Gründlich und vielseitig.
   C. Ich sehe nur eine Seite der Medaille und lasse mich zu voreiligen Schlüssen hinreißen.

7. Man bietet Ihnen einen Job an. Leider bleibt das Gehalt hinter Ihren Erwartungen zurück. Würden Sie:
   A. den Job annehmen, weil Sie glauben, daß Sie sich bewähren und bald eine Gehaltserhöhung bekommen werden?
   B. sagen, daß Sie „ein solches Angebot enttäuschend finden", und abwarten, was passiert?
   C. die Gründe darlegen, warum Sie mehr Geld brauchen?

8. Wenn Sie die Wahl hätten, wo würden Sie sich in einem Vorstellungsgespräch hinsetzen?
   A. Dem Interviewer gegenüber auf die andere Schreibtischseite.
   B. Seitlich vom Interviewer an den Schreibtisch.
   C. Neben den Interviewer auf ein Sofa.

9. Sie sind neu in der Stadt und suchen dringend einen Job. Würden Sie:
   A. Kollegen aus der Branche kontaktieren, deren Telefonnummern Sie auf Fachkonferenzen gesammelt haben;
   B. die Stelleninserate der Tageszeitungen durchforsten;
   C. einen Headhunter anrufen?

10. Es ist Ihnen gelungen, die Produktionsrate Ihrer Abteilung um 25 Prozent zu steigern. Würden Sie:
    A. einen Bericht an die Adresse Ihres Abteilungsleiters richten;
    B. meinen, das gehöre zu Ihrem Job und man müsse kein großes Aufheben davon machen;
    C. in einem Bericht ausführen, wie diese Steigerung auch in anderen Abteilungen erzielt werden könnte, und ein Treffen mit Ihrem Chef und anderen Abteilungsleitern arrangieren?

11. Wie lautet Ihre erste Frage in einem Vorstellungsgespräch?
    A. „Was können Sie mir finanziell bieten?"
    B. „Wie steht es mit meinen Aufstiegschancen?"
    C. „Was sind die Jobinhalte?"

12. Worum geht es Ihnen bei Ihrer Arbeit in erster Linie?
    A. Berufliche Sicherheit und Geld.
    B. Anerkennung und Beförderung.
    C. Langfristige Karriereplanung.

13. Ihr Chef kritisiert Ihren letzten Bericht, an dem Sie drei Monate hart gearbeitet haben. Würden Sie:
    A. sich lautstark verteidigen, weil Sie so hart gearbeitet haben;
    B. Ihrem Chef beipflichten, aber insgeheim vor Wut schäumen;
    C. über die Kritik nachdenken, einige Fehler einsehen und den Bericht umschreiben?

14. Sie haben einen Urlaub mit Freunden geplant, die in letzter Minute beschließen, das Reiseziel zu ändern. Würden Sie:
    A. allein in den ursprünglich geplanten Urlaub starten;
    B. sich trotzdem Ihren Freunden anschließen;
    C. versuchen, andere Freunde zu überreden, Sie zum ersten Reiseziel zu begleiten?

15. Wie verhalten Sie sich auf einer Party?
    A. Ich unterhalte mich mit allen Gästen.
    B. Ich rede mit einem oder zwei Bekannten.
    C. Ich plaudere den ganzen Abend mit dem Barkeeper.

16. Sie kleiden sich normalerweise sportlich-leger. Nun bittet man Sie zu einem Geschäftsessen in ein Nobelrestaurant mit strenger Kleiderordnung. Würden Sie:
    A. sich entschuldigen, weil Sie sich nicht unterordnen wollen;
    B. einsehen, daß man nicht zuviel von Ihnen verlangt;
    C. die Kleiderordnung beachten, sich aber höchst unwohl in Ihrer Haut fühlen?

17. Sie sollen einen Freund vom Flughafen abholen. Leider haben Sie eine Autopanne und werden es nicht pünktlich schaffen. Würden Sie:
    A. Ihren Freund ausrufen lassen;
    B. Ihr Auto den Abschleppern überlassen und zum Flughafen trampen;
    C. annehmen, daß Ihr Freund allein zurechtkommt, und sich um Ihr Auto kümmern?

18. Jemand drängelt sich in der Warteschlange vor Ihre Nase. Was tun Sie?
    A. Ich beschwere mich.
    B. Ich stelle mich vor die Person.
    C. Ich sage zu meinem Partner, wie unverschämt ich dieses Verhalten finde.

19. Sie wurden neu in ein Projektteam berufen. Wie verhalten Sie sich?
    A. Ich habe Hemmungen, die anderen um Hilfe zu bitten.
    B. Ich kümmere mich um meine unmittelbare Aufgabe und glaube, damit den bestmöglichen Beitrag zum Projekterfolg zu leisten.
    C. Ich finde heraus, wer sich auf welchem Gebiet besonders gut auskennt und wie wir Informationen austauschen können.

20. Man hat Sie beauftragt, die Nutzfläche in Ihrem Büro zu vergrö-
ßern. Würden Sie:
A. einen Innenarchitekten hinzuziehen;
B. ein paar Skizzen zeichnen und Vorschläge machen;
C. jemanden finden, der etwas Ähnliches bereits getan hat, und
ihn kopieren?

Beurteilen Sie Ihre Erfolgsfaktoren

1. Entscheidungen fällen   A = 4   B = 0   C = 5
Am besten treffen Sie Entscheidungen, indem Sie sich die Zeit nehmen, mehrere Optionen zu betrachten und Experten zu Rate zu ziehen
(C). Aufgrund der zunehmenden Spezialisierung wird die Konsultati-
on von Experten in Zukunft noch wichtiger. Häufig werden Entscheidungen allzu zügig getroffen (A), statt sich über die Konsequenzen
Gedanken zu machen. Sie zu verschleppen funktioniert nicht (B),
denn sie melden sich dann mit um so größerer Dringlichkeit zurück.

2. Unabhängigkeit   A = 0   B = 3   C = 1
„Rund um die Uhr" zu arbeiten (B) ist zunächst einmal ein Zeichen,
daß Ihnen Ihre Arbeit Spaß macht. Bremsen Sie sich jedoch, um sich
nicht zu überfordern. Wenn es Sie stört, alles selbst machen zu müssen (C), sollten Sie vielleicht nicht zu Hause arbeiten – oder kreative
Lösungen finden, um sich die nötige Unterstützung zu besorgen. Ablenkungen gibt es immer (A) – wenn das problematisch für Sie ist,
sind Sie ebenfalls ungeeignet, zu Hause zu arbeiten.

3. Organisation   A = 1   B = 3   C = 5
Gerade selbständiges Arbeiten erfordert es, Prioritäten (C) zu setzen,
auf die man sich konzentriert. Auch eine Pflichtenliste ist eine gute
Idee (B), sofern sie regelmäßig überprüft wird. Sich treiben lassen
mag im Urlaub angemessen sein (A), am Arbeitsplatz sollten Sie Initiative und Organisationstalent zeigen, um Ihre Aufgaben effektiv
und pünktlich erledigen zu können.

4. Kommunikationsfähigkeit   A = 0   B = 3   C = 5
Beschreibt man Sie als überzeugend und interessant (C), verdienen
Sie eine 5+, denn genau so sollte ein Verkäufer sein. Auch logisch
und informativ (B) zu sein ist gut, aber nicht vergessen: Zuviele Informationen erzeugen Langeweile. Wenn Sie schüchtern und nervös

wirken (A), bringt Ihre Kompetenz nicht viel, weil keiner Ihnen zuhört.

5. Aufmerksamkeit A = 5 B = 1 C = 3
In der Informationsgesellschaft sollte man gut zuhören können, um nichts Wichtiges zu verpassen. Aufmerksamen Zuhörern (A) entgeht nichts – und sie beweisen Einfühlungsvermögen. Nur auf die Fakten zu achten (C) heißt, Gefühle und versteckte Absichten zu ignorieren. Wer anderen ständig ins Wort fällt (B), muß noch viel lernen.

6. Urteilsvermögen A = 0 B = 5 C = 2
Vielseitige analytische Fähigkeiten sind wichtig für Ihr Urteilsvermögen. Um richtige Entscheidungen zu fällen, sollten sie alle Seiten der Medaille (B) berücksichtigen, objektiv sein und auf Ihr eigenes Urteil vertrauen. Voreilige Schlußfolgerungen (C) sind nie gut, weil sie meist mit einem Mangel an Informationen einhergehen. An alle, die glauben, keine analytischen Fähigkeiten zu besitzen (A): Was meinen Sie wohl, womit Sie im Alltag Menschen und Situationen bewerten?

7. Verkaufs- und Marketingfertigkeiten
A = 0 B = 5 C = 3
Verhandlungsgeschick ist unentbehrlich. Wenn man Ihnen einen Job anbietet, besitzen Sie relative Macht, weil der Arbeitgeber froh ist, daß die zeitraubende Kandidatensuche ein Ende hat. Gewiefte Verhandler legen nach einer Kernfrage oder -aussage (B) eine Pause ein, um den anderen zur Offensive zu bewegen. Triftige Gründe, warum Sie mehr Geld brauchen (C), können funktionieren, aber wer zuviel sagt, redet sich auch leicht um Kopf und Kragen. Das Gehalt in der Hoffnung auf eine Erhöhung nach Bewährung zu akzeptieren (A) ist riskant. Sie sitzen jetzt am langen Hebel – nutzen Sie Ihre Position, um das Ihrem Wert angemessene Gehalt auszuhandeln.

8. Kommunikationsfähigkeit A = 0 B = 3 C = 5
Körpersprache und andere nonverbale Signale – selbst wie und wo wir uns im Vorstellungsgespräch hinsetzen – gehören untrennbar zur Kommunikation dazu. Das informelle Sofa ist die beste Wahl (C). Auf der anderen Schreibtischseite zu sitzen (A) schafft eine Mauer zwischen Ihnen und dem Interviewer, ist daher nicht ratsam. Der Stuhl neben dem Interviewer (B) ist weniger locker als das Sofa, aber besser als die „Mauer".

9. Kommunikationsfähigkeit A = 5   B = 2   C = 3

Kollegen aus der Branche zu kontaktieren (A) ist ein gutes Beispiel für Networking, das Marketinginstrument des Knüpfens von Kommunikationsnetzen. Der Anruf bei einem Headhunter oder einer Vermittlungsagentur (C) lohnt sich nur, wenn diese exakt jemandem wie Sie suchen. Besser, Sie nehmen die Sache selbst in die Hand. Natürlich können Sie die Stellenanzeigen durchforsten (B), aber das tun alle anderen auch.

10. Weitblick   A = 3   B = 1   C = 5

Sie bekommen Bonuspunkte, weil Sie erkennen, welchen Nutzen Ihr Projekt nicht nur für Ihre Abteilung, sondern für die ganze Firma haben kann (C). Der Bericht an die Adresse Ihres Abteilungsleiters (der hoffentlich den gleichen Weitblick wie Sie besitzt) bringt Sie auf den richtigen Pfad (A) – aber warum nicht ruhig mehr Ehrgeiz zeigen? Wenn Sie die Sache unter den Teppich kehren (B), verscherzen Sie sich eine einmalige Gelegenheit, Ihr Ansehen zu steigern.

11. Richtig urteilen   A = 1   B = 3   C = 5

Ob Sie eine Stelle antreten oder nicht ist eine wichtige Entscheidung für Ihre Zukunft. Um Fehler zu vermeiden, brauchen Sie Informationen. Nach Aufstiegschancen zu fragen (B) kann Sinn machen, aber gerade in kleineren Firmen sind diese selten klar vorgezeichnet. Die finanzielle Seite (A) ist natürlich wichtig, sollte aber nicht Ihr Hauptanliegen sein. Worum es Ihnen gehen sollte, ist ein interessanter Job, der Sie fordert – fragen Sie deshalb nach den Inhalten (C).

12. Engagement   A = 1   B = 3   C = 5

Eine langfristige Karriereplanung (C) ist der sicherste Weg zu privatem und beruflichem Glück. Geht es Ihnen primär um den firmeninternen Aufstieg (B), verzichten Sie möglicherweise auf die Befriedigung, die ein erfüllender Job Ihnen bringen würde. Das Streben nach beruflicher Sicherheit und Geld (A) kann in einer wirtschaftlich turbulenten Zeit frustrierend – und vergeblich – sein.

13. Flexibilität   A = 1   B = 0   C = 5

Sie werden in Ihrem Berufsleben in vielen Teams mitarbeiten und sollten flexibel und offen für Vorschläge sein. Wer Kritik gut verkraftet und bereit ist, Fehler einzugestehen (C), kommt schneller voran. Versteckte Wut ist selbstzerstörerisch (B) – warum Ihrem Chef beipflichten, wenn Sie anderer Meinung sind? Sich zu verteidigen (A) beweist immerhin Vertrauen in Ihre eigenen Fähigkeiten – Sie sollten aber vorher prüfen, ob die Kritik nicht doch gerechtfertigt ist.

14. Unabhängigkeit   A = 5   B = 1   C = 4

Allein zu fahren (A) zeigt, daß Ihr Wohlfühlfaktor nicht von anderen abhängt – dafür die volle Punktzahl. Der Versuch, neue Begleiter für Ihr Reiseziel zu gewinnen (C), ist ebenfalls lobenswert. Wenn Sie sich Ihren Freunden anschließen (B), erhalten Sie einen Punkt. (Drehen Sie Ihr Fähnchen immer nach dem Wind?)

15. Kommunikationsfähigkeit A = 5   B = 3   C = 1

Eine Party ist ein wunderbares Forum zum Üben Ihrer Kommunikationsfähigkeit. Neue Bekanntschaften zu suchen (A) kann Ihnen reizvolle private und berufliche Kontakte eröffnen. Die Konzentration auf einen oder zwei Bekannte (B) kann der Beginn eines Kommunikationsnetzes sein. Den ganzen Abend an der Bar zu kleben (C) mag verständlich sein, wenn Sie von der Person dahinter fasziniert sind, aber generell sollten Sie lieber öfter Ihren Standort wechseln.

16. Flexibilität   A = 1   B = 5   C = 3

In einigen Firmen wird auch künftig eine feste Kleiderordnung herrschen. Sie müssen daher zu Kompromissen bereit sein, wenn Sie die Karriereleiter erklimmen wollen. Prinzipientreue ist eine Seite, Engstirnigkeit und Sturheit eine andere. Wenn Sie nicht zu dem Essen gehen (A), schaden Sie sich nur selbst. Wenn Sie sich zwar korrekt kleiden, aber unwohl in Ihrer Haut fühlen (C), merkt man Ihnen das vermutlich an, und Sie wirken unkonzentriert. Einzusehen, daß es sich um einen geringen Preis handelt (B), zeigt, daß Sie Situationen richtig beurteilen und flexibel sind.

17. Zuverlässigkeit   A = 5   B = 3   C = 0

Pannen passieren jedem – Hauptsache, Ihr Freund wartet nicht ahnungslos am Flughafen. Wenn Sie ihn ausrufen lassen (A), können Sie die Problematik erklären und einen anderen Treffpunkt verabreden. Da Sie ohnehin zu spät dran sind, macht die Fahrt zum Flughafen wenig Sinn (B) – und außerdem hätte sowieso keiner von Ihnen ein Auto für den Heimweg. Obwohl es aussieht, als hätten Sie ihn im Stich gelassen, und Ihr Freund sich vermutlich Sorgen macht, wird er bestimmt auch ohne Sie zurechtkommen (C).

18. Kommunikationsfähigkeit A = 5   B = 4   C = 2
Wenn sich jemand in der Schlange vor Sie drängelt, sollten Sie sachlich, aber bestimmt sagen, daß Sie den Trick sehr wohl bemerkt haben und wütend darüber sind (A). Taten sprechen lauter als Worte, und deshalb lassen Sie möglicherweise am besten Dampf ab, indem Sie sich der Person wieder vor die Nase stellen (B). Sich dem Partner gegenüber zu beschweren (C) ändert nichts an der Situation.

19. Teamfähigkeit   A = 1   B = 3   C = 5
Neu in ein bestehendes Team zu kommen ist schwierig genug, aber wenn Sie Hemmungen haben, um Hilfe zu bitten (A), machen Sie sich die Sache doppelt schwer. Klar sollten Sie sich um Ihre unmittelbare Aufgabe kümmern (B), aber im Team muß jeder seinen Beitrag zum Projekterfolg leisten. Am besten integrieren Sie sich, wenn Sie herausfinden, wie Ihre Kollegen Ihnen helfen können – und umgekehrt (C).

20. Kreativität   A = 3   B = 5   C = 3
Problemlösungen verlangen kreatives Denken. Skizzen und Vorschläge (B) zeigen, daß Sie in der Lage sind, Probleme aus unterschiedlichen Winkeln zu beleuchten. Auch (A) und (C) sind keine schlechte Wahl, obwohl Sie damit die Verantwortung abwälzen. Um Hilfe bitten ist besser als aufgeben – zunächst sollten Sie sich aber selbst um eine Lösung bemühen.

Auswertung

95-75 Punkte:
Bravo, Sie sind ein Traumkandidat für jeden Chef! Sie besitzen fast alle Erfolgsfaktoren und Eigenschaften, die auf dem heutigen Arbeitsmarkt gesucht sind. Konzipieren Sie einen effektiven Marketingplan, und dann steht Ihrer Karriere nichts mehr im Weg!

74-54 Punkte:
Sie haben sehr gut abgeschnitten, und Ihre beruflichen Ziele zu erreichen dürfte Ihnen keine Probleme bereiten. Daß jeder von uns stets dazulernen kann, wissen Sie – und bemühen sich nach Kräften darum.

53-33 Punkte:
Sie wagen sich kaum auf neues Terrain vor, halten stur an alten Pfaden fest. Um Erfolg zu haben, sollten Sie lernen, offener für Neues zu sein. Daß Sie dieses Buch lesen zeigt, daß Sie den Erfolg grundsätzlich wollen. Scheuen Sie sich nicht, ihn aktiv anzusteuern!

32 Punkte oder weniger:
Sie müssen Ihre Erfolgsfaktoren gründlich trainieren, wenn Sie auf Erfolgskurs umschalten wollen. Weil Sie zur Passivität neigen, lassen Sie oft andere für Sie entscheiden. Nutzen Sie dieses Buch als Motivationshilfe und Leitfaden für einen Neubeginn.

Dieses Quiz macht deutlich, wie schwierig es ist, Erfolg systematisch vorzubereiten. Es gibt keine absolut falschen oder richtigen Antworten – leider auch keine Standardlösung, die sich auf alle Situationen in Beruf und Alltag anwenden ließe. Finden Sie mit diesem Buch die Antworten, die Sie brauchen, um in einer immer komplexer werdenden Arbeitswelt Erfolg zu haben.

TEIL DREI

Wie gut kennen Sie Ihr Produkt?

Die fundamentalste Verkaufsregel

In meinen Eigenmarketing-Seminaren bitte ich die Teilnehmer oft, spontan ihre wichtigsten Verdienste aufzulisten.

Angela schien damit Probleme zu haben, und so „schubste" ich sie ein wenig an:

„Was machen Sie beruflich?"
„Ich arbeite als Graphikerin in einem kleinen Designbüro."
„Mögen Sie Ihren Job?"
„Meistens ja. Oft habe ich allerdings das Gefühl, die anderen würdigten meine Leistung nicht richtig."
„Können Sie sich an eine Gelegenheit erinnern", fragte ich weiter, „als Sie Ihre Leistung gewürdigt sahen. Ein besonderer Vorfall?"

Angela dachte eine Weile nach und entsann sich dann einer Situation, als der Art-Director mitten in der Vorbereitung einer wichtigen Präsentation krank wurde und sie für ihn einsprang. Sie bekam die Präsentation rechtzeitig fertig, der Kunde war begeistert und empfahl ihr Büro an drei Firmen.
Hartnäckig bohrte ich weiter, bis Angela schätzte, ihrer Firma Neuaufträge im Wert von knapp drei Millionen Mark verschafft zu haben, weil sie damals das Projekt erfolgreich durchgezogen hatte. Und das hätte sie um ein Haar vergessen!

Unglaublich! Wie kann ein Mensch 3 Millionen Mark so einfach vergessen?!

Noch erstaunlicher ist, daß Angela keine Ausnahme bildet. Wenn ich Leute bitte, ihre beruflichen Erfolge zu notieren, gerät die Liste meist kurz. Nicht, daß es diese Erfolge nicht gäbe – nein, sie vergessen sie schlicht und einfach oder unterschätzen deren Bedeutung.

Angela hätte Schwierigkeiten gehabt, sich einem potentiellen Arbeitgeber zu verkaufen, denn sie kannte ihr Produkt nur mangelhaft. Die fundamentalste aller Verkaufsregeln lautet aber: Sie müssen Ihr Produkt genauestens kennen. Den Käufer interessiert nämlich nur eins: „Warum soll ich Ihr Produkt kaufen? Was macht es anderen überlegen?"

Ja, was? Das müssen Sie schon selbst herausfinden. Außerdem müssen Sie ergründen, welche Merkmale Ihres Produkts die speziellen Bedürfnisse oder Wünsche Ihres potentiellen Arbeitgebers erfüllen – auch wenn er selbst davon keine Ahnung hat.

Ihr Karriere- und Selbstver- trauenskatalog

15

Verkaufs- und Marketingregel Nr. 15:

*Stärken ausbauen statt Schwächen korrigieren –
das ist der Schlüssel zum Erfolg.*

Machen Sie eine Bestandsaufnahme

Für eine Bestandsaufnahme Ihrer Erfolge und Verdienste sollten Sie Ihre Vergangenheit mit anderen Augen betrachten. Dabei spielt es keine Rolle, ob Sie dreißig Jahre oder sechs Monate Berufserfahrung besitzen. Alles, was Sie in Ihrem Leben vollbracht haben, fällt ins Gewicht. Keine Angst, niemand erwartet einen Nobelpreis von Ihnen. Aber vielleicht haben Sie eine neue Broschüre für den Betrieb Ihres Vaters entworfen oder waren in der Jugend ein prima Schwimmer?

Dieses Kapitel hilft Ihnen bei der Katalogisierung Ihrer Leistungen. Das Ergebnis ist Ihr *Karriere- und Selbstvertrauenskatalog (KSVK)*.

Wie Ihr KSVK Ihre Verkaufskraft steigert

Ihr KSVK ist eine detaillierte und strukturierte Auflistung all Ihrer Leistungen. Ihn zu erstellen nimmt einige Zeit in Anspruch, aber diese Zeit ist optimal investiert. Für Ihren Marketingplan ist ein ständig ergänzter und aktualisierter KSVK unentbehrlich. Er wird Sie Ihr Leben lang begleiten – deshalb die Vorzüge auf einen Blick:

1. Er dient als Referenzdokument für jede schriftliche oder mündliche Kommunikation mit potentiellen Arbeitgebern.
2. Er verhilft Ihnen zu Anerkennung und Aufstieg in Ihrem jetzigen Job.
3. Er bildet die Basis für Ihre „verkaufsorientierten" Briefe und Telefonate.
4. Er stärkt Ihr Selbstvertrauen, indem er Ihnen vor Augen führt, wie gut Sie sind und was Sie schon alles erreicht haben.

Ihr KSVK enthält vieles, was für Ihre potentiellen Arbeitgeber von Interesse ist. Wenn Sie ihn gründlich vorbereiten – Ihre Hausaufgaben gut machen –, fühlen Sie sich in wichtigen Gesprächen nicht in die Enge getrieben.

Stellen Sie sich vor, Angela (aus der Einführung zu Teil Drei) bewirbt sich um eine neue Stelle und ihr potentieller Chef fragt: „Teamgeist ist für uns enorm wichtig. Können Sie mir etwas von sich erzählen, das Ihre Teamfähigkeit beweist?"

Hätte Angela ihre Hausaufgaben nicht gemacht, hätte sie sich möglicherweise nicht an die Geschichte mit den drei Millionen Mark erinnert und keinen Beleg für ihren Teamgeist gehabt. Aber weil sie gut vorbereitet war, konnte sie mit der Geschichte aufwarten und einen guten Eindruck machen.

Für eine effektive Nutzung der Marketingkonzepte in diesem Buch sollten Sie über ein klar formuliertes Karriereziel verfügen – mit anderen Worten: Sie müssen wissen, wohin Ihr Weg führen soll. In der Computerbranche etwa gibt es Unmengen unterschiedlicher Jobs. Je konkreter Sie wissen, was genau Sie tun wollen, um so besser können Sie Ihr Marketing auf die Käufer zuschneiden, die sich gezielt für Ihre Qualitäten interessieren.

Machen Sie sich keine Sorgen, wenn Sie noch keine klare Vorstellung von Ihrem Wunschjob haben. Ihr KSVK wird Ihnen helfen,

Stärken zu erkennen und Ihr Karriereziel klar abzustecken, da er Ihre bisherigen Erfahrungen und Leistungen übersichtlich dokumentiert.

Zurückblättern in die Vergangenheit ...

Nehmen Sie sich Zeit, in die Vergangenheit zurückzublättern und bestimmte Vorkommnisse in Ihrem Leben wachzurufen. Schreiben Sie alles auf, was Ihnen einfällt, ohne sich um die chronologische Reihenfolge zu kümmern.

Wenn Sie wollen, können Sie bis in Ihre Schulzeit zurückgehen, als Sie Brötchen austrugen oder Prospekte verteilten. Wenn Sie keinerlei Arbeitserfahrung haben, denken Sie daran, wie klug Sie Ihr Leben organisiert oder sich mit einem begrenzten Budget zurechtgefunden haben. Vielleicht sind Sie junge Mutter und haben in Ihrer Nachbarschaft eine Spielgruppe gegründet. Falls Sie noch zur Schule gehen, überlegen Sie, wie Sie Ihre Lernzeit einteilen, Sport und Schule unter einen Hut bringen oder Ihre Hausaufgaben diszipliniert erledigen.

Als Arbeitnehmer sollten Sie sich durch den Kopf gehen lassen, wie und wann Sie Ihrer Firma Geld eingespart, die Produktivität Ihrer Abteilung erhöht oder mit Weitblick neue Konzepte entwickelt haben – oder wie Sie mit Ihrem Chef und den Kollegen klarkommen.

Gestalten Sie Ihre Notizen wertfrei, und machen Sie sich keine Sorgen über Ihren Stil: Dieser Katalog ist als reine Referenz für Sie gedacht – nicht als Lebenslauf zum Verschicken. Seien Sie nicht schüchtern, versuchen Sie, sich an alle großen und kleinen „Heldentaten" zu erinnern.

Hier einige Beispielfragen, die Ihrem Gedächtnis auf die Sprünge helfen:

Schule und Studium

Unterricht

- Wie waren meine Noten?
- Wurde ich von meinen Lehrern besonders gelobt?
- Welches war mein bestes Fach?

Vereine/Freizeitaktivitäten

- Hatte ich Ämter inne?
- Nahm ich an Wettbewerben teil?
- Bekam ich Preise oder Empfehlungen?

Sport

- Wie schnitt ich bei Wettkämpfen ab?
- Erinnere ich mich an „legendäre" Spiele?
- Wie, wo und wann habe ich trainiert?
- Siege oder Empfehlungen?

„Jobben" während des Studiums

- Wie, wann und wo?
- Wie habe ich Job und Lernen koordiniert?
- Was habe ich mit dem verdienten Geld gemacht?

Preise/Titel

- Für akademische Leistungen?
- Für sportliche Leistungen?
- Für gemeinnützige Dienste?
- Sonstige?

Besondere Interessen

- Welche Hobbys hatte ich?
- Wie habe ich Hobby und Lernen koordiniert?
- Sonstige Verdienste?

Familie und Privatleben

Organisation und Planung

- Wie gestalte ich meinen Tag?
- Wie schaffe ich es, mich um alles zu kümmern?
- Wie merke ich mir Termine und Verabredungen?

Teilzeitbeschäftigung

- Wie, wann und wo?
- Wie habe ich Job und Familienleben koordiniert?
- Was habe ich mit dem verdienten Geld gemacht?

Ehrenamtliche Tätigkeit

- Wie, wann und wo?
- Wie habe ich Ehrenamt und Familienleben koordiniert?
- Preise oder Würdigungen?

Finanzen

- Wie kontrolliere ich meine Ausgaben?
- Schaffe ich es zu sparen?
- Zusätzliche Einkünfte?

Prioritäten

- Wie lege ich meine täglichen/wöchentlichen/monatlichen Prioritäten fest?
- Stecke ich mir Ziele?
- Erreiche ich diese Ziele?

Gäste

- Wie plane ich Einladungen?
- Wie bringe ich Zeit und Geld dafür auf?
- Mache ich alles allein? Hole ich mir Hilfe?
- Kümmere ich mich um Menüplanung, Einkaufen, Kochen, Dekoration? Oder engagiere ich einen Partyservice?

Hobbys/besondere Interessen

- Wie verbringe ich meine Freizeit? Mit Lesen, Reisen, Kochen, Schreiben, Sport, Singen, kreativem Werkeln?
- Sonstige Verdienste?

Beruf und Karriere

Organisation und Planung

- Habe ich Konzepte entwickelt, die meine Arbeit effektiver machten?
- Wie organisiere ich meinen Arbeitstag?
- Wie helfe ich anderen, organisierter zu sein?

Neue Ideen

- Welche neuen Ideen habe ich für meine Arbeit oder Firma gehabt?
- Woher stammten diese Ideen?
- Wie wurden sie realisiert?

Einsparungen

- Womit habe ich der Firma Geld eingespart?
- Um wieviel Geld handelte es sich?

Teamarbeit

- Wie ist mein Verhältnis zu meinen Kollegen?
- Wie komme ich mit Abteilungsleitern und Vorgesetzten zurecht?
- Habe ich bereits Teamprojekte geleitet?

Ihre persönliche Checkliste

In *Teil Zwei* haben Sie zehn universell bewährte Erfolgsfaktoren kennengelernt. Daneben gibt es zahlreiche andere Qualitäten, die Sie auf unterschiedliche Berufe und Karrieren anwenden können.

Die folgende Checkliste nennt eine Reihe übertragbarer Basisfertigkeiten, die Sie in Ihrem KSVK berücksichtigen sollten. Haken Sie die zutreffenden Fertigkeiten ab:

	✓
Schriftliches Material analysieren und bearbeiten	☐
Sachverhalte recherchieren	☐
Umfragen und Interviews durchführen	☐
Ideen und Präsentationen analysieren und bewerten	☐
Reisen	☐
Begegnungen mit Mitarbeitern/der Öffentlichkeit	☐
Problembereiche identifizieren	☐
Neue Lösungsansätze für Probleme entwickeln	☐
Anderen bei der Lösung ihrer Probleme helfen	☐
Andere kontrollieren und führen	☐
Die Leistungen anderer beurteilen, inspizieren, kritisieren	☐
Organisieren, planen, systematisieren, überarbeiten	☐
Langzeitprojekte meistern	☐
Präzise arbeiten, nichts übersehen	☐
Termine einhalten	☐
Visionär denken, Ideen kreativ umsetzen	☐
Kalkulationen, Umgang mit Zahlen und Computern	☐
Andere motivieren	☐
Logisch denken	☐
Zeitmanagement	☐
Ziele setzen	☐
An mehreren Projekten gleichzeitig arbeiten	☐
Streßmanagement	☐
Delegieren	☐
Unterrichten oder Anweisungen erteilen	☐
Geduld	☐
Selbstsicherheit ausstrahlen	☐
Risikobereitschaft	☐
Lernbereitschaft	☐
Enthusiasmus	☐
Coaching	☐
Sinn für Humor	☐

Ein Werkzeugkasten voller Fertigkeiten

Wichtig für Ihre berufliche Zukunft ist, stets mehrere Optionen zur Auswahl zu haben. Angenommen, vor Ihnen liegt ein Sortiment an Werkzeugen, mit denen allen Sie umgehen können, dann wählen Sie selbstverständlich das Werkzeug, das sich für Ihre Zwecke am besten eignet. Wenn Sie wissen, wie ein Schraubenzieher aussieht und wie man ihn benutzt, werden Sie Ihre Zeit kaum mit einem Hammer vergeuden. Ein mobiler Werkzeugkasten, gefüllt mit übertragbaren Fertigkeiten, sollte Sie auf Ihrer Jobsuche begleiten.

Die Fertigkeiten, die Sie auf der Checkliste abgehakt haben, zählen zu Ihren stärksten Verkaufsargumenten. Nehmen wir an, ein Arbeitgeber will Sie nicht einstellen, weil Sie keine direkte Berufserfahrung haben. Er konstatiert: „Ich suche eine erfahrene Sachbearbeiterin, aber diese Erfahrung fehlt Ihnen leider!" Wie würden Sie antworten?

Sein Einwand mag stimmen, aber sofern Sie Ihre Bestandsaufnahme gemacht haben, wissen Sie, wo Ihre Stärken liegen: daß Sie organisieren, Prioritäten setzen, logisch und genau denken können. Sie besitzen Einfallsreichtum und Lernbereitschaft – Eigenschaften, die in jedem Beruf gefragt sind. Um sich gut zu verkaufen, sollten Sie darlegen, wie Sie diese Eigenschaften in früheren Tätigkeiten genutzt haben.

Das sind die Fertigkeiten, die Sie befähigen, jeden Job effektiv und sicher zu bewältigen. Sie definieren Ihren Marktwert, erhöhen Ihre Zufriedenheit im Job, steigern Ihre Produktivität und geben Ihnen einen Vorsprung vor Mitbewerbern.

Fertigkeit subsumiert alles, was man sich durch Lernen aneignen kann – jede erworbene Fähigkeit oder Kompetenz. Alle Fertigkeiten auf Ihrer Checkliste können Sie lernen, üben und perfektionieren. Die Mehrzahl läßt sich im Alltag gut trainieren. Und je häufiger Sie sie anwenden, um so leichter fallen sie Ihnen schließlich.

Sie haben nun eine ziemlich gute Vorstellung von Ihren Erfolgsfaktoren und übertragbaren Fertigkeiten. Heißt das, Sie sind bereit, rauszugehen und Ihr „Paket" künftigen Arbeitgebern zu verkaufen? Nicht ganz! Erinnern Sie sich an unsere fundamentale Regel: Sie müssen wissen, wonach Ihr Arbeitgeber sucht und wie Ihr Produkt diese Bedürfnisse erfüllen kann. Das nächste Kapitel weiht Sie ein in ein Verkaufsgeheimnis, das Profis mit garantiertem Erfolg praktizieren: Stichwort Produktnutzenverkauf.

Produktnutzen- verkauf: Die wahren Entscheidungs- gründe der Arbeitgeber

16

Verkaufs- und Marketingregel Nr. 16:

Käufer wollen über die Produktmerkmale informiert werden, aber sie kaufen wegen des Produktnutzens.

Ich sage: „Ich habe ein Stück Sumpfgebiet in Florida, das ich Ihnen verkaufen möchte."

„Kein Interesse", antworten Sie.

Darauf ich: „Es ist über 20 Hektar groß und wimmelt von Moskitos und Alligatoren."

„Kein Interesse", sagen Sie.

„Sie kriegen es spottbillig", sage ich.

„Immer noch kein Interesse."

„Und dazu bekommen Sie eine Landkarte."

„Na und?"

„Die Landkarte zeigt Ihnen den Weg zum Jungbrunnen, der mitten in dem Sumpfgebiet liegt:"

„Tut sie das?", fragen Sie.

„Ja, das tut sie", antworte ich. „Und der Jungbrunnen bringt Ihnen nicht nur ewige Jugend und Gesundheit, sondern auch unermeßlichen Reichtum."

„Wirklich?", fragen Sie.

„Garantiert", sage ich. „Außerdem werden Sie von allen, die Sie *kennen, beneidet, Sie werden ins Fernsehen kommen, und man wird Ihnen den Friedensnobelpreis verleihen, weil Sie nur jenen Staatsoberhäuptern Zugang zu Ihrem Brunnen gewähren, die vorher einen globalen Friedensvertrag unterzeichnet haben."*

„Ich kaufe das Sumpfgebiet", erklären Sie.

Kein leichter Verkauf, aber er ist mir geglückt. Und warum? Nicht wegen der 20 Hektar, der Moskitos und Alligatoren – da bin ich sicher. Auch nicht wegen der Landkarte. Selbst der Jungbrunnen war nicht ausschlaggebend. Sie haben das Sumpfgebiet gekauft, weil es mit der Aussicht auf Gesundheit, Reichtum, Ruhm und Macht lockte. Sie haben es nicht gekauft wegen dem, was es ist, sondern wegen dem, was es für Sie tun könnte.

Das „Was-springt-für-mich-heraus?"-Prinzip

Der einzige Grund, weshalb Sie das Sumpfgebiet – oder was auch immer – kaufen, ist der, daß etwas für Sie dabei herausspringt. Der einzige Grund, weshalb ein Arbeitgeber Sie unter einer Gruppe von Bewerbern auswählt: weil ein Vorteil für ihn dabei herausspringt. Um den Verkauf unter Dach und Fach zu bringen, müssen Sie herausfinden, worin dieser Vorteil genau besteht.

Top-Verkäufer verlassen sich auf eine Strategie, die in der Branche als Produktnutzenverkauf oder *benefit selling* bezeichnet wird. Sie wissen, daß jeder Interessent sich vor dem Kauf eines Produkts eine simple Frage stellt: „Was ist da für mich drin? Was bringt mir das?" Auf diese Frage müssen Sie vorbereitet sein, wenn Sie Erfolg haben wollen. Eine wichtige Voraussetzung ist, daß Sie in der Lage sind, die Merkmale eines Produkts von seinem Nutzen zu unterscheiden.

Kriterien dienen der Beschreibung eines Produkts oder einer Dienstleistung. Die Produktmerkmale bleiben immer gleich – egal, wer sie analysiert. Ein blaugrünes Karohemd mit Knopfleiste bleibt immer ein blaugrünes Karohemd mit Knopfleiste – mit dem Betrachter hat das nichts zu tun. Wenn Sie keine Karos mögen, werden Sie das Hemd vermutlich nicht kaufen. Aber wenn das Grün im Hemd Ihre grünen Augen leuchten läßt und perfekt zu Ihrer neuen Cordhose paßt, ist der Verkauf besiegelt.

Der Produktnutzen ändert sich mit dem Betrachter. Käufer wollen die Produktmerkmale zwar kennen, aber sie kaufen wegen des Produktnutzens. Niemand legt sich einen Luftbefeuchter zu, weil er den Anblick eines grauen Kastens in seiner Wohnung liebt, sondern weil er gegen die trockene Heizungsluft im Winter hilft.

Kreuzen Sie bei den folgenden Aussagen über einen Tisch an, worum es sich jeweils handelt:

	Merkmal	Nutzen
1. Der Tisch hat vier Beine.		
2. Der Tisch ist leicht und läßt sich mühelos verrücken.		
3. Der Tisch ist braun, mit schwarzem Furnier.		
4. Der Tisch ist aus Buchenholz.		
5. Der Tisch läßt sich mit Möbelpolitur und einem weichen Lappen gut reinigen.		

1, 3 und 4 sind Merkmale, 2 ist ein Produktnutzen, und 5 ist beides – Merkmal und Nutzen. Wählen Sie einige vertraute Gegenstände aus Ihrem häuslichen Umfeld, und versuchen Sie, deren Merkmale und Nutzen zu beschreiben.

Konzentrieren Sie sich auf den Käufer

Arbeitgeber „kaufen" aus persönlichen Gründen. Ob sie Sie als Vollzeitkraft, freien Mitarbeiter oder Berater verpflichten – immer „kaufen" sie Ihre Dienste, weil sie gute Gründe dafür haben. Was *Sie* wollen, spielt keine Rolle.

Stellen Sie sich vor, Sie importieren französische Parfums und suchen eine Bürohilfe. Sie sind viel unterwegs, neigen zur Unorganisiertheit und brauchen jemanden, der mit Ihrem Computer zurechtkommt.

Sie interviewen mehrere Bewerber. Alle wirken zuverlässig und organisiert, und sie beherrschen Ihre Software. Alle wollen den Job. Für wen entscheiden Sie sich? Zwei der Bewerber sprechen Französisch – für Sie ein wichtiger Vorteil, der die Auswahl einschränkt. Am Ende entscheiden Sie sich für den Bewerber, der nächste Woche anfangen kann, denn Sie brauchen sofort jemanden. Sie geben ihm den Job nicht, weil er ihn dringender wollte als die anderen. Sie geben ihm den Job, weil er Ihre Bedürfnisse besser erfüllt als die übrigen Bewerber.

Die Jobsuche unter dem Vertriebs- und Marketingaspekt zu betreiben unterstützt eine langfristig angelegte Karriereplanung. Ihre Gründe, sich beruflich umzuorientieren oder einen Posten dringend haben zu wollen, sind für potentielle Arbeitgeber nicht von Belang. Sie bekommen den Job nur dann, wenn Sie deren Anforderungen und Bedürfnisse erfüllen.

Deshalb ist es das A und O jedes Vorstellungsgespräch, jedes Telefonat, jedes Bewerbungsschreiben auf die Bedürfnisse des Arbeitgebers und die Lösung seiner Probleme zu fokussieren. Je besser Ihnen das gelingt, um so besser stehen Ihre Chancen.

Geheime Motive der Arbeitgeber

Wissen Sie, warum Arbeitgeber „kaufen"? Sie treffen ihre Entscheidung aus ureigensten emotionalen Gründen. Das war immer so und wird immer so bleiben, auch wenn ständig revolutionäre Technologien den Arbeitskosmos erobern. Egal, wie sehr die Welt um uns sich ändert – unsere emotionalen Bedürfnisse bleiben *dieselben*.

Auch Arbeitgeber sympathisieren aus den gleichen emotionalen Motiven wie eh und je stärker mit diesem oder jenem Jobkandidaten.

Die vier wichtigsten Motivgruppen:

1. *Geld.* Jeder möchte Profit machen und/oder Verluste vermeiden. Geldverdienen und Geldsparen sind zentrale Themen. Können Sie aufzeigen, wie Sie in der Vergangenheit sich, einer anderen Person oder Ihrer Firma Geld eingespart haben? Können Sie die Verbindung herstellen zwischen dieser früheren Leistung und den Bedürfnissen Ihres potentiellen Arbeitgebers?
2. *Anerkennung.* Wir suchen ständig nach Wegen, unsere Beziehungen zu anderen zu verbessern. Ihr zukünftiger Chef muß überzeugt sein, Ihre Einstellung verschaffe ihm mehr Respekt und Anerkennung, denn wenn Sie sich als „Flop" erweisen, wirft das ein schlechtes Licht auf ihn zurück. Wird man seine Wahl gutheißen? Werden Sie gut ins Team passen?
3. *Selbstwertgefühl.* Ein gutes Selbstwertgefühl, sowohl physisches als auch mentales Wohlbefinden sind außerordentlich wichtig. Jeder möchte stolz sein auf das, was er tut, seinen Ruf, seine Position – mit sich selbst zufrieden. Können Sie Ihren potentiellen Arbeitgeber überzeugen, daß Sie ihm helfen werden, seine Probleme zu lösen?
4. *Aussehen.* Noch nie war gutes Aussehen so bedeutend wie heute. Wir stählen unsere Körper im Fitneßcenter, kaufen teure Kosmetikprodukte, die uns verschönern und damit unser Selbstwertgefühl heben. Jeder umgibt sich gern mit attraktiven Menschen. Chefs bevorzugen Bewerber, die im Einklang mit sich und Ihrem Äußeren sind, auf sich achten und einen Stil pflegen, der dem des Unternehmens entspricht. Spiegelt Ihr Aussehen und Auftreten Ihr Selbstbild und das Image, das Sie ausstrahlen möchten, wider?

Anhand der 18 häufigsten Motive, weshalb Menschen einem Kauf oder Vorschlag zustimmen, können Sie prüfen, wie gut Ihre Qualitäten diesen emotionalen Bedürfnissen entsprechen.

1. Geld verdienen	10. Im Trend sein
2. Geld sparen	11. Andere nachahmen
3. Zeit sparen	12. Kritik vermeiden
4. Anstrengungen vermeiden	13. Ärger vermeiden
5. Komfort	14. Gelegenheiten nutzen
6. Popularität	15. Individualität betonen
7. Lob und Anerkennung	16. Ruf schützen
8. Eigentum schützen	17. Kontrolle
9. Lebensfreude steigern	18. Sicherheit und Geborgenheit

„Eine Brücke bauen"

Um die emotionalen Bedürfnisse von Arbeitgebern anzusprechen, müssen Sie die Merkmale Ihres „Produkts" in Nutzen übersetzen können. Nehmen Sie niemals an, Ihr potentieller Arbeitgeber erledigt das selbst! Ihre Aufgabe ist es, eine Brücke zu bauen zwischen Ihrem Potential und dem Nutzen für Ihren neuen Arbeitgeber. Details sind dabei uninteressant – nur die Resultate zählen. Arbeitgeber müssen die Verbindung zwischen der Vergangenheit eines Bewerbers und dem positiven Einfluß, den diese auf ihre eigene Zukunft haben kann, erkennen.

Angenommen, Sie haben zuletzt als Produktdesigner für einen Hersteller elektrischer Zahnbürsten gearbeitet. Die Firma brachte ein revolutionäres neues Bürstendesign auf den Markt, das sich leider nicht verkaufte, weil es nicht in die Standardhalterungen paßte. Daraufhin entwarfen Sie einen Plastikadapter, der sich billig produzieren ließ und mit dem die neuen, gebogenen Bürsten auf die Halterungen aufgesteckt werden konnten. Zusammen mit Ihrem Adapter neu verpackt, fanden die Bürsten reißenden Absatz.

Ihr Interviewer fragt Sie nach Ihrem wichtigsten Beitrag im letzten Job. Sie sagen: „Ich habe die Plastikadapter entworfen, mit denen die neuen, gebogenen Bürsten von XY auf die Standardhalterungen passen."

Stimmt, aber Ihr Interviewer wird sich vermutlich dankend von Ihnen verabschieden.

Sie nehmen zum zweiten Mal Anlauf: „Ich bin ein sehr guter Designer.

Meine Entwürfe sind sowohl ästhetisch als auch funktionell und wirtschaftlich."

Schon besser. Aber der Interviewer ist noch immer nicht beeindruckt.

Wenn Sie aber hinzufügen, daß Ihr Design „der Anstoß war, das Produkt neu zu verpacken und seinen Umsatz zu verdreifachen", wird der Interviewer Sie eindeutig in die engere Wahl für die Position ziehen.

Es reicht nicht, frühere Leistungen zu beschreiben oder darzustellen, wie gut Sie in Ihrem Job waren. Sie müssen auf die Motive des Arbeitgebers eingehen – die Gründe, die Ihre Anstellung für ihn profitabel machen.

Sie haben eine wichtige Spielregel im Verkaufs-„Poker" kennengelernt. Nun ist es Zeit, die Fertigkeiten und Erfolgsfaktoren aus Ihrem KSVK herauszugreifen, die am besten zu vermarkten sind, und sie zu einem schlagkräftigen Verkaufsinstrument zu machen.

17 Die drei A: Aufgabe, Aktion & Ausgang

Verkaufs- und Marketingregel Nr. 17:

Ein Produkt läßt sich am besten durch selektives Betonen seiner Merkmale und Maßschneidern seines Nutzens verkaufen.

Sie betreten das Büro einer potentiellen Arbeitgeberin. Sie bietet Ihnen einen Stuhl an. Nach ein bißchen Small talk fordert sie Sie auf: „Erzählen Sie mir etwas von sich." Was sagen Sie? Erzählen Sie Ihre ganze Lebensgeschichte – von Ihrem Stand auf dem Kinderflohmarkt bis hin zur jüngsten Gegenwart?

Keine gute Idee! Das Motto heißt Selektion.

Angenommen, Sie wollten Ihre Memoiren als Buch herausbringen. Sie würden sich Gedanken machen, welche wichtigen Passagen Sie im Klappentext hervorheben sollen. Genau das tun Sie jetzt: Sie nehmen Ihren KSVK und suchen die Passagen heraus, die Ihre Stärken akzentuieren. Und dann gestalten Sie Ihren „Klappentext" – die Zusammenfassung der Merkmale und des Nutzens Ihres Produkts.

So schreiben Sie Ihre drei A

Beginnen Sie mit der Leistung, die in Ihrem KSVK als erste aufgeführt ist. Gliedern Sie sie in drei Aspekte – Ihre drei A:

- Die Aufgabe, um die es ging
- die Aktion(en), die Sie unternahmen
- der Ausgang, der daraus resultierte

Ein Beispiel zur Verdeutlichung:

John arbeitete als Produktionsmanager in einem großen Kosmetik-konzern. Das Preisniveau der Kunststoffbehälter, in die die Cremes, Lotions etc. abgefüllt wurden, eskalierte zusehends.

*Johns **Aufgabe** (die Situation hinter der Aktion; warum er tat, was er tat) bestand darin, eine Methode der Kostendämpfung zu finden.*

*Seine **Aktion** (wie er die Situation meisterte oder das Problem löste): Er verabredete ein Treffen mit einem Zulieferer aus der Kunst-stoffbranche und schlug ihm einen neuen Vertrag vor, in dem sich sein Konzern langfristig zur Abnahme einer fixen Behälterstückzahl verpflichten wollte, mit der Auflage, daß dadurch der Preis pro Be-hälter sank. Bereitwillig nahm der Kunststofflieferant das Angebot an; der neue Vertrag brachte beiden Parteien Vorteile.*

*Der **Ausgang** (was auf die Aktion hin passierte) war, daß John seinem Konzern im nächsten Finanzjahr fast 500 000 DM ein-sparte.*

Formulieren Sie Ihre eigenen drei A. Listen Sie Ihre Leistungen auf: Denken Sie an die verschiedenen Probleme, die Sie bewältigt haben, und wie Sie zu diesen Lösungen gelangt sind.

Achten Sie auf vermarktbare Erfolgsfaktoren und übertragbare Fertigkeiten. Die folgenden Stichworte sind als Starthilfe gedacht.

1. *Geld.* Firmen suchen Arbeitnehmer, die ihnen helfen, Geld zu sparen bzw. ihre Profite zu steigern. Denken Sie an eine Situa-tion, in der Sie Ihrer Firma, Organisation oder Familie Geld ein-gespart haben.
   - Wie haben Sie das gemacht?
   - Wann?
   - Wo?
   - Gab es eine Situation, in der Sie für Ihre Firma, Organisation oder Familie Profite erwirtschaftet haben? Wie?
   - Wann?
   - Wo?
2. *Zeit.* Den zweiten Platz auf der Prioritätenskala der Arbeitgeber nimmt der Faktor Zeit ein. Gab es Aktionen, mit denen Sie Ihrer

Firma, Organisation oder Familie Zeit einsparen oder die Produktivitätsrate erhöhen konnten?

- Wann?
- Wo?

3. *Effizienz.* Konjunktur haben Bewerber, die schnell, logisch und präzise arbeiten. Fällt Ihnen ein Problem ein, das Sie mit Hilfe dieser Eigenschaften gelöst haben?
   - Wie haben Sie das gemacht?

4. *Organisationstalent.* Arbeitgeber, besonders solche, die selbst unorganisiert sind, suchen Kandidaten, die Projekte von Anfang bis Ende systematisch durchziehen, ohne den Überblick zu verlieren. Welche derartigen Projekte, Veranstaltungen oder Aktivitäten haben Sie vorzuweisen?
   - Wie haben Sie sie organisiert?
   - Mit welchem Ergebnis?

5. *Verbesserungen durchführen.* Nur weil etwas „schon immer so" gemacht wurde, handelt es sich dabei längst nicht um die beste Methode. Chefs schätzen Bewerber, die erkennen, wo Verbesserungen angebracht wären. Haben Sie jemals Verbesserungen angeregt und durchgeführt?
   - Wie sah die alte Methode aus?
   - Wie haben Sie sie verbessert?
   - Mit welchem Ergebnis?

6. *Teamwork.* Einer der wichtigsten Erfolgsfaktoren heute ist die Fähigkeit zur guten Kooperation mit anderen. Auf welche Teamprojekte, Mannschaftssportarten oder Gruppenaktivitäten können Sie zurückblicken?
   - Welche Position oder Funktion hatten Sie im Team?
   - Wie haben Sie und Ihr Team ein bestimmtes Problem gelöst?
   - Mit welchem Ergebnis?

7. *Innovation.* In unserer immer stärker serviceorientierten Gesellschaft stehen kreative Köpfe hoch im Kurs. Gegen die Konkurrenz behauptet sich nur, wer mit neuen Ideen aufwarten kann. Haben Sie jemals eine neue Idee in Ihre Firma, Organisation oder Familie eingebracht?
   - Woher stammte die Idee?
   - Hat sie geholfen, ein bestimmtes Problem zu lösen?
   - Wie waren die Resultate?

8. *Nachwuchsrekrutierung.* Bei vielen ein Schwachpunkt. Wenn Sie Erfahrungen mit Einstellungen haben, kann das Ihre Fahrkarte in die Chefetage sein. Haben Sie früher Mitarbeiter ein-

gestellt, Nachwuchs für Ihre Firma oder Organisation rekrutiert?

- Wie haben Sie das gemacht?
- Mit welchem Ergebnis?

9. *Rhetorik.* Rhetorik und Kommunikationstalent sind ein sehr hoch bewerteter Erfolgsfaktor. Wann haben Sie vor Publikum gesprochen?

- Aus welchem Anlaß?
- Wie haben Sie sich vorbereitet?
- Wie war die Reaktion?

10. *Schriftliche Ausdrucksfähigkeit.* Auch die schriftliche Kommunikationsgabe fällt ins Gewicht. Viele Jobs erfordern das Verfassen von Texten, Berichten, Memos etc. Wann haben Sie Ihre schriftliche Ausdrucksfähigkeit geübt? In der Schule, in einer früheren Tätigkeit oder bei sonstigen Gelegenheiten?

- Zu welchem Zweck?
- Mit welchem Ergebnis?

11. *Risikobereitschaft.* Natürlich erwartet Ihr potentieller Arbeitgeber nicht, daß Sie sich auf Befehl vom nächsten Felsen stürzen. Risikobereit sein kann heißen, einen Job in einer kleinen, wachsenden Firma der sicheren Position in einem etablierten Unternehmen vorzuziehen. Speziell kleinere, im Aufbau befindliche Firmen suchen Bewerber, die Mut beweisen und sich für den gemeinsamen Erfolg engagieren wollen. Wann sind Sie zuletzt ein Risiko eingegangen?

- Warum nahmen Sie es auf sich?
- Wie ging die Sache aus?

12. *Flexibilität.* In unserer Welt voller Veränderungen wollen Arbeitgeber sicher sein, daß Sie verschiedenste Situationen bewältigen können. Erinnern Sie sich an das letzte Mal, als Sie flexibel sein und sich auf Neues einstellen mußten.

- Wie wurden Sie mit der Situation fertig?
- Was waren die Resultate?

13. *Hilfsbereitschaft.* In den zukunftsträchtigen Berufsfeldern Medizin, Sozial- und Justizwesen werden Anwärter gebraucht, denen das Wohl ihrer Mitmenschen am Herzen liegt. Denken Sie an eine Situation, in der Sie Mitgliedern Ihrer Firma, Organisation oder Familie geholfen haben.

- Warum brauchten sie Hilfe?
- Wie haben Sie ihnen geholfen?
- Mit welchem Ergebnis?

14. *Beharrlichkeit.* Ihr Chef will sich darauf verlassen können, daß Sie Aufgaben gewissenhaft und vollständig erledigen.
   - Wann haben Sie zuletzt eine besonders schwierige Aufgabe erfolgreich durchgezogen?
   - Welche Hindernisse stellten sich Ihnen in den Weg?
   - Wie haben Sie sie bewältigt?
   - Mit welchem Ergebnis?

Die Aufgabe:
Die Überzeugungskraft einer „Mission Impossible"

Um einem potentiellen Arbeitgeber den Wert Ihrer Leistungen vor Augen zu führen, sollten Sie ihm schildern, worin die Problematik genau bestand – wie Sie, mit einer „Mission Impossible" konfrontiert, über sich selbst hinausgewachsen sind.

Die Triebfeder unserer Aktionen sind bestimmte Probleme, Bedürfnisse oder Wünsche. Warum verstärkt ein Unternehmen seinen Kundendienst? Nicht, weil es seine Kunden so sehr liebt, sondern weil der Geschäftsführer eingesehen hat, daß ihm wegen des schlechten Service Aufträge durch die Lappen gehen. Warum entwickelt eine Sekretärin ein neues Ablagesystem für sich und ihren Chef? Nicht, weil sie nichts Besseres zu tun hat, sondern weil sie zuviel Zeit mit der Suche nach falsch abgelegten oder vermißten Dokumenten verliert. Formulieren Sie Ihre Aufgabe immer in bezug auf ein bestimmtes Problem.

Aufgaben sind oft „selbstgesteuert" – sie ergeben sich aus einer Situation, einem Umstand oder einer Problematik. Das kann etwas sein, das vor Ihnen noch niemandem aufgefallen ist, das korrigiert, beseitigt oder erweitert werden muß. Führungsspitzen schätzen Arbeitnehmer mit der Gabe, Bedürfnisse früher als andere zu erkennen.

Die Aktion:
Der Vorteil einer dynamischen Ausdrucksweise

Ihr Ziel ist es, den potentiellen Arbeitgeber durch einen kurzen Abriß der Aktionen und Schritte, die Sie zur Erfüllung Ihrer Aufgabe unternommen haben, neugierig zu machen – so neugierig, daß er sich näher mit Ihnen unterhalten möchte.

Wählen Sie eine dynamische Ausdrucksweise mit vielen aktionsgeladenen Verben. Bei der Gestaltung Ihrer drei A sollten Sie ein Wörterbuch der Synonyme zur Hilfe nehmen, um viele Aktionsverben zur Verfügung zu haben.

Rücken Sie Ihren Beitrag in den Mittelpunkt. Ihre Aktion muß die Situation beeinflussen: das Problem lösen, die Krankheit heilen, das marode System aufpeppeln.

Trotzdem sollten Sie auch Ihren Helfern (falls es sie gab) Anerkennung zollen. Wenn Sie Teil eines Teams waren, enthalten Sie Ihrem potentiellen Arbeitgeber diese Information nicht vor, aber machen Sie deutlich, worin Ihr persönlicher Beitrag bestand. Wegen des hohen Stellenwerts, den Teamfähigkeit als Erfolgsfaktor hat, sollte mindestens ein Exemplar Ihrer drei A Ihren Teamgeist illustrieren.

Der Ausgang:
Nur, was unterm Strich rauskommt, zählt

Jede Neueinstellung bedeutet für die Firma eine Investition. Sie investiert Zeit und Geld, und wie jeder potentielle Investor will sie wissen, mit welcher Rendite sie rechnen kann.

Da alle Firmen daran interessiert sind, was unterm Strich herauskommt, sollten Sie versuchen, Ihre Leistungen in konkreten Zahlen auszudrücken. Damit demonstrieren Sie Geschäftssinn. Haben Sie Profite erwirtschaftet? Kosten gesenkt? Umsätze oder Produktivitätsraten gesteigert? Halten Sie alles schriftlich fest.

Sie sollten es nicht auf die lange Bank schieben, die Verbindung zwischen Ihrer Aufgabe und dem wirtschaftlichen Profit der Firma zu knüpfen. Das mag in manchen Branchen, z.B. in der Werbung, schwieriger sein, aber mit detektivischem Gespür gelingt es Ihnen, diesen Zusammenhang zu finden.

Nachdem der Werbetexterin Samantha ein genialer Slogan für einen Kunden ihrer Agentur eingefallen war, verlängerte dieser seinen Vertrag um zwei Jahre. Samantha hakte nach und erfuhr, daß die Agentur in diesen zwei Jahren über 1 Million Mark an jenem Kunden verdient hatte.

Zahlen machen Eindruck. Wenn Sie Ihrer Firma 500 DM eingespart haben, hört sich das zunächst wenig an, aber bei einem Budget von 1 000 DM ist das die Hälfte!

Dieser Mehraufwand kann den Unterschied ausmachen zwischen durchschnittlichen und großartigen drei A, der Ihnen nicht nur einen Vorstellungstermin, sondern ein attraktives Jobangebot einbringt.

Sie sollten Ihr Produkt – sich selbst – im bestmöglichen Licht präsentieren. Ich rate Ihnen, nicht zu flunkern, sondern die positivsten Punkte Ihrer beruflichen Laufbahn herauszupicken und so vorteilhaft wie möglich darzustellen, damit Ihr potentieller Arbeitgeber weiß: Seine Investition wird sich auszahlen.

Fünf Regeln für Ihre drei A

Die folgenden fünf Regeln sollten Sie befolgen, um die Effektivität Ihrer drei A sicherzustellen:

1. Nur eine Aufgabe, einen Ausgang und nicht mehr als zwei Aktionsverben integrieren.
2. Aussagekräftige, dynamische, vielversprechende Aktionsverben verwenden.
3. Den Zusammenhang zwischen Aufgabe und Ausgang herstellen: Das Resultat muß die Aufgabe lösen.
4. Durch Auslassen vieler Details das Interesse des potentiellen Arbeitgebers schüren.
5. Durch Nennung von Zahlen und Prozenten den Zusammenhang zwischen Aufgabe/Ausgang und den für die Firma erwirtschafteten Profiten herstellen.

Vorsicht, Falle!

Vermeiden Sie Bewertungen in Ihren drei A. Bringen Sie alles zu Papier – betreiben Sie Brainstorming mit sich selbst. Das gelingt Ihnen nur, wenn Sie Ihre Leistungen wertfrei niederschreiben. Bewertungen stören den Gedankenfluß. Gliedern und Prioritäten setzen können Sie später.

Eine weitere gängige „Falle": Der Zusammenhang zwischen Problem und Resultat fehlt. Angenommen, Sie hatten die Aufgabe, drei neue Produktlinien mit geringstmöglichem Budgetaufwand zu promoten. Als Aktion nennen Sie die Umstrukturierung des Marketingplans. Und beim Ausgang geben Sie an, die Umsätze erhöht zu haben. Das ist zwar eine lobenswerte Leistung, hat aber nichts mit dem Problem der Kostenminimierung zu tun. Besser wäre es, zu formulieren, daß Sie alle drei Produktlinien erfolgreich promotet, nur 80 Prozent Ihres üblichen Budgets benötigt und die Umsätze um 15 Prozent erhöht haben.

Viele Jobsuchende machen den Fehler, ihre berufliche Lebensgeschichte in die drei A packen zu wollen – zu Lasten der Klarheit und Prägnanz.

Hier ein Beispiel, wie Sie es nicht machen sollten:

Wir waren chronisch unterbesetzt, und die Moral in der Firma war miserabel. Im letzten Jahr hatte niemand das Problem lösen können. Einige kündigten bereits.

Ich initiierte und organisierte eine Serie von Treffen zur Problemlösung, bei denen jeder Mitarbeiter angehört wurde. Pro Treffen waren 15 Mitarbeiter anwesend. Ich ließ mir von der Geschäftsleitung zusichern, daß ein Vizepräsident teilnehmen würde und versuchte, jedesmal wenigstens ein Problem vom Tisch zu bekommen.

Diese Maßnahme trug dazu bei, die Moral zu verbessern. Niemand kündigte mehr, und das Personal empfand die Arbeit als viel befriedigender.

Versuchen Sie, diesen Text einfach, klar und effektiv umzuschreiben. Vergessen Sie nicht die Aktionsverben und den Zusammenhang zwischen Problem und Resultat.

- *Aufgabe: ...*
- *Aktion: ...*
- *Ausgang: ...*

Und so lautet mein Vorschlag:

- *Aufgabe:* Seit mehr als einem Jahr war die schlechte Moral der Mitarbeiter ein eskalierendes und ungelöstes Problem, das eine hohe Personalfluktuation und Fehlzeitenquote bedingte.
- *Aktion:* Ich organisierte und realisierte zur Moralstärkung eine Serie von Treffen zwischen Geschäftsleitung und Mitarbeitern.
- *Ausgang:* Nach drei Wochen waren die Fehlzeiten um 25 Prozent zurückgegangen. Binnen sechs Monaten betrug der Rückgang über 40 Prozent, die Fluktuationsrate war gleich Null.

Vergleichen Sie diese Version mit Ihrem Text. Ist er kurz und prägnant? Enthält er Zahlen und/oder Prozente? Wie sehr geht er ins Detail? Würde er einen Arbeitgeber neugierig stimmen? Für Ihre drei A gilt die Binsenweisheit: In der Kürze liegt die Würze.

Ein letzter Stolperstein ist Bescheidenheit – das Widerstreben, Werbung für sich zu machen. Aber genau das müssen Sie tun, wenn Ihre Jobsuche von Erfolg gekrönt sein soll. Der Werbezar Stuart Henderson Britt sagt: „Auf Werbung zu verzichten ist so, wie jemandem im Dunkeln zuzwinkern. Man selbst merkt es, aber niemand sonst."

Der letzte Schliff für Ihre drei A

Sie wollen einem Rennfahrer einen Sportwagen verkaufen. Würden Sie den niedrigen Benzinverbrauch des Autos betonen? Wohl kaum. Ein Rennfahrer interessiert sich sicherlich mehr für Motorleistung und Schnelligkeit, und darum würden Sie sich im Verkaufsgespräch auf diesen Produktnutzen konzentrieren.

Wenn Sie sich um eine Stelle als Computerprogrammierer bewerben, werden Sie nicht die Erfolgsfaktoren Teamwork und Rhetorik betonen, sondern Logik, Geduld und analytisches Talent.

Ob bei Ihren drei A, im Bewerbungsanschreiben oder im Vorstellungsgespräch – wichtig ist, daß Sie unterscheiden zwischen den Merkmalen Ihrer früheren Tätigkeiten und dem Nutzen für Ihren potentiellen Arbeitgeber. Viele begnügen sich mit einer Schilderung ihrer Aktion, weil sie meinen, der Nutzen sei von selbst ersichtlich.

Geben Sie Ihren drei A den letzten Schliff, indem Sie jenen Nutzen betonen, der für den jeweiligen Arbeitgeber am wertvollsten ist.

Lassen Sie uns das Beispiel von John und den Kunststoffbehältern erneut aufgreifen. Das Problem war, daß die Behälter immer teurer wurden. Johns Aufgabe bestand darin, eine Methode der Kostendämpfung zu finden. Seine Aktion basierte auf zwei Schritten:

1. Er verabredete ein Treffen mit dem Kunststofflieferanten.
2. Er schlug einen langfristigen Vertrag mit neuer Preisstruktur vor.

Das sind die Fakten oder Merkmale, die sich nicht ändern. Würde John sich für eine Stelle als Produktionsmanager bei einer anderen Firma bewerben, wäre es klug, als Ausgang oder Nutzen darzulegen, daß er seiner Firma über 500 000 DM einsparte. Aber nehmen wir an, John will sich umorientieren und künftig stärker im Personalbereich arbeiten. Dann sollte er seine drei A modifizieren und bei der Aufgabe zusätzlich den Erhalt guter Beziehungen mit dem Zulieferer nennen. In dem Fall würde er sich beim Ausgang auf sein Verhandlungsgeschick berufen, mit dem es ihm gelang, sowohl die Kosten für seine Firma zu senken als auch alle Beteiligten glücklich zu machen. Die Aktion, das Merkmal, bleibt gleich, aber der Nutzen ändert sich.

Gehen Sie nun zu Ihren eigenen drei A zurück, und übersetzen Sie Ihre Aktionen in möglichst viele Nutzenaussagen.

Nutzen-Arbeitsblatt

Aufgabe:
Aktion:
Nutzen (Wie beeinflußte Ihre Aktion Sie und Ihre Firma?) 1. 2. 3. etc.

Gestalten Sie alle AAA-Blätter nach diesem Muster. Sie sollten sie in- und auswendig kennen. Ziel ist es, eine umfassende Palette an Nutzenaussagen zur Verfügung zu haben. Denn Sie wissen ja nie, worauf es einem potentiellen Arbeitgeber ankommt. Stellen Sie einen Katalog mit Nutzenaussagen zusammen.

Zehn AAA-Blätter sollten Sie abrufbereit im Gedächtnis haben, um sie je nach Situation einsetzen zu können. Die jeweiligen Aufgaben und Aktionen resultieren in einem Output, der Ihre Fähigkeiten in einem bestimmten Bereich dokumentiert. So sollte ein AAA-Blatt Ihre Organisationsgabe, ein anderes Ihr Talent zu kreativen Problemlösungen dokumentieren. Diese gründliche Vorbereitung läßt Sie Ihrem potentiellen Arbeitgeber gelassen und selbstbewußt gegenübertreten.

TEIL VIER

Wie gut kennen Sie Ihren Markt?

Sie wissen nun genau über Ihr Produkt Bescheid – höchste Zeit, mehr über den Käufer zu erfahren. Wer sind die Leute, die die Einstellungsentscheidungen treffen, und wie kommen Sie an sie heran?

Ihr Marketingplan bildet die Ausgangsbasis. Er verleiht Ihrer Jobsuche eine konkrete Richtung und einen klaren Fokus, damit Sie schnurstracks auf Ihr Ziel zusteuern können.

Den Markt gut zu kennen heißt auch, Bewußtsein für die gesamtwirtschaftliche Situation zu entwickeln – für die Trends und sozialen Faktoren, die unsere Gesellschaft heute und morgen prägen, und deren Einfluß auf Ihre Jobsuche.

Moderne Technologien haben uns von der Ära der Produktion in die der Information, der Dienstleistungsgesellschaft geführt. 1995 hatte über die Hälfte aller Erwerbstätigen ihren Arbeitsplatz im Dienstleistungsbereich, und Schätzungen zufolge wird die Bedeutung des „tertiären Sektors" weiter zunehmen.

Was sind Dienstleistungen? Der Dienstleistungsbereich stellt im Gegensatz zu Industrie und Landwirtschaft keine materiell greifbaren Güter her. Dienstleistungsberufe reichen von geringqualifizierten, verdienstschwachen Jobs wie dem der Supermarktkassiererin bis hin zu hochqualifizierten, verdienststarken Positionen in der Computerbranche.

Neue Technologien haben in allen Branchen und Erwerbsbereichen – von der Arzneimittelherstellung bis zur Zoologie, vom Metzgerhandwerk zur Kosmetikindustrie, vom Getreideanbau zur Halbleiterproduktion – ihre Spuren hinterlassen. Und wer sich stur gegen diese Technologien wehrt, ist seinen Job nur allzu leicht los. Nur wer in sich selbst und seine Fähigkeiten investiert, genießt relative berufliche

Sicherheit. Die Anforderungen in verschiedenen Jobs ändern sich heutzutage mit solcher Rasanz, daß sie ein Höchstmaß an Fortbildung und Flexibilität erfordern.

Wer es nach der Erfindung des Automobils störrisch ablehnte, seiner Droschke Lebewohl zu sagen, konnte nie weit reisen. Wer aber weitsichtig war und clever, hat beim Anblick des ersten Wagens prompt eine eigene Tankstelle eröffnet. Halten Sie sich über aktuelle Technologien auf dem laufenden, und sorgen Sie so dafür, daß Ihr „Produkt" auf lange Sicht vermarktbar bleibt.

Sie finden in einem der folgenden Kapitel eine Auswahl von Berufen, denen Experten eine große Zukunft prophezeien. So interessant diese Information ist, Sie müssen nicht unbedingt einen dieser Berufe anpeilen, um Erfolg zu haben. Jeder Job ist „heiß", sofern Sie ihn wirklich und von Herzen wollen. Schneiden Sie Ihren Marketingplan auf Ihre persönlichen Interessen und Ambitionen zu – und Ihr Erfolg ist garantiert.

Ihr Marketingplan: Programmieren Sie berufliche Erfolge vor

18

Verkaufs- und Marketingregel Nr. 18:

Effektives Marketing ist das Resultat gewissenhafter Planung.

Sie sind der neueste Trumpf der Dienstleistungsgesellschaft, das wichtigste Gut unserer modernen Welt. Technologien können den Bedarf an menschlicher Expertise niemals ersetzen: Wenn Sie die nötigen Voraussetzungen und die in diesem Buch präsentierten Erfolgsfaktoren mitbringen, sind Sie in jedem Fall eine gesuchte Kraft auf dem Arbeitsmarkt.

Aber zunächst kommt es darauf an, die Masse der Käufer wissen zu lassen, daß es Sie gibt. Analysen, Marktforschung, kreative Planung – wie jedes Unternehmen müssen Sie diese Dinge leisten.

Was genau ist ein Marketingplan? Der Begriff Marketing bezieht sich auf Produkte oder Unternehmen und subsumiert alle Aktivitäten, die mit dem Transfer eines Produkts oder einer Dienstleistung vom Verkäufer an den Käufer zusammenhängen. In Ihrem Fall sind Produkt und Verkäufer identisch. Die Käufer sind die Arbeitgeber, für die Sie arbeiten wollen.

Effektives Marketing ist das Resultat gewissenhafter Planung. Nur sehr wenige Produkte können sich ohne Marketing durchsetzen – weil sie einzigartig sind oder sehr viel Mundpropaganda um sie betrieben wird. Dieses Glück kann auch Ihnen gegönnt sein, aber befriedigender – und wahrscheinlicher – ist der kalkulierte, geplante Erfolg. Jedes neu gegründete Unternehmen sollte als erstes einen Marketingplan auf die Beine stellen.

Marketing: Der Schlüssel zum Erfolg

Mit der Gestaltung Ihres Marketingplans bringen Sie mehrere Dinge ins Rollen:

1. *Sie schaffen Ordnung im Chaos.* Ohne einen klar strukturierten Plan tappen Sie im dunkeln. Er hilft, Kontakte zu pflegen, Verabredungen zu treffen und einen realistischen Zeitrahmen für Ihr Vorhaben abzustecken.
2. *Sie fühlen sich sicherer.* Sie wissen, daß Sie nicht auf Sand bauen, sondern von einem soliden Fundament aus agieren. Erinnern Sie sich, wie wichtig Selbstvertrauen für eine erfolgreiche Jobsuche ist.
3. *Sie verbessern Ihren Fokus.* Je mehr Gestalt Ihr Plan bekommt, um so besser können Sie günstige Gelegenheiten und Probleme ausloten und in die richtige Perspektive rücken.
4. *Sie setzen sich Ziele und kontrollieren Ihre Fortschritte.* Ihr Plan teilt Ihnen mit, was Sie wann erledigen müssen und was Sie bereits erledigt haben. Dieser genaue Überblick unterstützt Ihre Kontrolle und hilft Ihnen, Ihre Ziele zu erreichen.
5. *Sie erwägen Alternativen.* Ein Marketingplan veranlaßt Sie, rechtzeitig Alternativen zu erwägen, um bei Fehlschlagen einer Taktik sofort auf eine andere zurückgreifen und weiter auf Ihre Ziele hinarbeiten zu können.

Ein Marketingplan hat viel mit Engagement für die eigene Zukunft zu tun. Solange Ihre Ziele vage und schwammig sind, haben Sie keine Ahnung, ob Sie in die richtige Richtung steuern. Wenn Sie jedoch einen Plan konzipieren und ihm folgen, gehen Sie eine Verpflichtung mit sich selbst ein.

Der Fünf-Komponenten-Plan

Jedes Unternehmen, ob groß oder klein, besitzt einen Marketingplan. Die Verkaufsangebote am Schwarzen Brett im Supermarkt sind ebenso Teil eines Marketingplans wie der Popstar, der den Titelsong einer Limonadenwerbung singt; Gratiskosmetikproben in Modemagazinen zählen genauso dazu wie das Sponsoring einer großen Wohltätigkeitsveranstaltung. Ihr Jobsuche-Marketingplan kann beinhalten, daß Sie einem Verwandten, der in Ihrem bevorzugten Berufsfeld tätig ist, einen Brief schreiben, oder daß Sie auf einer Party Ihre Visitenkarten verteilen. Die meisten Marketingpläne bestehen aus fünf Hauptkomponenten:

1. die Zweckdefinition (Worum geht es?);
2. die Produktbeschreibung (Wer bin ich?);
3. der „große Plan" (meine langfristigen Karriereziele);
4. der unmittelbare Aktionsplan (meine kurzfristigen Karriereziele);
5. die Marketinginstrumente und -strategien (Wie gehe ich konkret vor, um meine Ziele zu erreichen?).

Den Einstieg in Ihren persönlichen Marketingplan liefern Ihre Antworten auf fünf korrespondierende Fragen:

1. Was sind meine vorrangigen Karriereziele?
2. Wer bin ich und was habe ich zu bieten?
3. Was ist mein generelles Interessengebiet (Gebiete)?
4. Für wen speziell möchte ich arbeiten?
5. Wie gehe ich konkret vor, um meine Ziele zu erreichen?

Ihre Antworten bilden das Fundament Ihres Marketingplans und zeigen den Weg zu Ihrem persönlichen Erfolg auf. Wie jedes Unternehmen sollten Sie Ihren Plan alle sechs Monate überprüfen. Wie gut liegen Sie in der Zeit? Haben Sie die anvisierten Strategien umgesetzt? Vielleicht haben sich Ihre Ziele verschoben – dann müßten Sie Ihren Marketingplan aktualisieren, damit er die veränderten Gegebenheiten reflektiert.

Die Zweckdefinition: Worum geht es?

Was sind meine vorrangigen Ziele? Was erwarte ich von meiner Arbeit? Was verschafft mir Befriedigung?

Die Zweckdefinition sollte kurz zusammenfassen, wo Sie heute stehen und wo Sie in Zukunft stehen wollen. Dieser Abschnitt hilft Ihnen, klare Ziele und einen realistischen Zeitrahmen dafür zu setzen.

Barry, der eigentlich Schauspieler werden wollte, verdiente seine Brötchen als Barkeeper. Mit 32 beschloß er, daß es Zeit sei, sich neue Ziele zu stecken. Er fühlte sich wohl in der Gastronomie, wollte aber nicht ewig hinter der Bar stehen. Barry arbeitete an seinem KSVK und bereitete 20 verschiedene AAA-Blätter vor, die ihm bei seinen gastronomischen Ambitionen nützlich wären. Dann begab er sich an die Konzeption seines Marketingplans und formulierte seine Zweckdefinition. Als erstes fragte er sich, worauf er bei einer Arbeit besonderen Wert legte. Er entdeckte, daß er die Interaktion mit unterschiedlichen Menschen am meisten genoß. Außerdem inspirierten ihn das rege Treiben und die vielfältigen Aufgaben in der Gastronomie. Sein Ziel: Binnen zwei Jahren wollte er es zum Manager eines kleinen oder mittelgroßen Restaurants bringen. (Barrys ausgefüllten Muster-Marketingplan sowie eine Vorlage für Ihre Notizen finden Sie am Ende des Kapitels.)

Die Produktbeschreibung: Wer bin ich?

Wo liegen meine Hauptstärken? Was genau biete ich potentiellen Käufern? Welche Bedürfnisse, reale und emotionale, erfüllt mein „Produkt"?

Um ein Produkt zu vermarkten, müssen Sie zunächst in der Lage sein, es so zu beschreiben, daß es unwiderstehlich wird und jeder es haben will. Wichtig ist, exakt zu schildern, worin das Produkt besteht und welchem Zweck es dient, damit sich jemand, der es nicht kennt, ein genaues Bild davon machen kann.

Sollte das Produkt anderen ähneln, müssen Sie auf jene Faktoren eingehen, die es vom übrigen Marktangebot abheben. Da die meisten potentiellen Arbeitgeber Sie nicht persönlich kennen, ist es notwendig, zu beschreiben, wer Sie sind und inwiefern Sie ihnen nützen können. Zudem müssen Sie sie davon überzeugen, daß Sie der Konkurrenz überlegen sind.

Ihr KSVK und Ihre drei A bilden den Ausgangspunkt Ihrer Produktbeschreibung. Alle dort aufgelisteten Leistungen rücken Sie in ein positives Licht. Analysieren Sie ehrlich und gründlich: Wo liegen Ihre Stärken und Schwächen? Welche Ihrer Leistungen lassen sich am besten vermarkten? Schreiben Sie alles auf, was Ihre Chancen bei einem potentiellen Arbeitgeber verbessern könnte. Je detaillierter Sie vorgehen, um so leichter fällt es Ihnen, Ihre attraktivsten Qualitäten herauszufiltern. Sie müssen Ihre Stärken kennen und sie möglichst positiv präsentieren, um aus einer Gruppe von Mitbewerbern ausgewählt zu werden.

Barry verwendete die Informationen seines Karriere- und Selbstvertrauenskatalogs für seine Produktbeschreibung. Im Laufe der Jahre hatte er verschiedene Jobs in der Gastronomie gehabt, als Barkeeper, Kellner und als Manager im Partyservice eines Freundes. Anhand dieser Erfahrungen konnte er sich ein Arsensal nutzenorientierter drei A zulegen.

Der „große Plan":
Meine langfristigen Karriereziele

Was ist mein bevorzugtes Interessengebiet (Recht, Technik, Finanzen etc.)?

Dieser Teil Ihres Plans berücksichtigt sämtliche Faktoren, die für Ihre Marketingstrategie von Bedeutung sein könnten. Hierfür sind eine Analyse Ihres bevorzugten „Marktes" oder Berufsfelds, eine Kenntnis der dort vertretenen Firmen sowie Ihrer Konkurrenz notwendig. Das erfordert einen gewissen Rechercheaufwand, ist aber unverzichtbar.

Beobachten Sie wirtschaftliche Trends? Hat Ihr Berufsfeld Zukunft? Wenn ja, wie lange noch? In Kapitel 20 nenne ich eine Auswahl zukunftsträchtiger Berufe, denen Experten ein solides Wachstum prophezeien. Natürlich kann niemand ahnen, ob nicht plötzlich eine neue Technologie Ihren Beruf überflüssig macht. Für diesen Fall ist es wichtig, ausreichende übertragbare Fertigkeiten zu besitzen, die eine Umorientierung gegebenenfalls erleichtern werden.

Solche Marktanalysen sind besonders hilfreich, wenn Sie sich in diesem oder einem verwandten Feld an die Spitze hocharbeiten möchten. Denn sie machen transparent, wie Sie Ihren Visibilitätsfaktor erhöhen, Ihr Kommunikationsnetz dichter knüpfen und dadurch Ihre Chancen auf eine Top-Karriere optimieren können. Je größer Ihre Visibilität, desto größer ist Ihr Vorsprung vor der Konkurrenz.

Andere Erwägungen für Ihren Marketingansatz sind persönlicher Natur. Wie wichtig ist Ihnen Reisen? Planen Sie eine private oder räumliche Veränderung (Heirat? Scheidung? Umzug?). Hierzu gehören alle Faktoren, die Ihre Strategie in irgendeiner Weise beeinflussen.

Barry fing an, sich ernsthaft mit der Gastronomiebranche zu befassen. Seine Recherche bescheinigte der Branche ein gutes Wachstumspotential. Er abonnierte Fachzeitschriften und wurde Mitglied in einem gastronomischen Verband. Weil er viele Insider kannte, unterhielt er sich mit einer Reihe von Restaurant- und Kneipenbesitzern. Sein Plan: Er wollte entweder Franchise-Nehmer werden oder einen eigenen Partyservice gründen. Barry kontaktierte außerdem die Industrie- und Handelskammer, um nähere Informationen über Konkurrenzunternehmer zu erhalten.

Der unmittelbare Aktionsplan:
Meine kurzfristigen Karriereziele

Für wen und mit wem wollen Sie arbeiten? Wie sieht Ihr idealer „Käufer" aus? Mit welchem Job würden Sie sich notfalls zufriedengeben?

Streichen Sie Ihre Liste zusammen, bis sie nur noch die Jobs enthält, die Ihre Kriterien exakt erfüllen. Beispiel: Wenn Sie am liebsten eigenverantwortlich in einer reglementierten Umgebung arbeiten, sollten Sie nur Firmen anvisieren, für die diese Atmosphäre typisch ist. Bevorzugen Sie dagegen Teamwork und einen lockeren Umgangston, beschränken Sie sich auf „saloppere" Unternehmen mit flachen Hierarchien.

Ihr Marketingplan wird jetzt spezifischer – Zeit für Sie, sich für jede Firma den Namen der Person, die für Ihre Einstellung zuständig ist, zu besorgen und aufzuschreiben. Ihre Liste sollte zunächst zehn bis 20 Namen umfassen. (Die Länge hängt vom Berufsfeld ab und davon, welches geographische Gebiet Sie abdecken.) Notieren Sie sich Namen, Anschrift und Telefonnummer der Firma, Namen und korrekten Titel der für Ihre Einstellung zuständigen Person und, sofern bekannt, die direkte Durchwahl.

Bringen Sie soviel wie möglich über die Firma in Erfahrung. Jedes Unternehmen hat eine eigene Persönlichkeit, mit der Ihr Wesen harmonieren muß – sonst funktioniert die Beziehung nicht.

Carol ist lebhaft und offen, ein Energiebündel, und sie liebt den Umgang mit Menschen. Als Sie einen Telemarketingposten in einem Zwei-Mann-Büro bekam, freute sie sich. Doch sie hatte ihre Persönlichkeit nicht genügend berücksichtigt. Sie hatte geglaubt, mit Leuten zu telefonieren würde als Kommunikation ausreichen, doch sie vermißte den persönlichen Kontakt. Carol wurde schnell klar, daß sie in einem größeren Büro mit mehr persönlichen Kundenkontakten besser aufgehoben wäre.

Manche Firmen sind sehr konservativ, andere offensiver und experimentierfreudig. Wenn Sie eine offensive, dynamische Atmosphäre mögen, werden Sie in einem konservativen Traditionsunternehmen kaum glücklich werden.

Recherchieren Sie. Nutzen Sie alle zur Verfügung stehenden Informationsquellen, um soviel wie möglich über Ihre Firmen, deren Persönlichkeit, Bilanzen und Entscheidungsträger herauszufinden.

Barry überlegte, welche Städte für ihn als Arbeitsplatz interessant wären. In diesen Städten besuchte er zahlreiche Restaurants und sprach mit vielen Leuten. Er stellte eine Liste mit 18 vielversprechenden Lokalen zusammen. Seine Kriterien: Die Restaurants sollten seit mindestens fünf Jahren bestehen, eine halbformelle oder formelle Atmosphäre, eine gute Lage, einen aufmerksamen Service und eine exzellente Küche besitzen. Namen, Adressen und Telefonnummern von Besitzern und/oder Managern hatte er parat und war bereit, in die Aktionsphase seines Marketingplans einzusteigen.

Die Marketinginstrumente und -strategien: Wie gehe ich konkret vor, um meine Ziele zu erreichen?

Wie gehe ich konkret vor, um meine Ziele zu erreichen? Wo soll ich ansetzen? Wie mache ich mich potentiellen Käufern bekannt?

Nachdem Sie Ihre Produktbeschreibung, den „großen" Plan und den unmittelbaren Aktionsplan festgelegt haben, beginnen Sie mit der Auswahl Ihrer Marketinginstrumente und Entwicklung kreativer Strategien. Für kleine Unternehmen wäre unter anderem die Werbung in Rundfunk, Tages- und Stadtteilzeitungen ein geeignetes Marketinginstrument, und die Strategie würde festlegen, in welchen dieser Medien wie häufig geworben und wieviel vom Budget dafür ausgegeben werden soll. Diese Entscheidungen wären basierend auf dem über den Markt erworbenen Wissen zu fällen.

Beim Eigenmarketing ist der Ablauf gleich. Sie wählen die Marketinginstrumente, die sich für Ihr Produkt am besten eignen. Machen Sie Ihre Hausaufgaben – listen Sie alle Ihnen verfügbaren Marketinginstrumente auf, prüfen Sie Ihr Potential, und entwerfen Sie eine entsprechende Strategie. Diese sollte auch einen Zeitplan beinhalten. Überlegen Sie, wieviel Zeit Sie pro Tag, Woche oder Monat aufwenden wollen. (Das hängt davon ab, ob Sie momentan erwerbstätig sind oder nicht.) Hätten Sie am liebsten zwei Vorstellungsgespräche am Tag oder zwei pro Woche? Formulieren Sie einen Aktionsplan, zum Beispiel:

- *Samstag:* Stellenanzeigen lesen.
- *Sonntag:* Anzeigen beantworten, Bewerbungsunterlagen überprüfen.
- *Montag:* Briefe schreiben, Telefonate führen, Vorstellungsgespräche absolvieren.
- *Dienstag:* Networking über Telefonate oder Vorstellungsgespräche betreiben.
- *Mittwoch:* Arbeitsamt, Jobvermittlungsagenturen aufsuchen.
- *Donnerstag:* Fachzeitschriften lesen, recherchieren.
- *Freitag:* Recherche fortsetzen.

Ihr Aktionsplan wird von Woche zu Woche anders aussehen, je weiter Ihre Suche voranschreitet. Erlegen Sie sich Regeln und Fristen auf. Vergessen Sie nicht: Bei diesem Spiel gibt es keine Verlierer, nur Aufgeber.

Barry arbeitete noch als Barkeeper, als er sich für einen Neubeginn entschied, und war gezwungen, seine freie Zeit klug einzuteilen. Seine Arbeitszeit begann erst nachmittags, so daß er morgens am meisten Zeit hatte. Seine effektivsten Marketinginstrumente waren seiner Meinung nach Direktwerbung und persönliche Kontakte. Zusätzlich wollte er täglich die Stellenanzeigen für seine Stadt und am Wochenende die der anderen Städte, die er als Arbeitsplatz in Erwägung zog, studieren.

Überprüfen Sie Ihre Strategie regelmäßig, und führen Sie Buch über Ihre Fortschritte. Welche Marketinginstrumente haben die stärkste Resonanz ausgelöst? Bei welchen war die Resonanz stärker als erwartet? Schwächer? Modifizieren Sie Ihre Strategie entsprechend.

Marketinginstrumente

Networking und persönliche Kontakte

Kontakte hat jeder. Damit meine ich nicht, daß jeder Leute kennt, die ihm einen Job anbieten. Aber irgendwann stoßen Sie durch einen Hinweis auf jemanden, der von einer offenen Stelle weiß. Sie müssen sich immer vor Augen führen, daß es jeder Tip wert ist, ernst genommen und verfolgt zu werden. Sicher führen manche ins Leere, aber machen Sie sich trotzdem die Mühe, allen nachzugehen.

Weil Sie nicht wissen können, wer Ihnen die besten Hinweise liefert, sollten Sie Ihr ganzes Umfeld kontaktieren: Familienmitglieder, Freunde, frühere Geschäftskollegen, Kommilitonen, Dozenten, Hausarzt, Zahnarzt, Friseur, Vereinskameraden, Sportbekanntschaften etc.

Erklären Sie Ihren Kontaktpersonen genau, was Sie suchen, und versichern Sie, für jede Hilfe dankbar zu sein. Vielleicht erzählt der Nächste, mit dem die anderen sprechen, von einer offenen Stelle, und Sie möchten, daß Ihre Kontaktperson dann sofort an Sie denkt. Und wenn jemand sagt: „Rufen Sie mich nächste Woche an", nehmen Sie ihn beim Wort. Was nach Abwimmeln klingt, kann durchaus ernst gemeint sein.

Machen Sie eine Liste der Gründe, warum Sie Networking betreiben sollten, sowie der Kontaktpersonen, die Ihre Bedürfnisse erfüllen.

Ihr Networking-Notizbuch könnte so aussehen:

Informationsquellen

- Wer weiß am besten über mein Berufsfeld Bescheid?
- Wen kenne ich, der mich mit dieser Person in Kontakt bringen könnte?
- Wer könnte mir Tips geben, wie ich meine Fertigkeiten verbessern kann?
- Wer kann mir bei Problemlösungen Orientierungshilfen bieten oder mir helfen, zu entscheiden, wie meine nächste Initiative aussehen sollte?
- Wenn ich diese Person nicht persönlich kenne, kenne ich jemanden, der uns zusammenbringen könnte? (Die meisten Menschen helfen gern, vorausgesetzt, Sie rufen zu einem passenden Zeitpunkt an und haben Ihre Fragen vorbereitet.)
- Weitere Namen: …

Support-Gruppen

- Welche Personen in meinem Umfeld sitzen im selben Boot wie ich?
- Welche Freunde schulden mir einen Gefallen?
- Mit wem tausche ich am liebsten Erfahrungen und Ideen aus?
- Welche meiner Freunde und Kollegen erkennen und würdigen meine Fertigkeiten und Leistungen? (Diese Leute sollten Sie als Podium verwenden, etwa um ihnen neue Ideen zu präsentieren, bevor Sie damit bei der Geschäftsleitung anklopfen. Sie brauchen nicht alle Details preiszugeben; stellen Sie das grobe Konzept ein paar Leuten in Ihrem Kommunikationsnetz vor. Nutzen Sie deren Feedback, um die nächsten Schritte zu planen.)
- Weitere Namen: ...

Familie, Freunde, Bekannte

- Wen kenne ich (entfernte Verwandte nicht vergessen), der im gleichen oder einem ähnlichen Berufsfeld wie ich arbeitet?
- Wer von diesen Leuten versteht es am besten, Kommunikationsnetze zu knüpfen?
- Habe ich jedem von meiner Jobsuche erzählt?

• Freunde	• Hausarzt	• Vereinskameraden
• Familie	• Zahnarzt	• Sportbekanntschaften
• Nachbarn	• Rechtsanwalt	• Frühere Arbeitgeber
• Kollegen	• Steuerberater	

Künftige Kontakte

- Wen würde ich am liebsten treffen? (Einen Referenten, der mich bei einem Seminar beeindruckte? Jemanden, über den sich ein Freund oder Kollege lobend äußerte?)
- Wie komme ich an diese Leute heran?
- Gibt es Organisationen oder Verbände, denen ich beitreten könnte, um die richtigen Leute zu treffen?
- Kenne ich jemanden – oder wen würde ich gerne kennenlernen –, der mich fordert und meine intellektuelle Weiterentwicklung anregt?
- Wie spüre ich diese Leute am besten auf? (Networking funktioniert ähnlich wie ein Puzzle: Ein Kontakt führt zum anderen und der wiederum zum nächsten – so lange, bis Sie den Kontakt hergestellt haben, der Ihre Probleme löst.)
- Wie kann ich PR in eigener Sache betreiben? Gibt es firmeninterne Publikationen, denen ich von meiner Beförderung, der erfolgreichen Präsentation etc. berichten könnte?
- Lokale Tageszeitungen?
- Fachzeitschriften?
- Sonstige Publikationen?

Das Informationsgespräch

Wissen bedeutet Macht. Wenn Sie von einem Berufsfeld in ein anderes wechseln – etwa von der Zahntechnik ins Zeitungswesen –, besteht Ihr offenkundiger Nachteil darin, daß Sie nicht viel Wissen über das neue Gebiet besitzen. Informationsgespräche, die nicht unbedingt auf ein Jobangebot zielen, helfen Ihnen, diese Lücken zu schließen.

Firmenvertreter, die nicht in ein Vorstellungsgespräch einwilligen würden, fühlen sich geschmeichelt, wenn Sie sie um ihren Rat oder ihre Meinung bitten, und kommen Ihrem Wunsch gern entgegen. Aber seien Sie darauf gefaßt, daß sich daraus auch ein Vorstellungsgespräch entwickeln kann. Ich erinnere mich an ein Informationsgespräch mit einem Herrn Stein. Ein Freund hatte mich an Stein verwiesen, der zwar keinen Job zu vergeben hatte, sich aber ausgezeichnet in Werbefragen auskannte. Ich saß in seinem Büro, als ein Kollege von ihm vorbeischaute, der mich spontan für eine Position im Anzeigenverkauf interviewte. Wäre ich nicht auf das Unerwartete gefaßt gewesen, hätte ich eine einmalige Chance verpaßt.

Stellen Sie im Informationsgespräch Fragen wie diese:

- Was gefällt Ihnen an diesem Berufsfeld?
- Was mißfällt Ihnen?
- Welche Eigenschaften sollten Nachwuchskräfte mitbringen?
- Welche Organisationen/Verbände vertreten die Branche am besten?
- Gibt es Fachzeitschriften, die man kennen sollte?
- Wie sind Sie in dieser Branche gelandet?
- Gibt es eine „klassische" Laufbahn?
- Welche Qualifikationen braucht man unbedingt, um Erfolg zu haben?

Je mehr Sie über eine Branche wissen, um so besser können Sie abschätzen, was vom Nachwuchs erwartet wird und welche dieser Qualifikationen Sie bereits besitzen. Die sollten Sie dann im Vorstellungsgespräch herausstreichen. Sie können auch Ihre Informationsquellen als kompetente Kenner der Branche zitieren: „Philip Offman von XYZ meint, man bräuchte Geduld und logisches Denkvermögen, um es in dieser Branche zum Erfolg zu bringen. Das sind zwei meiner stärksten Qualitäten."

Informationsgespräche können auch als Übungsplattform für Vorstellungsgespräche dienen, auf der Sie Ihre kommunikativen Fertigkeiten trainieren können, um sich in Vorstellungsgesprächen gut vorbereitet und sicher zu fühlen.

Stellenanzeigen

Ein klassisches Marketinginstrument ist der Stellenmarkt der Tageszeitungen. Dem Vorteil, daß er sich rasch überfliegen läßt, steht ein gewichtiger Nachteil gegenüber: Jeder Jobsuchende studiert die Stellenanzeigen, und gerade in größeren Städten kann die Bewerberzahl pro Ausschreibung riesig sein. Lassen Sie sich davon nicht einschüchtern: Wenn der Job Sie interessiert, versuchen Sie Ihr Glück!

Abonnieren Sie die Tageszeitungen mit den besten Stellenmärkten. Nicht alle Jobs werden sofort nach Erscheinen der Anzeige besetzt – besorgen Sie sich deshalb ruhig auch ältere Ausgaben. Außerdem sollten Sie den kompletten Stellenmarkt durchforsten, denn die Bezeichnungen der Rubriken können irreführend oder eine Anzeige fälschlicherweise unter der falschen Überschrift gelandet sein.

Bleiben Sie jedoch realistisch: Bei diesem Marketinginstrument ist nicht nur die Konkurrenz am größten – viele (die interessantesten) Jobs kommen gar nicht erst in die Zeitung.

Fachzeitschriften und branchenspezifische Publikationen

In Fachzeitschriften und anderen branchenspezifischen Publikationen findet man sehr gute Stellenangebote für Insider, die bereits mit der Branche vertraut sind und einen Arbeitsplatzwechsel planen.

Aber auch hier sei vor übertriebenem Optimismus gewarnt: Vermutlich bewerben sich sehr viele Kandidaten mit ähnlichen Qualifikationen für diese Positionen. Sie sollten es trotzdem versuchen, aber nicht überrascht sein, wenn Sie eine Ablehnung oder gar keine Reaktion bekommen.

Jobvermittlungsagenturen und Headhunter

Das Problem bei Jobvermittlern und Zeitarbeitsagenturen besteht in deren Vielzahl, die es schwierig macht, eine Auswahl zu treffen. Holen Sie Erkundigungen ein, um sich dann nur an etablierte Agenturen mit erstklassigen Referenzen zu wenden.

Headhunter vermitteln hauptsächlich Führungskräfte und können ebenfalls eine gute Anlaufstelle sein. Der Nachteil bei der Jobsuche durch Dritte: Sie haben keinen direkten Draht zu den Leuten, die die Einstellungen vornehmen. Sendet der Headhunter Ihre Bewerbungsunterlagen einfach an die Personalabteilung weiter, verdoppelt sich die Distanz zu Ihrem potentiellen Arbeitgeber! Nur Sie können Ihr Produkt dem Arbeitgeber verkaufen, und das gelingt am besten über den direkten Kontakt. (Näheres hierzu in Teil Fünf.)

Die meisten Jobvermittler und Headhunter bekommen ihr Honorar von den Unternehmen, so daß der Service Sie in der Regel nichts kostet. Informieren Sie sich über den Zahlungsmodus, und hüten Sie sich vor Agenturen, die Geld von Ihnen verlangen, bevor sie eine Leistung erbracht haben.

Jobs im Internet

Das Internet bietet viele attraktive Jobs und Informationen. Der größte Vorteil der Jobsuche per Internet liegt in den geringeren Kosten und der größeren Aktualität im Vergleich zu herkömmlichen Verfahren. Eine Vielzahl von Firmen akzeptiert inzwischen Bewerbungen per E-Mail, und natürlich ist eine Webseite einen geeignete Plattform für Ihre Eigenmarketing-Offensive.

Der vielleicht wichtigste Vorteil: Im Internet gibt es Datenbanken und Unternehmensinformationen, mit deren Hilfe Sie perfekt vorbereitet zum Vorstellungstermin erscheinen und positiv auffallen können.

Direktwerbung

Direktwerbung ist der jüngste Wachstumssektor im Bereich Marketing, Werbung, PR – alles, was in Ihrem Briefkasten landet und Sie überreden will, ein neues Produkt zu testen, ein Magazin zu abonnieren oder Geld zu spenden, fällt unter den Oberbegriff der Direktwerbung.

Weil Direktwerbung auch eine der besten und effektivsten Waffen für Ihren persönlichen Werbefeldzug ist, widmet sich Kapitel 23 ausschließlich diesem Thema.

Der Muster-Marketingplan

Ein Marketingplan dient als Werkzeug zur Strukturierung Ihrer Jobsuche und Fokussierung Ihrer langfristigen Karrierestrategie. Niemand außer Ihnen wird den Plan sehen – formale Gesichtspunkte, Stilfragen etc. sind daher nebensächlich.

Lesen Sie Barrys ausgefüllten Marketingplan als Muster:

1. Zweckdefinition

Ich, Barry, arbeite momentan als Vollzeit-Barkeeper in einem mexikanischen Restaurant. Ich möchte im Gastronomie- oder Cateringbereich bleiben. Mein Ziel ist es, binnen zwei Jahren Manager eines kleinen oder mittelgroßen Restaurants zu sein.

2. Produktbeschreibung

(Dieser Abschnitt beinhaltet Barrys „Arsenal" an 20 AAA-Blättern.)
Ein Beispiel:

Meine Aufgabe als Manager für den Partyservice „Gourmet-Mobil" war, unentschuldigtes Fehlen von Teilzeitkräften abzubauen. Diese Fehlzeiten führten sehr oft zu ineffektivem Service.

Meine Aktion bestand im Entwurf eines Vertretungssystems, bei dem jeder Mitarbeiter, sollte er ausfallen, selbst für Ersatz sorgen mußte.

Der Ausgang: 65 Prozent Fehlzeitenabbau, höhere Effizienz und besserer Service, 35 Prozent mehr Stammkunden.

3. Der „große Plan"

1. Ich werde in der Gastronomie bleiben.
2. Ich werde Fachzeitschriften abonnieren, Verbänden und Organisationen beitreten.
3. Ich werde die Industrie- und Handelskammern der Städte W, X, Y und Z kontaktieren.
4. Außerdem werde ich mich in diesen Städten nach Franchising-Möglichkeiten umsehen. Aufgrund meiner Kontakte in der Cateringbranche ist auch das eine erwägenswerte Option.

4. Unmittelbarer Aktionsplan

Meine erste Maßnahme wird sein, die Adressen der Industrie- und Handelskammern herauszufinden, Fachzeitschriften der Gastronomie zu studieren und eine Liste mit Namen von Ansprechpartnern aufzustellen.

Ich habe 18 Restaurants ausgewählt, bei denen ich mich um die Position eines Zweitmanagers bewerben will: fünf in meiner Heimatstadt, vier in X, zwei in Y, fünf in Z und zwei in W. Alle bestehen mindestens fünf Jahre, haben ein eher konventionelles Ambiente, eine ausgezeichnete Lage und sind für ihre exzellente Küche bekannt. Zusätzlich habe ich drei Partyservice-Adressen in meiner Stadt und in Y notiert. (Es folgt eine Liste mit Namen, Adressen und Telefonnummern.)

5. Marketingwerkzeuge und -strategien

Meine wichtigsten Marketingwerkzeuge sind:

1. Networking
2. Direktwerbung
3. Stellenanzeigen in Fachzeitschriften
4. Stellenanzeigen in Tageszeitungen

Den Schwerpunkt meiner Initiativen werde ich auf morgens festlegen. Einige Anrufe muß ich allerdings von meinem jetzigen Job aus tätigen, weil diese Ansprechpartner erst am Nachmittag oder Abend zu erreichen sind.

Ich werde eine Woche Urlaub nehmen und Vorstellungstermine in den anderen Städten wahrnehmen (telefonisch fest vereinbarte Termine).

Ich werde in meiner Wohnung einen Bereich einrichten, in dem ich meine Unterlagen und Notizen aufbewahre. Ich werde über alle Termine, Telefonate und Vorstellungsgespräche Buch führen.

Wöchentlicher Aktionsplan: (Barry plant jede Woche im voraus, um zu wissen, was er an welchem Tag erledigen muß.)

Arbeitsblatt: Ihr Marketingplan
(Fristen für jede Komponente nennen)

Zweckdefinition
Produktbeschreibung (drei A – mindestens 10 auflisten)
Aufgabe:
Aktion:
Ausgang (Nutzenaussagen treffen): • Der „große Plan" • Unmittelbarer Aktionsplan • Marketinginstrumente • Marketingstrategien

Die nächsten drei Kapitel helfen Ihnen bei der Konzeption Ihres persönlichen Marketingplans. Voraussetzung ist eine eingehende Marktanalyse. Ich beleuchte einige gesamtwirtschaftliche Tendenzen und stelle eine Auswahl von Berufen vor, die als wachstumsintensiv und zukunftsträchtig gelten.

19 Sie müssen Ihr Territorium kennen: Einige aktuelle Wirtschaftstrends

Verkaufs- und Marketingregel Nr. 19:

Ein erfolgreicher Marketingplan basiert auf dem Verständnis aktueller wirtschaftlicher Trends.

Herzlichen Glückwunsch! Sie wurden soeben von „Kids' Shoes" als Gebietsrepräsentant Nord für die neue Linie der Sportschuhmarke „Sports & Fun" eingestellt.

Sie sind stolz auf sich, und Sie wissen viel über die „Sports & Fun"-Linie, aber nichts über Ihr Verkaufsgebiet. Was tun Sie zuerst?

A. Landkarte besorgen.

B. Bei der Industrie- und Handelskammer eine Liste der Geschäfte, die „Sport & Fun" im Sortiment haben, anfordern und die Daten studieren.

C. Alte „Kids' Shoes"-Karteien durchkämmen, um herauszufinden, wo es Ballungszentren von „Sports & Fun"-Abnehmern gab, wer diese Kunden waren und warum sie die Marke nicht mehr führen.

Alle drei Maßnahmen sind logisch und richtig. Denn als erfolgreicher Verkäufer müssen Sie Ihr Gebiet oder Territorium genau kennen.

Jede Verkaufsinitiative verlangt Hintergrundinformationen, die vergangene, momentane und künftige Trends – das Produkt oder den Service betreffend – aufzeigen. Ihre Jobsuche bildet da keine Ausnahme. Bevor Sie einfach „rausgehen" und einen Job suchen, sollten Sie die Antworten auf folgende Fragen kennen:

- Wer stellt wen ein?
- Welche Jobs bietet mein Interessengebiet/Berufsfeld?
- Wo sind diese Jobs lokalisiert?
- Welche Ausbildung, Erfahrung etc. benötige ich?

Die Grundlagen unserer heutigen Wirtschaft – und wohin sie steuert – zu verstehen verbessert Ihre Chancen, sich für einen Job zu entscheiden, der Ihnen eine erfolgreiche, sichere und befriedigende Zukunft erschließt.

Eigenmarketing und Wirtschaftsklima

Warum sind wirtschaftliche Fakten, Zahlen und Statistiken wichtig für Sie? Inwiefern fördern sie Ihr Eigenmarketing? Vor allem, indem sie helfen, Kriterien, die einst als Nachteil galten, das Alter etwa, in einen Vorteil umzukehren. Erfolgreiches Eigenmarketing ist auf einem sich ständig wandelnden Arbeitsmarkt nur möglich, wenn man die das wirtschaftliche Klima prägenden Tendenzen und Entwicklungen kennt.

Der 69jährige Rentner und frühere Versicherungsfachmann Ludwig Kolberg arbeitet heute stundenweise als Privatermittler für kleinere Anwaltskanzleien – eine Situation, von der alle Beteiligten profitieren. Seine Auftraggeber finden in ihm genau die Expertise und Erfahrung, die sie brauchen (Unfälle dokumentieren, Zeugen befragen etc.). Und Ludwig kann ein Mitglied der erwerbstätigen Bevölkerung bleiben und sich seine Arbeitszeit seinem Alter und Lebensstil angepaßt frei einteilen.

Wirtschaftlicher Wandel als Chance

Die Wirtschaft präsentiert sich heute in einem völlig anderen Licht als beispielsweise in den 50er oder 60er Jahren. Wer die wirtschaftlichen Klimawechsel rechtzeitig erkennt und sich darauf einstellt, verbessert seine Chance auf eine erfolgreiche Zukunft.

Als Peter Worth in den Spätfünfzigern eine Bank in der Großstadt leitete, waren die verschiedenen Positionen mit Männern wie ihm besetzt. Folglich wußte er, wie er seine Mitarbeiter und ihre Probleme anzupacken hatte, denn es handelte sich um eine homogene Gruppe.

Vierzig Jahre später leitet sein Sohn, Peter Worth jun., eine andere Bank in derselben Stadt, und zu seiner Belegschaft zählen zahlreiche weibliche und ausländische Angestellte. Seine Position verlangt von ihm, sich in Mitarbeiter mit unterschiedlicher Herkunft hineinversetzen und sie führen zu können.

Die Situation spiegelt die vielschichtige Natur des heutigen Arbeitsmarkts, der vor allem vier Einflüssen ausgesetzt ist, wider:

1. *Ausländeranteil.* Ausländische Arbeitnehmer sind ein entscheidender Faktor in unserer Wirtschaft, der alle Ebenen der beruflichen Hierarchie beeinflußt. Waren die Ausländer vor vierzig Jahren in den geringqualifizierten Berufen, etwa in der industriellen Serienfertigung und der Schwerindustrie, konzentriert, ist ihr Anteil an mittleren und höheren Angestelltenberufen inzwischen gestiegen – eine Entwicklung, die auf bessere Sprachkenntnisse und eine fundiertere Ausbildung der sogenannten zweiten Generation zurückzuführen ist.
    Wenn Sie Ausländer sind, sollten Sie Ihre Kenntnis über Ihr Herkunftsland nutzen (z.B. die Sprache). Welche Unternehmen in Ihrem Berufsfeld zeichnen sich durch einen hohen Ausländeranteil – von der Einstiegsebene bis in die Chefetage – aus? Kontaktieren Sie Firmen, die für Muttersprachler wie Sie Verwendung haben. Betonen Sie Ihre Erfolgsfaktoren Flexibilität und Kommunikationsfähigkeit, ohne die Sie in einem fremden Land nicht zurechtkommen würden.
2. *Frauenanteil.* Das Erwerbsverhalten der Frauen, insbesondere der Mütter, hat sich in den letzten vierzig Jahren drastisch verän-

dert. Der Anstieg der Erwerbsquote liegt bei über 25 Prozent. Die einzigen Frauen, die Peter Worth sen. in seiner Bank beschäftigte, waren die Sekretärinnen und die Putzfrauen. In der Bank seines Sohnes sind über die Hälfte der Angestellten Frauen, darunter eine Vizepräsidentin und mehrere Abteilungsleiterinnen.

Immer mehr Frauen zieht es in sogenannte klassische Männerberufe: Mechanikerinnen, Ingenieurinnen, Programmiererinnen etc. sind aus der heutigen Berufslandschaft nicht mehr wegzudenken. Die wachsende Erwerbsbeteiligung von Frauen übt einen starken Einfluß auf auswärtige Kinderbetreuung, Vorschulen, Löhne und Lohnangleichung, Steuerreformen für Doppelverdiener, Teil- und Gleitzeitmodelle etc. aus.

Auch hier bedeutet Wissen Macht. Zu wissen, daß andere Frauen es schaffen, Beruf und Familie unter einen Hut zu kriegen, sollte Sie zuversichtlich stimmen, ebenfalls einen Job zu finden, der Ihren Bedürfnissen entspricht.

3. *Das Ende des Babybooms.* Die Wachstumsrate der Bevölkerung hat sich eklatant verlangsamt. Ende der 70er Jahre gab es einen Überfluß an Bewerbern für mittlere und höhere Führungspositionen, der inzwischen stark nachgelassen hat.

Auf die zwischen 1946 und 1964 geborene Generation der Babyboomer folgten die geburtenschwachen Jahrgänge von 1965 bis 1978, die bedingen, daß die Zahl der Erwerbstätigen so langsam wächst wie seit 1930 nicht mehr.

Für Jobsuchende ist diese Entwicklung begrüßenswert, müssen die Unternehmen sich doch stärker engagieren, um qualifizierten Nachwuchs zu bekommen. Die Folge sind höhere Löhne, die die besten Kandidaten anlocken sollen. Zögern Sie also nicht, Ihre Gehaltsvorstellungen offen kundzutun und durchzusetzen.

4. *Altersaufbau.* Mit dem Älterwerden der Babyboom-Generation geht die Zahl junger Menschen kontinuierlich zurück. Auf die Bevölkerung im erwerbsfähigen Alter (20 bis unter 60 Jahre) entfallen derzeit 58 Prozent, während sich der Seniorenanteil (60jährige und älter) auf gut ein Fünftel beläuft – Tendenz steigend.

Wirtschaft und Arbeitsmarkt werden durch diese Entwicklung sowohl positiv als auch negativ beeinflußt.

Negative Auswirkungen:

- Berufszweige und Industrien, die ihre Klientel aus jüngeren Altersschichten beziehen, können geschwächt werden.
- Der Rückgang an verfügbaren Jungarbeitskräften kann die Gründung von Neuunternehmen sowie das Wachstums- und Flexibilitätspotential bestehender Firmen beeinträchtigen.
- Lean management: Viele Unternehmen streben nach einem Abbau von Arbeitskräften speziell im mittleren Management. Positionen auf dieser Ebene und in dieser Alterskategorie werden künftig noch heißer umkämpft sein.

Positive Auswirkungen:

- Ein höheres Durchschnittsalter der erwerbstätigen Bevölkerung steht für Erfahrung, Zuverlässigkeit und Stabilität, was wiederum die Produktivität ankurbelt.
- Die Summe nationaler Ersparnisse wächst – zugunsten der Gesamtwirtschaft. Während junge Menschen Kredite aufnehmen und Geld für den Konsumgütererwerb ausgeben, neigen über 40jährige zum Sparen und Investieren.
- Arbeitgeber, die früher hauptsächlich junge – billige – Nachwuchskräfte einstellten, werden unter Umständen ihre Löhne anheben und bessere Anreize bieten müssen.

Von der veränderten Altersstruktur können sowohl ältere als auch jüngere Jobsuchende profitieren. Denn zahlreiche Unternehmen suchen verzweifelt nach qualifiziertem Nachwuchs. Wenn Sie jung sind und (anhand Ihrer drei A) Ihre Erfolgsfaktoren dokumentieren können, dürften Sie eine gesuchte Kraft sein. Und wenn Sie einer älteren Altersgruppe angehören und sich beruflich umorientieren wollen, sollten Sie Ihre Erfahrung und Zuverlässigkeit betonen, um sich potentiellen Arbeitgebern zu verkaufen.

My home is my office

Ein Trend, der sich in jüngster Zeit durchsetzt, ist das „Heimbüro" – der Arbeitsplatz in den eigenen vier Wänden, der via Faxmodem, E-Mail und Internet direkt mit dem Arbeitgeber verbunden ist. Neue Vernetzungstechnologien haben einen neuen „Pendler-Typus" kreiert – den PC-Pendler, der nach eigenem Zeitplan und von jedem Winkel der Welt aus seinen Aufgaben nachkommen kann. Telearbeit statt Büroalltag: Jeder dritte Job, so Experten, wäre heute weitgehend per Datenübertragung zu erledigen.

Für Ellen und Richard Schneider erwies sich diese Option als perfekte Lösung. Als sich das erste Baby anmeldete, wollten Ellen, Abteilungsleiterin bei einer großen Versicherungsgesellschaft, und Richard, Computerprogrammierer bei einem Wirtschaftsprüfer, einen Weg finden, sich um ihr Kind zu kümmern, ohne daß einer seinen Beruf aufgeben mußte.

„Richards Firma bastelte an einem System, mit dem Mitarbeitern mehr Leistungen angeboten werden sollten, und dazu gehörte auch die Kinderbetreuung", erzählte Ellen. „Wir machten einen Vorschlag, wie Richard künftig zu Hause arbeiten und die Firma so einen wertvollen Angestellten behalten könnte, und sie akzeptierten. Nach der Geburt des Babys gehe ich ins Büro zurück, während Richard zu Hause bleibt und arbeitet.

Weil er jetzt rund um die Uhr Zugang zu seinem PC hat, kann er seinen Job fulltime erfüllen – nach seinem eigenen Zeitplan, der den Bedürfnissen unserer Familie angepaßt ist."

Doch dieses Arrangement birgt auch Nachteile. Es kann sein, daß Richard weniger schnell befördert wird als Kollegen mit höherer Visibilität. Spontane Besprechungen mit dem Team sind nicht mehr möglich, statt dessen muß Richard Termine koordinieren und einmal pro Woche zu Meetings ins Büro fahren. Trotzdem finden Ellen und Richard, daß ihre Lösung Familie und Berufsleben optimal integriert.

„Ich könnte nicht zu Hause arbeiten. Meine Arbeit eignet sich nicht dafür", meint Ellen. „Außerdem genieße ich die tägliche Interaktion mit anderen Leuten, während Richard diese weniger braucht."

Vielleicht ist auch Ihnen die Arbeit zu Hause zu einsam. Worauf es ankommt: die Chance, einen Modus zu wählen, der unsere individuelle Situation berücksichtigt. Technologische Fortschritte garantieren uns den Vorteil der freien Wahl.

Der Teilzeitfaktor

Das Heer der Teilzeitbeschäftigten entwickelt sich zu einem immer bedeutenderen Faktor auf dem Arbeitsmarkt. Zwischen 1980 und 1990 legte ihre Zahl weit über 40 Prozent zu. Vermutlich wären einige Firmen ohne sie schon pleite – sie bleiben im Geschäft, indem sie nur einen kleinen Stamm an Festangestellten bezahlen und ansonsten Teilzeitkräfte anheuern.

Vielen Teilzeitbeschäftigten wird nach erfolgreicher Bewährung eine Festanstellung angeboten.

Der Teilzeitmodus hat auch eine Kehrseite – man muß sich selbst krankenversichern, auf Urlaubsgeld und ähnliches verzichten. Doch hier wendet sich das Blatt, da manche Zeitarbeitsagenturen vergleichbare Leistungen in Eigenregie anbieten. Hauptvorteil der Teilzeitarbeit ist zweifellos die freie Entscheidung, wann, wo und für wen man arbeiten möchte – ein speziell für die wachsende Zahl Alleinerziehender wichtiger Punkt. Eltern schulpflichtiger Kinder können beispielsweise halbtags arbeiten oder in den Ferien ganz zu Hause bleiben.

Nichts ist mehr, wie es war

In den 50er Jahren waren die Vereinigten Staaten die dominante Wirtschaftskraft in der Welt, und der Dollar galt als international stärkste Währung. Keine andere Nation vermochte die industrielle und technologische Vormachtstellung der USA ernsthaft in Frage zu stellen.

Die 60er Jahre brachten Innovationen im Transport- und Kommunikationsbereich, die ein Gleichgewicht der politischen und wirtschaftlichen Kräfte förderten. Der US-Dollar muß sich heute gegen den Japanischen Yen, die Deutsche Mark, das Britische Pfund und ab 1999 gegen den Europäischen Euro behaupten. Nicht mehr die USA allein, sondern die Weltmärkte bestimmen den Preis von Rohstoffen und Konsumgütern.

Um in dieser durch gegenseitige Abhängigheiten geprägten Weltwirtschaft weiter mitreden zu können, war, wie beschrieben, die Verlagerung vom Schwerpunkt Produktion auf den Sektor der Dienstleistung notwendig. Fast alle Berufe, die heute neu entstehen, sind im Dienstleistungsbereich angesiedelt.

Der Blick nach vorn

Sie müssen den Blick nach vorn richten, um die Vermarktbarkeit Ihres „Produkts" in einer sich rasant wandelnden Arbeitswelt sicherzustellen. Wenn Sie bereits zur erwerbstätigen Bevölkerung zählen und sich verändern wollen, sollten Sie überlegen, welche Fortbildungsmaßnahmen sinnvoll wären. Wenn Sie noch in der Ausbildung sind, versuchen Sie, einen Beruf zu wählen, der Ihr Interesse trifft und dem zugleich eine aussichtsreiche Perspektive prophezeit wird.

Können Sie sich unsere Welt ohne die vielen Technologien, die wir inzwischen für selbstverständlich halten, vorstellen? Was, wenn Sie wie Rip van Winkle um die Jahrhundertwende im Schatten eines Baums eingeschlafen und nicht nach zwanzig, sondern erst nach hundert Jahren wieder aufgewacht wären? Denken Sie an all die Innovationen, die Sie bestaunen müßten: Elektrizität, Telefone, Autos, Flugzeuge, ganz zu schweigen von Fernsehern, Computern und Mondlandungen! Und all das ist in weniger als hundert Jahren passiert!

Niemand kann die Auswirkungen neuer Technologien exakt vorhersagen. Wissenschaftlicher Fortschritt hängt nicht zuletzt von sozialen, politischen und kulturellen Gegebenheiten ab. Selbst bei einem so wichtigen Kommunikationsmedium wie dem Telefon dauerte es über 50 Jahre, bis es vom Gros der Menschen akzeptiert wurde. Hingegen stand schon zehn Jahre nach seiner Erfindung in der Mehrzahl der amerikanischen Haushalte ein Fernsehapparat.

Mit Sicherheit läßt sich nur eins sagen: Bald bricht ein neues Jahrtausend heran mit neuen Technologien, die unseren Alltag und unsere Arbeit weiter verändern werden. Je mehr Sie über die Welt, in der Sie heute leben, wissen, um so mehr Erfolg wird Ihre Eigenmarketingkampagne haben.

20 Berufe mit Zukunft

Verkaufs- und Marketingregel Nr. 20:

Sie verbessern Ihre Chancen auf einen Verkaufsabschluß,
wenn Sie wissen, was die Käufer wollen und brauchen.

Ich nehme an, Sie lesen dieses Buch aus einem von zwei Gründen: weil
Sie Ihre berufliche Laufbahn gerade beginnen, oder weil Sie mit Ihrer
gegenwärtigen Situation unzufrieden sind und meinen, es sei Zeit für
eine Veränderung. Wie auch immer – es geht um Ihre Zukunft.

Ende der 60er Jahre hielt die Hippiegeneration Geld für nebensächlich, doch mit dieser Einstellung war in den 80er Jahren radikal
Schluß, als die Yuppies das Streben nach Macht und Reichtum zum
Exzeß trieben. In den 90ern setzt sich ein gesünderes, ausgewogeneres
Verhältnis zu Leben und Arbeit durch. Wir sind nicht mehr bereit,
dem schnöden Mammon alles zu opfern – trotzdem wollen wir gut
bezahlt werden für das, was wir tun. Wir wollen Jobs, die uns Befriedigung schenken, Zeit, andere Interessen zu verfolgen und Muße zum
Zusammensein mit Familie und Freunden.

Sie sollten sich nach einem Job umsehen, der Ihnen Bestätigung
und ein gutes Gehalt bietet. Die bisher diskutierten Verkaufs- und
Marketingtechniken sowie die speziellen Verkaufsinstrumente, die
Sie in Teil Fünf kennenlernen werden, helfen Ihnen dabei.

Dieses Kapitel präsentiert eine Auswahl von fünfzehn Berufen,
denen ein hohes Zukunftspotential bescheinigt wird. Bevor Sie darüber lesen, berücksichtigen Sie bitte folgende Punkte:

- Die Auswahl basiert auf statistischen Informationen, die sich auf
  das Berufsbild als solches beziehen und nichts mit Ihnen persön-

lich zu tun haben müssen. Sie enthält beispielsweise keine Sportarten oder Bildenden Künste, doch das wird niemanden, der hier echtes Talent besitzt, davon abhalten, in diesen Disziplinen erfolgreich zu sein. Egal, welchen Beruf Sie wählen – Ihr Erfolg hängt immer von Ihren Interessen, Fertigkeiten, Ihrer Motivation und dem geschickten Einsatz Ihrer Marketingtechniken ab.

- Sie sollten sich nicht auf einen der Berufe „stürzen", nur weil er genannt wird. Zur Zeit gilt der Beruf des Technischen Zeichners als aussichtsreich, doch wer weiß: Vielleicht werden schon bald dessen Tätigkeitsschwerpunkte automatisiert. Außerdem handelt es sich nicht um eine vollständige Auswahl, da eine solche den Rahmen dieses Buches sprengen würde.

Eine Auswahl zukunftsträchtiger Berufe

Die genannte Auswahl ist alphabetisch geordnet. Nach einer kurzen Beschreibung des Aufgabengebiets wird summarisch auf die Erfolgsfaktoren eingegangen, die Sie für die jeweiligen Berufe mitbringen und betonen sollten.

1. **Architekt, Bauingenieur.** Zum Aufgabengebiet gehören Planung, Berechnung, Organisation, Ausführung und Überwachung – unter anderem in den Bereichen Städtebau, Bau öffentlicher Gebäude, Verkehrswesen und Wasserbau.
   Welche Erfolgsfaktoren sollten Sie betonen? Räumliches Vorstellungsvermögen, Abstraktionsvermögen, Konzentration, logisches Denken, mechanisches Verständnis. Ihre drei A sollten zudem Einfallsreichtum, Kontaktfreude und Teamarbeit reflektieren.
2. **Chemielaborant.** Durchführung chemischer Versuche, Analysen und Prüfungen von Rohstoffen, Hilfsmaterialien und Fertigerzeugnissen mit Laborgeräten und technischen Hilfsmitteln.
   Welche Erfolgsfaktoren sollten Sie betonen? Genauigkeit, Konzentration, Feinhandgeschick. Betonen Sie in Ihren drei A Ihre Zuverlässigkeit, Geduld und Ausdauer.
3. **Datenverarbeitungsfachkraft, Programmierer.** Analyse von Datenverarbeitungsproblemen und -zielsetzungen, Erarbeitung detaillierter Datenfluß- und Programmablaufpläne. EDV-Fach-

leute steuern und überwachen EDV-Anlagen, stimmen Ergebnisse ab und beraten bei Angebot und Vertrieb von Datenverarbeitungsanlagen und -programmen. Ein vielseitiges Berufsfeld mit sehr hohem Zukunftspotential.

Welche Erfolgsfaktoren sollten Sie betonen? Die Konkurrenz in dieser Branche ist sehr stark. Für ein effektives Eigenmarketing sollten Sie Ihre Fähigkeit zu logischem Denken, selbständigem Arbeiten und Ihre Genauigkeit hervorheben. Ebenfalls wichtig: Zuverlässigkeit, Problemlösungstalent.

4. **Elektroingenieur.** Untersuchung elektro- und elektrotechnischer Probleme. Entwurf elektrischer/elektronischer Maschinen, Apparate und Anlagen, Planung und Fertigungsleitung, Installation, Betrieb und Instandhaltung dieser Einrichtungen.
Welche Erfolgsfaktoren sollten Sie betonen? Abstraktionsvermögen, logisches Denken, räumliches Vorstellungsvermögen, mechanisches Verständnis. Weitere Erfolgsfaktoren sind Ausdauer, Belastbarkeit, Selbstbewußtsein und Mobilität.

5. **Fremdenverkehrsfachkraft.** Planung, Organisation und Verkauf von Reiseveranstaltungen inklusive Gästebetreuung. Fremdenverkehrsfachleute erschließen und fördern neue Fremdenverkehrsmöglichkeiten, stellen Fahr- und Flugverbindungen zusammen, beraten Kunden in allen Reisefragen.
Welche Erfolgsfaktoren sollten Sie betonen? Fremdsprachen, sprachlicher Ausdruck, Gedächtnis und Durchsetzungsvermögen. Unterstreichen Sie in Ihren drei A Kontaktfreude, Mobilität und Hilfsbereitschaft.

6. **Gärtner, Florist.** Gartenbaubetriebe sind auf bestimmte Bereiche spezialisiert, z.B. Garten- und Landschaftsbau, Gemüse-/Obstbau, Baumschulen, Pflanzenzüchtung. Zu den wesentlichsten Aufgaben gehören das Aufziehen, Pflegen, Ernten und Vermarkten von Grünerzeugnissen sowie für Floristen die Gestaltung von Blumenarrangements und Raumdekorationen.
Welche Erfolgsfaktoren sollten Sie betonen? Freude am Umgang mit Grünpflanzen und Blumen, Geduld, Ausdauer, Zuverlässigkeit. Dokumentieren Sie in Ihren drei A Ihren Sinn für Umwelt, Ästhetik und Kreativität.

7. **Ingenieur Umwelt- und Hygienetechnik.** Schutz der Umwelt, Immissionsschutz für Menschen und Lebensmittel, Lagerung radioaktiver Stoffe, Entwicklung umweltfreundlicher Technologien, Fragen des Lärmschutzes, der Müllverwertung und -aufbereitung.

Welche Erfolgsfaktoren sollten Sie betonen? Mathematisch-naturwissenschaftliche Fähigkeiten, Umsetzung von theoretischem Wissen in die Praxis, Mobilität. Ihre drei A sollten Ihr Interesse an der Umwelt, Verantwortungsgefühl und die Bereitschaft zu ständiger Weiterbildung hervorheben.

8. **Koch, Konditor.** Köche kaufen Lebensmittel ein, planen Speisefolgen und Portionen, pflegen Maschinen und Geräte. Sie komponieren Menüs, die individuelle Wünsche (Diäten, vegetarisch etc.) berücksichtigen, schmackhaft und attraktiv präsentiert sind. Konditoren stellen Kuchen, Torten, Gebäck, Pralinen und andere Zuckerwaren her.

   Welche Erfolgsfaktoren sollten Sie betonen? Ausgeprägtes Gespür für Geruchs- und Geschmacksaromen, Belastbarkeit und Flexibilität, ungewöhnliche Arbeitszeiten in Kauf zu nehmen. Küchencrews müssen nahtlos zusammenarbeiten, deshalb ist Teamfähigkeit eine unverzichtbare Eigenschaft. Außerdem sollten Sie Ihre Kreativität und manuelle Geschicklichkeit hervorheben.

9. **Krankenschwester/Krankenpfleger.** Pflege und Betreuung von Kranken inklusive Verabreichen von Medikamenten, Spritzen, Verbänden und Umgang mit komplizierten technischen Apparaturen auf Anweisung des Arztes. Persönliches Eingehen auf den Patienten, menschliche Zuwendung.

   Welche Erfolgsfaktoren sollten Sie betonen? Die Fähigkeit, Situationen richtig zu beurteilen und verantwortungsbewußte (rasche) Entscheidungen zu treffen. Verantwortungsbewußtsein, Sorgfalt und Gewissenhaftigkeit. Betonen Sie in Ihren drei A Einsatzbereitschaft, Mitgefühl, Geduld und Freude am Helfen.

10. **Maschinenschlosser.** Zum Aufgabengebiet gehören das Fertigen, Bauen, Montieren, Prüfen, Erproben, Warten und Reparieren von Maschinen und Anlagen sowie Maschinenteilen oder Ersatzteilen.

    Welche Erfolgsfaktoren sollten Sie betonen? Mechanisches Verständnis, handwerkliches Geschick, räumliches Vorstellungsvermögen. Streichen Sie in Ihren drei A Ihre Freude an der Technik und absolute Genauigkeit heraus.

11. **Sprechstundenhilfe.** Empfang von Patienten, Führen der Patientenkartei, Terminvereinbarung/-kontrolle in Arzt-, Zahnarzt- oder Tierarztpraxen. Abrechnungen und Schreibarbeiten. Aber auch Assistenz bei ärztlichen Eingriffen, auf ärztliche Anweisung. Durchführung von Labor- und Röntgenuntersuchungen, Verabreichung von Medikamenten und Bedienung von Geräten.

Welche Erfolgsfaktoren sollten Sie betonen? Organisationstalent, Belastbarkeit, Konzentration, gepflegte Erscheinung. Ebenfalls wichtig sind Gedächtnis, Kommunikationsfähigkeit und Engagement.

12. **Technischer Zeichner.** Anfertigen von Zeichnungen für Bauten, Anlagen, Projekte, Modelle, Skizzen oder andere Unterlagen in Form von Ansichten, Schnitten und Perspektiven unter Berücksichtigung von Auftragsbedingungen und Normen.
    Welche Erfolgsfaktoren sollten Sie betonen? Abstraktionsvermögen, räumliches Vorstellungsvermögen, Genauigkeit, technisches Verständnis. Betonen Sie Ihre Geduld, Zähigkeit und Präzisionsliebe.

13. **Werbekaufmann.** Wie erwähnt, agieren Marketingexperten und Werbekaufleute als Mittler zwischen Produkt und Konsument. Sie sind in den Werbeabteilungen von Industrie und Handel ebenso wie bei Zeitschriften und Zeitungen tätig. Im PR-/Marketing-Bereich findet man auch sehr viele Selbständige.
    Welche Erfolgsfaktoren sollten Sie betonen? Aufgeschlossenheit, Phantasie, Beobachtungsgabe, Enthusiasmus, Überzeugungskraft, Weitblick. Ihre drei A sollten zudem Ihre Kommunikationsfähigkeit, Kreativität, Flexibilität, Ihren Teamgeist und den Mut zur Initiative dokumentieren.

14. **Wirtschaftsprüfer, Steuerberater.** Prüfung von betrieblichem Rechnungswesen, Buchführung, Jahresabschlüssen, Kreditwürdigkeit und Rentabilität fremder Unternehmen. Erstellung von Bilanzen und Steuererklärungen, Vertretung Steuerpflichtiger vor Behörden, Durchsicht von Steuerbescheiden.
    Welche Erfolgsfaktoren sollten Sie betonen? Gute Auffassungsgabe für Zahlen und Statistiken, analytisches und logisches Verständnis, Genauigkeit und Weitblick. Sie sollten Ihre Zuverlässigkeit, Konzentrationsgabe und Ihre Bereitschaft zur kontinuierlichen Weiterbildung in Steuer- und Rechtsfragen hervorheben.

15. **Zahntechniker.** Herstellung aller Arten von Zahnersatz nach Vorlage. Fertigung kieferorthopädischer Geräte, Gebisse und Zahnbrücken, Parodontose- und Kieferbruchschienen.
    Welche Erfolgsfaktoren sollten Sie betonen? Vorliebe für selbständiges, bisweilen auch isoliertes Arbeiten. Geduld, ein sicheres Auge und manuelles Geschick sind aufgrund der verlangten Millimeterarbeit unabdingbar.

Wie lange wird meine Jobsuche dauern?

Diese Frage läßt sich unmöglich pauschal beantworten. Offenbar gelten jedoch zwei generelle Beobachtungen:

1. Je höher der Lohn, um so länger die Jobsuche. Laut Erfahrungswerten scheint sich die Dauer der Jobsuche proportional zu den Gehaltsforderungen zu verhalten. Mit anderen Worten: Je höher das Lohnniveau, um so länger kann es dauern, bis man den perfekten Job findet.
2. Je spezifischer, um so schneller. Je spezifischer das Interessengebiet, um so schneller gelingt es meist, eine passende Anstellung zu finden. Wenn Sie sich beispielsweise im Jurastudium auf Seerecht oder Versicherungsrecht spezialisiert haben, bekommen Sie vermutlich eher eine Stelle als Ihr Kommilitone, der allgemeiner Strafverteidiger werden will. Sie können bei der Jobsuche gezielter vorgehen, wenn Ihr Interessengebiet und Ihr Erfahrungshintergrund eng umgrenzt sind. Falls Ihr Interesse allgemeiner geartet ist oder Sie beruflich umsatteln wollen, sollten Sie sich auf eine längere Jobsuche einstellen.

Nur das Beste ist gut genug

Wie Sie inzwischen wissen, können Sie die Verkaufs- und Marketingtechniken dieses Buches auf jeden Job Ihrer Wahl anwenden. Aber Sie müssen die Anforderungen Ihres Interessengebiets sowie die erforderlichen Ausbildungsmaßnahmen und Fertigkeiten hinterfragen.

Zusätzlich zu einer allgemeinen Marktanalyse sollten Sie Auskünfte über bestimmte Firmen einholen. Schließlich wollen Sie für einen Arbeitgeber arbeiten, dem Sie Respekt und Vertrauen entgegenbringen können, in einem Unternehmen, das seine Mitarbeiter ebenfalls mit Respekt und Vertrauen behandelt.

Welche Kriterien entscheiden über die Popularität von Firmen? Dieser Frage wurde in Studien nachgegangen, und die gemeinsamen Nenner lauteten:

- Mehr Verantwortung für Mitarbeiter im niederen Management;
- Teamgeist und „familiäre" Atmosphäre werden gefördert;
- die Qualität der geleisteten Arbeit wird betont;
- Gewinnbeteilungssysteme für Mitarbeiter;
- aktives Bemühen um Gesundheit und körperliche Fitneß der Mitarbeiter;
- angenehmes Arbeitsumfeld;
- interne Beförderungen;
- interne Fortbildungsmaßnahmen oder Kostenerstattung für externe Seminare, Kurse etc.

Am besten ist für Sie der Job, der Sie glücklich macht, geistig und materiell zufriedenstellt und sich gut mit Ihrem Lebensstil vereinbaren läßt. Das nächste Kapitel diskutiert einen Aspekt, der in Ihrem Marketingplan noch offen ist: wo Sie Ihren Traumjob finden und wie Sie ihn gezielt anpeilen.

Der richtige Job am richtigen Ort: So lokalisieren Sie Ihren Traumjob

21

Verkaufs- und Marketingregel Nr. 21:

Je genauer Sie wissen, wo Ihre Käufer lokalisiert sind, um so besser stehen Ihre Aussichten auf Erfolg.

Megan war schon immer eine Leseratte gewesen. Sie liebte Bücher: ihren Inhalt, das Papier, die Aufmachung, die ehrwürdige Stille der Bibliotheken, die vollen Regale der Buchläden. Von Kindesbeinen an stand für Megan fest, später einmal im Verlagswesen arbeiten zu wollen.

„Wenn Du einen Job im Verlag suchst, mußt Du nach New York gehen", wurde Megan von allen Seiten eingetrichtert. Megan, die aus einer Kleinstadt stammte, war nicht sicher, in New York leben zu wollen, doch in dem Glauben, ihre Ratgeber wüßten, wovon sie reden, packte sie ihre Koffer und fand sehr bald eine Anstellung in einem großen New Yorker Verlagshaus.

Nach zwei Jahren florierte ihre Karriere, aber Megan wurde zunehmend unglücklicher. Sie fühlte sich in einer Sackgasse und gab ihrem Job die Schuld.

Als sie zum ersten Mal in einem meiner Eigenmarketing-Seminare auftauchte, war Megan sehr deprimiert. Während wir gemeinsam ihren KSVK und ihre drei A durcharbeiteten, wurde ihr klar: Nicht, was sie tat, war das Problem, sondern wo sie es tat.

Megan hatte nicht genügend recherchiert. Es stimmte: Die meisten Verlage ballten sich in den Großstädten, aber auch in kleineren Städten, wo Megan sich wohler fühlte, gab es gute Adressen. Mit Hilfe von Networking, ihren Kontakten in der Branche und der Lektüre von Fachzeitschriften gelang es Megan bald, einen Job bei einem mittelgroßen Verleger in einer mittelgroßen Stadt zu finden. Dort geht es ihr nun blendend, und sie ist sehr glücklich über ihre Entscheidung.

Der Lebensstil als Kriterium

Merken Sie sich: Sie arbeiten nicht in einem Vakuum. Sie können nicht pauschal sagen: „Ich möchte im Verlag arbeiten" und erwarten, mit dem, was Sie bekommen, glücklich zu werden. Den perfekten Job zu finden erfordert eine Kombination aus Selbstkenntnis und Marktkenntnis. Wenn Sie beispielsweise eine Kosmetikserie gegen Akne vertreiben, wäre es gewiß unklug, in eine Gegend zu ziehen, in der vorwiegend Senioren leben. Produkt und Markt müssen sich gegenseitig ergänzen.

Megan hatte den richtigen Job am falschen Ort gefunden. Was war schiefgelaufen? Zunächst einmal hatte sie auf das gehört, was andere ihr sagten („Du mußt nach New York"), statt selbst zu recherchieren. Zweitens hatte sie sich nicht auf ihren Instinkt verlassen: Tief in ihrem Innern wußte sie, daß sie für das Leben in einer Millionenstadt nicht geschaffen wäre. Aber sie hatte sich nie ernsthaft gefragt, wo sie wirklich leben wollte.

Sie sollten sich die Zeit nehmen, alle Optionen, die Sie bezüglich der Lokalisation Ihres Arbeitsplatzes haben, auszuloten. Der ideale Ort paßt zu Ihrer Persönlichkeit, Ihrem Lebensstil, Ihren Interessen und Ambitionen.

Egal, ob Sie nach Ihrem ersten Job Ausschau halten oder nach zwanzig Jahren die Branche wechseln wollen – Sie müssen Prioritäten setzen. Überlegen Sie, bevor Sie ein Jobangebot in einer anderen Stadt annehmen, wie gut diese Stadt mit Ihrem Lebensstil harmoniert. Das folgende Arbeitsblatt hilft Ihnen dabei. Ergänzen Sie es um weitere Fragen und Kategorien, die für Sie wichtig sind.

Mobilität
- Brauche ich ein Auto?
- Verbindungen öffentliche Verkehrsmittel?
  - Kosten?
- Nächster Flughafen?
- Nächster größerer Bahnhof?

Familie
- Standorte Kinderbetreuungsstätten?
  - Kosten?
- Ärzte/medizinische Betreuung?
- Kliniken?
- Schulen?

Beruf und Weiterbildung
- Alternativen, sollte ich in diesem Job scheitern?
- Berufsberatungen, Vermittlungsagenturen, sonstige Anlaufstellen?

Freizeit
- Freizeiteinrichtungen für meine Interessen?
- Freizeiteinrichtungen für die Interessen meiner Familie?

Besondere Überlegungen
- Was bietet diese Stadt für Singles?
- Für Familien mit Kleinkindern?
- Für Ausländer?
- Für Behinderte?
- Kirchen/religiöse Einrichtungen?
- Sonstige Überlegungen?

Wohnen
- Was kosten Mietwohnungen?
- Häuser/Immobilien?
- Wie groß ist die Entfernung zum Arbeitsplatz?
- Wie sicher ist die Wohngegend?
- Wie weit ist die Entfernung zu Familie, Freunden?
- Wie oft könnte ich sie besuchen, und was kostet mich das?

Allgemeiner Lebensstil
- Ist es wichtig für mich, abends auszugehen?
- Wie ist das Nachtleben in dieser Stadt?

- Wie lange haben Restaurants, Bars, Clubs etc. geöffnet?
- Sporteinrichtungen, Fitneßcenter etc.?
- Museen, Theater, Konzerte, Kultur etc.?
- Was gefällt mir am besten an der Stadt?
- Was am wenigsten?

Priorität Lebensstil

Jede Jobsuche hat ihr eigenes „Henne oder Ei"-Dilemma. Was steht für Sie an erster Stelle: Ihr Job oder der Ort, an dem Sie leben?

Angesichts dieser Frage haben Sie zwei Möglichkeiten. Die erste: Sie fällen Ihre Wohnortentscheidung basierend auf Ihrem Lebensstil und Ihren Interessen. Anders ausgedrückt: Sie überlegen erst, wo Sie leben möchten, und versuchen dann, in dieser Region einen Job zu finden.

Von spontanen Ortswechseln – ohne vorherige Recherche – rate ich ab. Vor einigen Jahren hatte ein junges Ehepaar aus meinem Freundeskreis die Nase voll vom Smog und Dauerstau in Los Angeles. Tracy und Jim beschlossen, nach Santa Fe umzuziehen. Sie packten ihre Siebensachen (inklusive zweier Gitarren und fünf Katzen) – und los gings!

In Santa Fe angekommen, stellten sie erstaunt fest, daß sie Mühe hatten, ein bezahlbares Haus zu finden, und die Jobsuche gestaltete sich sogar noch schwieriger. Blauäugig hatten sie sich vorgestellt, schon irgendetwas zu finden, sobald sie erst an Ort und Stelle wären. Kurz und gut: Ihr Umzug war ein Flop. Nach wenigen Monaten kehrten Tracy und Jim – samt zweier Gitarren und fünf Katzen – reumütig nach Los Angeles zurück.

Wenn für Sie der Lebensstil Priorität hat, sollten Sie für jede in Erwägung gezogene Stadt einen eigenen Marketingplan entwerfen. Angenommen, Sie haben zwei Städte in der engeren Wahl. Nach Ausfüllen des Lebensstil-Arbeitsblatts für jede der beiden Städte folgt die Konzeption von zwei separaten Marketingplänen.

Formulieren Sie Ihre Zweckdefinition. Ziel ist die Erfüllung Ihrer Lebensstilbedürfnisse, aber Sie sollten auch darüber nachdenken, welche Arbeit Sie sich wünschen und was Sie in diesen Städten vorfinden werden.

Schneiden Sie Ihre drei A auf die Jobmöglichkeiten der angepeilten Orte zu. Unter den „großen Plan" gehören alle über die verschiedensten Quellen – Arbeitsämter, Agenturen, Industrie- und Handelskammern etc. – zusammengetragenen Informationen über mögliche Jobs.

Teil Ihres unmittelbaren Aktionsplans sollte ein Besuch der Stadt sein. Vielleicht verbringen Sie sogar einen Kurzurlaub dort, den Sie mit Informationsgesprächen verbinden. Empfehlenswert sind mehrere Besuche in „Ihrer" Stadt – zu unterschiedlichen Jahreszeiten und besonderen Anlässen (z.B. Karneval, Weinfeste, Stadtfeiern etc.).

Sollte der Besuch nicht klappen, abonnieren Sie die lokale Tagespresse, und bringen Sie soviel wie möglich über den Ort in Erfahrung: Wohnraumsituation, Politik, soziales Klima, Geschäftsleben, Kultur, Freizeitgestaltung etc.

Definieren Sie Ihre Marketingwerkzeuge und -strategien, und stellen Sie einen wöchentlichen Aktionsplan auf. Erzählen Sie allen, die Sie kennen, von Ihrer Idee, und fragen Sie sie, ob sie Ihnen eine Kontaktperson in der betreffenden Stadt nennen können. Diese nicht unbedingt jobbezogenen Kontakte helfen Ihnen, sich einen Eindruck zu verschaffen, bevor Sie sich endgültig entscheiden.

Jeder Mensch hat andere Bedürfnisse. Manche wollen oder brauchen ein bestimmtes Klima, andere ein vielseitiges Freizeit- und Kulturprogramm. Wieder andere suchen die Nähe zu Familie und Freunden. Warum Sie einen bestimmten Ort vorziehen, kann unendliche viele Gründe haben.

Priorität Arbeitsplatz

Die zweite Möglichkeit: Ihre Karriere ist Ihnen wichtiger als alles andere, und für einen attraktiven Job sind Sie bereit, überall zu leben.

Diese Philosophie erfordert die gleiche Vorbereitung, Recherche und detaillierte Marketingplanung wie die Lebensstil-Priorität. Der Unterschied: Statt der lokalen Tagespresse durchforsten Sie branchenspezifische Publikationen sowie die überregionalen Stellenmärkte großer Tageszeitungen und Wirtschaftsblätter. Berufsverbände und andere Organisationen haben oft eigene Beratungs- und überregionale Anlaufstellen, die Ihnen weiterhelfen.

Eine Frage der Ausbildung

Für welche Ausbildung Sie sich entscheiden, hängt wesentlich von Ihren schulischen Voraussetzungen und dem Anforderungsprofil des angestrebten Berufs sowie davon ab, wieviel Zeit Sie haben.

Ein grober Überblick über die wichtigsten Ausbildungseinrichtungen:

1. *Ausbildungswerkstätte.* Klassische Ausbildung in anerkannten Ausbildungsbetrieben, die inhaltlich genau geregelt ist. Beliebte Ausbildungsberufe sind Kraftfahrzeugmechaniker, Elektroinstallateur, Friseur, Arzthelferin oder Einzelhandelskauffrau.
2. *Berufsfachschule.* Schulische Einrichtung, die im Vollzeitunterricht auf eine Berufstätigkeit vorbereitet und zu einem Berufsabschluß führt. (Fachrichtungen: Krankenpflege, Handwerk, Hauswirtschaft, technische Berufe etc.)
3. *Private Berufsschule.* Meist kleinere Privatinstitute, die in speziellen praktischen Berufen ausbilden (z.B. Werbegraphik, Kosmetik). Abschluß mit Diplom, Zertifikat, Urkunde etc.
4. *Fachschule.* Dient der vertieften beruflichen Fortbildung und Förderung der Allgemeinbildung. Sie wird meist im Anschluß an eine Berufsausbildung und eine zusätzliche praktische Tätigkeit besucht (Fachrichtungen: technisch, kaufmännisch etc.)
5. *Fachakademie.* Berufliche Bildungseinrichtung, die meist im Anschluß an eine dem Ausbildungsziel dienende berufliche Ausbildung oder praktische Tätigkeit auf den Eintritt in eine qualifizierte Berufslaufbahn vorbereitet (z.B. Musik, Kunst, Sozialpädagogik).
6. *Universität.* Älteste und oberste Form wissenschaftlicher Einrichtungen für Forschung und Ausbildung. Bereitet auf berufliche Tätigkeiten vor, die die eigenverantwortliche Anwendung wissenschaftlicher Erkenntnisse und Methoden oder die Fähigkeit zu künstlerischer Gestaltung erfordern. Breiter Fächerkanon, Abschluß mit akademischem Titel. Fällt heute unter den Sammelbegriff der Hochschulen.
7. *Fachhochschule.* Der Bildungsauftrag der Fachhochschulen lautet: „Praxisbezogene Ausbildung auf wissenschaftlicher Grundlage". Schwankende Studiendauer bei teilweise integriertem Praxisteil.

8. *Fernunterricht, Fernuniversität.* Unterrichtsform, bei der eine räumliche Distanz zwischen Lehrendem und Lernendem besteht und fast ausschließlich zu Hause studiert wird. Zugeordnete regionale Studienzentren bieten die Möglichkeit der Nutzung von Studienmaterial/technischen Einrichtungen, Teilnahme an Präsenzkursen, Arbeitsgemeinschaften, Studienberatungen und Prüfungen.

9. *Innerbetriebliche Fortbildung.* Firmeninterne Trainingsprogramme, in denen ausgewählte Mitarbeiter auf besondere Aufgaben oder Führungspositionen vorbereitet werden.

Wer klug ist, hakt nach

Ein Teil Ihrer Marktforschung besteht darin, herauszufinden, welche Ausbildung Sie für den anvisierten Job benötigen und welche Trainingsprogramme es gibt. Woher wissen Sie, ob eine Universität, Berufsfachschule oder ein Trainingsprogramm richtig für Sie ist, die Qualifikation bietet, die Sie suchen? Ganz einfach: Sie müssen fragen.

Kluge Fragen, die Sie bezüglich Hochschulen und Universitäten stellen sollten, sind:

- Halten sich akademische und praktische Lerninhalte in Ihrem Hauptfach die Waage?
- Wieviele Lehrkräfte besitzen praktische Erfahrungen?
- Sind Praktikumsprogramme vorgesehen?
- Wie gut arbeitet die Hochschule mit Industrie und Wirtschaft zusammen?
- Gibt es eine Stellenvermittlung für Hochschulabsolventen?
- Kennen Sie Hochschulabsolventen, die man fragen könnte, inwiefern deren Studium die berufliche Laufbahn gefördert hat?
- Wie gut ist die Bibliothek ausgestattet? Zugriff auf Datenbanken? Internet?
- Würden Prüfungen, Scheine etc. bei einem Hochschulwechsel anerkannt?
- Gibt es finanzielle Unterstützungsprogramme?

Kluge Fragen, die Sie bezüglich Berufsfachschulen und ähnlichen Einrichtungen stellen sollten:

- Wie ist die Gewichtung von theoretischen und praktischen Lerninhalten?
- Werden die Kurse regelmäßig aktualisiert?
- Besitzen die Lehrkräfte praktische Erfahrung in den Unterrichtsfächern?
- Wie lange existiert die Einrichtung bereits?
- Wie hoch ist die durchschnittliche Teilnehmerzahl pro Kurs?
- Wie streng sind die Zulassungsbestimmungen? Werden die Bewerber getestet?
- Wie individuell ist die Betreuung der Lernenden?
- Finden auch abends und am Wochenende Kurse statt?
- Wie hoch belaufen sich die Gesamtkosten für Unterricht, Literatur, Lehrmaterialien etc.?
- Bietet die Einrichtung einen staatlich anerkannten Abschluß?
- Gibt es finanzielle Unterstützungsprogramme? Staatliche Förderungsmaßnahmen?
- Wieviel Prozent der Lernenden schaffen den Abschluß?
- Gibt es eine interne Stellenvermittlung? Wieviel Prozent der Absolventen finden einen Job in dem gewählten Berufsfeld?

Nachfolgend ist eine Auswahl von Adressen zum Themenkomplex Beruf/Fortbildung/Unterricht aufgelistet. In der Regel können Ihnen diese Stellen mit Informationsmaterial bzw. weiterführenden Kontakten behilflich sein.

Bundesministerium für Arbeit
und Sozialordnung
Rochusstraße 1
Postfach 14 02 80
53123 Bonn

Bundesministerium für
Bildung und Wissenschaft
Heinemannstraße 2
Postfach 20 01 08
53175 Bonn

Bundeministerium für
Wirtschaft
Villemombler Straße 76
Postfach 14 02 60
53123 Bonn

Bundesinstitut für Berufs-
bildung (BIBB)
Fehrbelliner Platz 3
10707 Berlin

Staatliche Zentralstelle für
Fernunterricht (ZFU)
Peter-Welter-Platz 2
50676 Köln

Deutscher Akademischer
Austauschdienst e.V.
Kennedy-Allee 50
53175 Bonn

Bundesanstalt für Arbeit/
Institut für Arbeitsmarkt- und
Berufsforschung
Regensburger Straße 104
90478 Nürnberg

Bund-Länder-Kommission für
Bildungsplanung und
Forschungsförderung
Friedrich-Ebert-Allee 39
53113 Bonn

Am Ende von Teil Vier besitzen Sie nun ein tragfähiges Fundament, auf das Sie Ihre Marketingkampagne stützen können. Jetzt fehlen Ihnen nur noch die spezifischen Verkaufstechniken, mit denen Sie Ihr Wissen in praktische Aktionen umsetzen können. Lesen Sie weiter und erfahren Sie, wie Sie zu den Entscheidungsträgern vordringen, Vorstellungsgespräche souverän meistern, Einwände entkräften, ein attraktives Gehalt aushandeln, kurz: sich den Job sichern, von dem Sie schon immer geträumt haben.

TEIL FÜNF

Der Verkaufsabschluß

Dem Erfolg dicht auf den Fersen

Sie haben recherchiert und viel Mühe aufgewendet, um Ihre Verkäuferpersönlichkeit, Ihre vermarktbaren Fertigkeiten und Ihre bisherigen Leistungen transparent zu machen. Sie haben Ihren Marketingplan konzipiert und Ihre Ziele festgelegt.

Nun beginnt der echte Spaß!

Jetzt sind Sie bereit, hinauszugehen und Ihr „Produkt" zu verkaufen.

Das ist der Zeitpunkt, an dem Sie anfangen, Ihre neu erworbenen Fähigkeiten effektiv umzusetzen. In diesem letzten Teil lernen Sie, zwei der wachstumsintensivsten Verkaufskanäle der 90er Jahre zu nutzen: Direktmarketing und Telefonmarketing – beides hochwirksame Marketinginstrumente, die seit zwanzig Jahren ungebremst auf Erfolgskurs steuern und Motoren Ihrer Marketingkampagne sein werden.

Sobald Sie diese Instrumente beherrschen, werden Sie in die Geheimnisse erfolgreicher Vorstellungs- und Verkaufsgespräche eingeweiht. Damit Sie das ultimative Ziel jedes Verkäufers erreichen: einen Abschluß, von dem alle Beteiligten gleichermaßen profitieren. Sie bekommen den Posten, Ihr Arbeitgeber einen qualifizierten und leistungswilligen Mitarbeiter, der ihm bei der Lösung seiner Probleme hilft.

Vorbei sind die Zeiten, als Sie sich mit dem zufriedengeben mußten, was Sie kriegen konnten. Ab sofort bekommen Sie, was Sie sich wünschen. Ihre Arbeit wird gut bezahlt sein, Sie stolz und glücklich machen, denn egal ob angestellt oder selbständig – Sie wissen: Sie arbeiten für sich selbst.

22 Das Einmaleins der Verkaufstechniken: Basistechniken, die Ihnen den Job Ihrer Wahl sichern

Verkaufs- und Marketingregel Nr. 22:

Die Kunst des Verkaufens ist die Fähigkeit,
der richtigen Person zum richtigen Zeitpunkt auf die richtige Weise
das richtige Produkt zu verkaufen.

Sind Sie bereit für ein bißchen Nachhilfe in Anatomie? Wir sprechen allerdings nicht über Knochen, Muskeln und Gelenke. Wir sprechen über die Anatomie des Verkaufens.

Ein Verkauf ist keine geradlinige Aktion mit festem Anfangs- und Endpunkt, sondern eine komplexe, aus vielen Teilkomponenten zusammengesetzte Operation.

Jede dieser Komponenten ist für den Erfolg des Gesamtprojekts unentbehrlich. Merken Sie sich das, falls Sie versucht sein sollten, ein paar Schritte zu überspringen. Es funktioniert nicht. Sie würden sich wundern, wieso Sie keine interessanten Jobangebote bekommen. Genauso wenig wie ein Gebäude auf einem wackeligen Fundament errichtet werden kann, gelingt es Ihnen, ohne Beachtung aller nötigen Schritte den Job Ihrer Wahl unter Dach und Fach zu bringen.

Beim Verkaufen unterscheidet man fünf Bausteine, die gleichzeitig ein unerläßliches Fundament für Ihre Jobsuche bilden:

1. Prospektieren
2. Persönliche Bindung herstellen
3. Qualifizieren
4. Einwände entkräften
5. Den Verkauf abschließen

Prospektierung: Suche nach potentiellen Kunden

Jeder, der als Kunde für Ihr Produkt oder Ihren Service in Frage kommt, ist ein prospektiver Kunde. Wichtig ist, daß Sie vor Start Ihrer Verkaufsinitiative (in diesem Fall Ihrer Jobsuche) eine grobe Vorstellung haben, wer Ihre prospektiven Kunden (potentiellen Arbeitgeber) sein könnten.

Die Prospektierung beginnt mit dem Hinweis – dem Tip oder der Information, die Sie zu einer gesprächsbereiten Adresse führen. Die Person, die Sie dort treffen, ist Ihr prospektiver Kunde.

Zeichnen Sie ein Bild von Ihrem idealen Arbeitgeber

Sehen Sie hinter jedem Arbeitgeber einen potentiellen Job? Lieber nicht. Genauso wenig wie es ein einziges Produkt gibt, das für alle Konsumenten gleichermaßen richtig ist, eignen sich Ihre Talente und Fähigkeiten für jeden verfügbaren Job, und umgekehrt eignet sich nicht jeder verfügbare Job für Sie. Setzen Sie also Ihre Zeit und Energie selektiv ein. Woher wissen Sie, um welche Arbeitgeber Sie sich aktiv bemühen sollten? Zeichnen Sie im Geiste ein Bild von Ihrem idealen Arbeitgeber. Diese Person:

1. hat einen Bedarf für Ihre Talente und Fähigkeiten;
2. verfügt über das Budget, das für die Erfüllung Ihrer Gehaltsforderungen nötig ist;
3. besitzt die Entscheidungsautorität, Sie einzustellen.

Daneben gibt es weitere Kriterien, die bei Ihrer persönlichen Jobsuche relevant sind. Beispiel: Ihr idealer prospektiver Kunde sollte für Sie bequem zu erreichen sein, flexible Arbeitszeiten anbieten.

Natürlich muß man im wirklichen Leben Abstriche machen, aber wenn Ihr potentieller Arbeitgeber keinerlei Ähnlichkeit mit Ihrem Idealbild hat, verschwenden Sie sowohl seine Zeit als auch Ihre.

Gute Verkäufer sind permanent auf der Suche nach neuen prospektiven Kunden. Die kreativen unter ihnen spüren diese an den unwahrscheinlichsten Plätzen auf und erschließen so neue Absatzmärkte. Als IBM das Computermonopol besaß, kamen die Rechner nur in großen Unternehmen zum Einsatz. Die Visionäre von Apple witterten unterdessen in jeder Privatperson einen prospektiven Kunden und entwickelten den Personal Computer, der heute auf Millionen Schreibtischen steht.

Kreative Prospektierung heißt ein Leitsatz für Ihre unmittelbare Jobsuche und langfristige Karriereplanung. Die Masse bringt's: Je mehr potentielle Arbeitgeber Sie erreichen, um so mehr Optionen sammeln Sie. Natürlich bekommen Sie nicht bei jedem Vorstellungstermin ein Jobangebot, aber je mehr Termine Sie wahrnehmen, um so mehr steigen Ihre Chancen.

Zwei Kategorien von Hinweisen

Alles beginnt mit dem Hinweis. Zwei Kategorien werden dabei unterschieden: neutrale Hinweise, die aus Quellen wie Inseraten, Fachzeitschriften oder Verzeichnissen stammen, und Hinweise über Empfehlung.

Empfehlungen ergeben sich durch persönliche Kontakte mit Bekannten, Freunden, ehemaligen Chefs oder prospektiven Kunden, die Sie nicht selbst einstellen können, aber jemanden kennen, der eventuell interessiert wäre. Da Sie nicht vorhersehen können, welche Kontaktperson die besten Hinweise liefert, sollten Sie jeden, mit dem Sie sprechen, um Empfehlungen bitten.

Führt eine Empfehlung nicht zum Erfolg, bitten Sie wiederum diese Person um eine Empfehlung. Dieses Kommunikationsnetz spinnen

Sie kontinuierlich weiter, so daß Sie immer einen neuen Hinweis haben, dem Sie nachgehen können. Verwenden Sie das Networking-Notizbuch aus Ihrem Marketingplan.

Genauso machte es Theo, geschiedener Vater von zwei erwachsenen Kindern. Als er an einem meiner Eigenmarketing-Seminare teilnahm, war Theo frisch nach New York gezogen; im Gepäck hatte er nicht viel mehr als ein paar persönliche Sachen, einen Computer, eine große Portion Entschlossenheit und eine ziemlich lädierte Kassette mit Frank Sinatras Evergreen „New York, New York". Theo glaubte an den Text des Liedes: Wenn er es in New York schaffte, würde er es überall schaffen. Dabei kannte er hier kaum jemanden, schon gar nicht aus der Desktop-Publishing-Branche, in der er künftig arbeiten wollte, nachdem er 20 Jahre als Chemielehrer seine Brötchen verdient hatte.

Über einen Freund hörte er von einer Interessengruppe für Apple-Macintosh-Anwender. Er traf viele Gleichgesinnte, mit denen er Ideen austauschte, und ging von da an regelmäßig zu den Treffen. Als die Gruppe wenige Wochen später einen Art-Director für ihre Monatszeitung suchte, schlugen mehrere Mitglieder Theo vor. Theo nahm den ehrenamtlichen (unbezahlten) Posten an und stürzte sich kopfüber in die Arbeit. Die Gruppe war von seinem Talent und Eifer so begeistert, daß sie ihn an Kunden und andere Desktop-Publisher empfahl. Binnen drei Monaten wurde Theo ein Vollzeitjob bei einer renommierten Werbeagentur angeboten.

Abenteuer Networking

Wie in Kapitel 18 dargelegt, zählt Networking – das Knüpfen eines effizienten Kommunikations- und Beziehungsnetzes – zu Ihren schlagkräftigsten Marketinginstrumenten, getreu dem Spruch: „Nicht wieviel einer weiß ist wichtig, sondern wen er kennt." Je umfassender Sie Ihr Netz knüpfen, um so mehr Kontakte sammeln Sie und desto größer sind Ihre Chancen, irgendwann auf die richtige Fährte zu stoßen.

Networking ist ein aktiver Prozeß, Hilfe zur Selbsthilfe. Das bedeutet, daß kein anderer Ihnen diese Aufgabe abnehmen kann. Angenommen, ein Freund sagt zu Ihnen: „Übrigens, gestern traf ich den Inhaber einer Firma, die Handys vertreibt. Ich weiß, wie sehr Handys dich interessieren und erzählte ihm von dir. Hier ist seine Nummer. Er meinte, du sollst ihn anrufen." Was tun Sie? Greifen Sie sofort zum Hörer? Oder denken Sie „Ich rufe nächste Woche an" oder „Ich rufe an, wenn ich mehr Zeit habe" oder „Ich rufe an, wenn ich mein Leben wieder besser im Griff habe"? Vielleicht glauben Sie auch, der Mann wollte nur höflich sein und wäre genervt, wenn Sie tatsächlich anrufen würden.

Schieben Sie Ihren Anruf nicht auf die lange Bank: Es kann gut sein, daß derjenige sich wirklich mit Ihnen unterhalten möchte. Möglicherweise springt kein Jobangebot dabei heraus, aber vielleicht kann er Ihnen trotzdem weiterhelfen.

Networking ist ein Abenteuer. Sie wissen nie, wohin es führt. Meine Mitarbeiter ziehen mich schon auf, weil ich unablässig Networking betreibe. Auf Reisen beispielsweise unterhalte ich mich grundsätzlich mit den Leuten, die im Flugzeug oder Zug neben mir sitzen. Dadurch erweitere ich meinen Horizont und habe auf diese Weise auch schon mehrere Aufträge ergattert. Ob beim Shopping, im Theater, Fitneßcenter oder beim Friseur – machen Sie es wie ich und lassen Sie keine Networking-Gelegenheit aus.

Die persönliche Bindung – ohne sie läuft nichts

Eine persönliche Beziehung aufzubauen gehört zu den bedeutendsten Schritten im Verkaufsprozeß. Leute kaufen von Leuten, die sie mögen, respektieren und denen sie vertrauen.

Leute mögen Sie, wenn sie das Gefühl haben, sie lägen auf einer Wellenlänge mit Ihnen – daß Ihnen deren Wünsche genauso am Herzen liegen wie Ihre eigenen.

Leute respektieren Sie, wenn sie sich von Ihnen respektiert fühlen. Eine schlechte Einstellung riechen sie von weitem – das gilt auch für prospektive Arbeitgeber.

Leute vertrauen Ihnen, wenn Sie ihnen ehrlich und aufrichtig begegnen – offen sagen, wer Sie sind und welche Ziele Sie verfolgen.

Als mein Mann das Sekretariat in seinem Büro neu zu besetzen hatte, führte er eine Reihe von Vorstellungsgesprächen. Eine der Kandidatinnen, Sam, kam eine Viertelstunde zu spät. Ohne Entschuldigung rauschte sie herein und drückte meinem Mann mit den Worten „Hallo, ich bin Sam" ihren Lebenslauf in die Hand. Seine Fragen beantwortete sie barsch und knapp, dabei wiederholt auf das Blatt Papier deutend: „Steht alles in meinem Lebenslauf."

Sams Referenzen waren ausgezeichnet – ihre Einstellung war es nicht. „Sie tat, als wären meine Fragen eine Zumutung", erzählte mein Mann. „Ich wußte sofort, sie würde den Job nicht packen. Und ich spürte, daß sie nicht in unser Team paßte."

Der erste Kontakt mit einem potentiellen Arbeitgeber – egal ob schriftlich, am Telefon oder im persönlichen Gespräch – bestimmt oft über Erfolg oder Mißerfolg Ihres Vorhabens. Wie heißt es so treffend: Für den ersten Eindruck gibt es keine zweite Chance. Deshalb muß es Ihr Anliegen sein, bei dieser Begegnung die Weichen für eine positive Geschäftsbeziehung zu stellen. Wenn Sie das geschafft haben, können Sie den nächsten Schritt tun.

Qualifizierung: Der richtige Kaufadressat

Würden Sie versuchen, einer Person mit hundertprozentiger Sehkraft eine Brille zu verkaufen? Da mögen Sie ein noch so genialer Verkäufer sein: Wer einwandfreie Augen hat, braucht keine Brille – klarer Fall. Mit dem Verfolgen fruchtloser Hinweise können Sie viel kostbare Zeit verplempern. Prospektive Kunden sind dann „qualifiziert", wenn sie ein Bedürfnis oder Verlangen nach Ihrem Produkt sowie das nötige Budget und die Entscheidungsautorität haben, es tatsächlich zu kaufen.

Wie gut ein prospektiver Kunde mit Ihrem Idealbild übereinstimmt, erfahren Sie durch gezieltes Fragen. Verkaufstrainer Tom Hopkins schätzt in seinem Buch *How to Master the Art of Selling*, daß 50 Prozent der qualifizierten, aber nur 10 Prozent der unqualifizierten Adressaten eine positive Kaufentscheidung fällen.

Auch hier gilt: Je mehr Sie über Ihren prospektiven Arbeitgeber wissen, um so besser stehen Ihre Chancen auf einen erfolgreichen Verkaufsabschluß.

Einwände entkräften:
Ein Nein in ein Ja umwandeln

Ein Einwand ist das, was Sie hören, bevor ein Käufer die endgültige positive Kaufentscheidung fällt. Die wichtigste Lektion für Verkäufer lautet: Ein Einwand ist keine Ablehnung, sondern eine Bitte um zusätzliche Informationen.

Wenn ein Interviewer im Vorstellungsgespräch anführt, nach einem Bewerber mit mehr Erfahrung gesucht zu haben, sagen Sie, daß Ihr Enthusiasmus, Neues zu lernen, Ihren Mangel mehr als wettmachen wird.

Einwände werden meist als Stolpersteine im Verkaufsprozeß gewertet. Dabei sind sie in Wahrheit eine einmalige Chance, die den Abschluß in unmittelbar greifbare Nähe rückt.

Wissen Sie, warum stereotype oder auswendig gelernte Verkaufsmaschen nicht funktionieren? Weil die prospektiven Käufer keine Möglichkeit haben, Einwände zu erheben. Mit den Einwänden servieren sie Ihnen die Gründe, warum sie dem Kauf (noch) nicht zustimmen können. Wenn jemand argumentiert: „zu teuer", heißt das nur, daß die Geschäftsbedingungen, so wie sie momentan verstanden werden, noch nicht akzeptabel sind. Sobald der Einwand geäußert wurde, haben Sie prompt Gelegenheit, das Mißverständnis aufzulösen. Ein Einwand ist keine Ablehnung, sondern eine Frage, die nicht ausreichend geklärt wurde.

Wenn der Interviewer keinerlei Fragen oder Einwände hat, kann das Desinteresse signalisieren. Er hat keine Ahnung von Ihren zahlreichen Qualitäten, mit denen Sie ihm helfen können. Deshalb sollten Sie jeden Einwand als Chance begrüßen, Ihre Vorzüge klarer herauszustreichen. Weitere Ausführungen zum richtigen Umgang mit Einwänden finden Sie in Kapitel 28.

Der Verkaufsabschluß:
Haben Sie Ihr Einmaleins gelernt?

Hat sich der prospektive Käufer zu einer positiven Entscheidung durchgerungen, kann der Verkauf abgeschlossen werden. Das ultimative Ziel jedes Verkäufers ist ein Abschluß, von dem alle Beteiligten gleichermaßen profitieren. Der Verkäufer erntet den finanziellen Gewinn, und der Käufer erwirbt die Lösung zu einem drängenden Problem.

Um den Verkauf unter Dach und Fach zu bringen, müssen Sie drei Dinge tun: dem prospektiven Käufer zeigen, welchen Nutzen er aus Ihrem Produkt zieht, Einwände entkräften und um den Auftrag bitten.

Wenn ein Vorstellungsgespräch gut gelaufen ist und Sie meinen, der Job sei richtig für Sie, belassen Sie es nicht bei einem Händedruck zum Abschied. Ihr Ziel ist es, ein Jobangebot zu bekommen, auch wenn Sie es später nicht annehmen. Verabschieden Sie sich daher mit folgendem Tenor: „Ich bin sehr daran interessiert, für Sie zu arbeiten. Darf ich Sie morgen gegen 12 Uhr anrufen und fragen, wie Sie sich entschieden haben?"

Prospektieren, persönliche Bindung herstellen, qualifizieren, Einwände entkräften und den Verkauf abschließen – das Einmaleins, das Sie bei Ihrer Jobsuche intus haben müssen. Sie können diese Fertigkeiten erlernen und trainieren. Je häufiger Sie sie anwenden, um so besser beherrschen Sie sie.

23 Direktwerbung: Machen Sie Ihren Kunden ein unwiderstehliches Angebot

Verkaufs- und Marketingregel Nr. 23:

Der geheime Wunsch aller prospektiven Käufer:
„Machen Sie mir ein Angebot, das ich nicht ablehnen kann."

Das Marketinginstrument der Zukunft

Mehr und mehr Betreiber auch kleinerer Unternehmen wählen Direktwerbung als effektivste und ökonomischste Methode, ihr Produkt bekanntzumachen.

Was Ihre Jobsuche angeht, so müssen auch Sie einen Weg finden, die Arbeitgebergemeinde wissen zu lassen, daß es Sie gibt. Welches Medium wählen Sie? Rundfunk? Fernsehen? Presse? Direktwerbung?

Rundfunk und Fernsehen scheiden aufgrund ihrer Kostspieligkeit als praktikable Lösungen aus. Schon ein fünfzehn oder dreißig Sekunden langer Werbespot kann ein kleines Vermögen kosten. In den meisten Tageszeitungen gibt es eine Rubrik „Stellengesuche", in der Arbeitsuchende ihre Dienste anbieten. Neun von zehn Arbeitgebern, die ich befragte, meinten allerdings, diese Rubrik selten oder nie zu konsultieren.

Ganz abgesehen von finanziellen Erwägungen sind Rundfunk, TV und Presse wegen der zu großen „Streuung" keine sinnvollen Marketinginstrumente für Sie. Sie erreichen damit ein Millionenpublikum, aber der Großteil davon interessiert sich nicht für Ihr Anliegen.

Aus diesem Grund ist Direktwerbung so überaus effektiv: Mit ihr erreichen Sie einen relativ kleinen Kreis potentieller Kunden. Kunden, von denen Sie wissen: Sie haben ein Interesse an Ihrem Produkt. Bei der Konzeption Ihres Marketingplans in Kapitel 18 haben Sie eine Liste mit Kontaktpersonen aufgestellt. Diese Personen müssen Sie davon überzeugen, daß sie von Ihrer Einstellung profitieren. Der erste Schritt zu diesem Ziel ist der Direktwerbebrief.

Um jenen „unwiderstehlich" zu gestalten, sollten Sie sich mit dem Konzept unmittelbar zielgerichteter Marketinginitiativen vertraut machen. Je besser Sie jede Phase Ihrer Marketingkampagne verstehen, um so größer ist ihre Effektivität. Mit anderen Worten: Sie müssen den Zweck, den Ihr Brief verfolgt, genau vor Augen haben. Andernfalls wissen Sie nicht, wie Sie ihn formulieren sollen.

Werfen Sie den Köder aus!

Was ist der Zweck Ihres Briefs? Wenn ich diese Frage auf Seminaren stelle, höre ich fast immer: „einen Job zu bekommen" oder „zum Vorstellungsgespräch eingeladen zu werden". Das mag zwar Ihr Langzeitziel sein, aber der unmittelbare Zweck des Briefs besteht darin, das Interesse des Empfängers zu wecken, so daß er, wenn Sie ihn später anrufen, bereit ist, mit Ihnen zu sprechen. Mehr muß der Brief nicht leisten: Er ist Ihr Köder.

Ihr Ziel in dieser Phase Ihrer Marketingstrategie ist es, das Interesse des potentiellen Arbeitgebers anzustacheln – ihn davon zu überzeugen, daß ein Gespräch mit Ihnen die Mühe lohnt. Der Brief soll Sie an die Spitze der Jobkandidatenliste katapultieren. Wie Sie das schaffen? Mit dem richtigen Brief an den richtigen Personenkreis.

Das Erfolgsgespann: Liste und Angebot

Das Erfolgsgeheimnis der Direktwerbemethode beruht auf der Kombination von Liste und Angebot. Eine sorgfältig recherchierte Liste nennt einen Kreis von Leuten, die einen Grund haben, an Ihrem Produkt oder Service interessiert zu sein. Wenn Sie einen mittelmäßigen Brief an die richtige Liste schicken, haben Sie immer noch eine gewisse Erfolgschance. Dagegen führt ein exzellenter Brief, an die falsche Liste gerichtet, klar ins Aus. Das ist so ähnlich, wie wenn Sie einem Vegetarier ein saftiges Steak unter die Nase halten. Egal, wie lecker das Steak aussieht – der Vegetarier wird kein Interesse daran haben. Letzte Woche erreichte mich eine Abowerbung für ein Golfmagazin. Ich spiele kein Golf. Ich mag kein Golf. Ich bin sicher, der Sport ist wunderbar und die Zeitung lesenswert – aber ich habe kein Interesse. Ich war auf der falschen Liste.

Kein Produkt oder Service spricht alle Menschen gleich stark an. Deshalb bringen Automobilhersteller unterschiedliche Modelle auf den Markt – um alle Geschmäcker zu berücksichtigen. Nur eine sehr spezielle Gruppe interessiert sich für Sie, und je spezieller die Gruppe, um so stärker ist ihr Interesse. Angenommen, Sie möchten als Wissenschaftler bei einer Ölgesellschaft arbeiten. Am stärksten an Ihnen interessiert wäre ein Abteilungsleiter, der gerade zwei seiner drei besten Kräfte verloren hat und unter Zeitdruck steht, am schwächsten ein Abteilungsleiter, der zuviel Personal und keine neuen Projekte in Aussicht hat.

Ihre Liste, die Sie unter dem Abschnitt „Unmittelbarer Aktionsplan" Ihres Marketingplans erstellt haben, besteht aus zehn bis 20 Namen von Ansprechpartnern bei Firmen, für die Sie gern arbeiten würden. Es handelt sich um eine gezielte Liste – keine willkürliche Namensammlung, sondern ein sorgfältig ausgewählter Kreis von Personen, die ein Interesse an Ihrem Produkt oder Service haben. Ihre heißen Interessenten!

Angebot ist der „Hingucker", der das Interesse des Empfängers entfachen soll, die Antwort auf seine Frage: „Was springt für mich dabei heraus?" Das kann ein „Super-Sonderrabatt" oder ein „Bestellen Sie jetzt, und Sie bekommen eine attraktive Prämie" sein. Es ist Ihr Vorschlag an den Kunden: „Beanspruchen Sie meinen Service, dann ..." oder „Kaufen Sie mein Produkt, dann ..."

Mit Ihrem Angebot schlagen Sie dem potentiellen Arbeitgeber vor, das gleiche für ihn zu tun, das Sie bereits für andere geleistet haben: „Stellen Sie mich ein, und ich löse Ihr Vertriebsproblem" oder „Holen Sie mich in Ihr Team, und ich steigere Ihre Produktivität". Ein oder zwei Ihrer wichtigsten Leistungen, als direkter Nutzen für den Empfänger formuliert, reichen oft, um ihn gesprächsbereit zu stimmen, selbst wenn er keine Stelle offen hat.

Clara, eine erfahrene Rechtsanwaltsgehilfin mit Spezialgebiet Steuerrecht, lebte und arbeitete seit zwölf Jahren in Chicago. Als ihr Mann nach Los Angeles versetzt wurde, sah sie sich dort nach einer geeigneten Stelle um. Sie wollte im Steuerrecht bleiben. Clara schrieb einen wohlüberlegten, nutzenorientierten Direktwerbebrief. Leider war ihre Liste nicht gezielt, und ihr Brief landete bei unzähligen Kanzleien ohne steuerrechtliche Abteilungen. Nachdem sie die mangelnde Resonanz bemerkt hatte, überarbeitete Clara ihre Liste und schickte ihr Mailing an 40, auf Steuerrecht spezialisierte Rechtsanwälte in der Gegend von Los Angeles.

Sie verabredete sieben Vorstellungsgespräche binnen zwei Wochen und bekam drei Jobangebote. Dieses positive Ergebnis verdankte sie dem richtigen Brief an den richtigen Personenkreis.

Die persönliche Note

Gewiß ist es leichter, ein Massenmailing (mit gleichem Wortlaut) an die Personen auf Ihrer Liste zu schicken. Ein guter Direktwerbebrief gibt dem Empfänger jedoch das Gefühl, etwas Besonderes zu sein, zumal der Verfasser Zeit und Mühe investiert hat, etwas über ihn in Erfahrung zu bringen (was Sie getan haben). So wird der Empfänger gefühlsmäßig an dem Geschäft beteiligt. Erinnern Sie sich: Leute kaufen aus emotionalen Gründen. Ein Direktwerbebrief mit persönlicher Note hat den Hauptnutzen, gleichzeitig die geschäftliche (intellektuelle) und die persönliche (emotionale) Seite des Käufers anzusprechen.

Angenommen, Sie besitzen einen Reparaturbetrieb für Gartenzäune. Sie fahren an einem schönen Haus vorbei, dessen Grundstück von einem hübschen weißen Lattenzaun umgeben ist. Ihr geschultes Auge sieht sofort, daß eine Lattenreihe ramponiert ist und die Farbe abzublättern beginnt. Was für ein Verkäufer wären Sie, würden Sie dem Hauseigentümer einen Ihrer Standardprospekte in den Briefkasten werfen?

Lieber Hauseigentümer:

Kein Grund zum Verdruß,
wir halten Ihren Zaun in Schuß.
Top-Service und Zuverlässigkeit
bietet Peter Nanson, Gartenzäune – Reparaturen.

Nun ja, vielleicht bekämen Sie eine Resonanz. Höchstwahrscheinlich aber würde der Hauseigentümer Ihren Prospekt in den Müll werfen. Aber wenn Sie diesen Brief schrieben?

Liebe Familie Jones,

als ich neulich an Ihrem schönen Eigenheim vorbeikam, fiel mir auf, daß Ihr weißer Lattenzaun ein paar Schönheitshandgriffe vertragen könnte. Ich repariere seit 20 Jahren Gartenzäune – bei mir sind Sie an der richtigen Adresse.

Fragen Sie Familie Bradley ein paar Häuser weiter. Der Wert ihrer Immobilie ist um ein Drittel gestiegen, weil wir Zaun und Grundstück wieder perfekt in Schuß gebracht haben. Und wenn wir vor dem 13. Oktober mit der Arbeit beginnen, bessern wir ohne Aufpreis Ihre Garagenauffahrt aus.

Ich würde mich über einen Auftrag freuen und rufe Sie nächste Woche diesbezüglich an.

Mit freundlichem Gruß
Peter Nanson
Gartenzäune – Reparaturen

Aus diesem Text geht eindeutig hervor, daß er speziell an die Familie Jones – nicht an hundert anonyme Hauseigentümer – gerichtet ist. Der Eindruck, der entsteht: Wenn Sie sich die Zeit für einen persönlichen Brief nehmen, werden Sie sicher auch den ramponierten Zaun gewissenhaft reparieren. Der Brief war gezielt, das Angebot unwiderstehlich. Möglich, daß noch Fragen offen sind, aber höchstwahrscheinlich wird der Empfänger gesprächsbereit sein, wenn Sie ihn anrufen. Und mehr soll Ihr Brief zunächst nicht erreichen.

Achten Sie auf Details

Die wichtigste Voraussetzung für Ihren Direktwerbebrief ist, daß der Adressat stimmt. Sie wollen den Entscheidungsträger erreichen – die Person, die unmittelbar befugt ist, Sie einzustellen. Bei kleineren Firmen adressieren Sie Ihr Mailing direkt an den Geschäftsführer, bei größeren Betrieben an den Leiter der zuständigen Abteilung.

Achten Sie auf die korrekte Schreibweise des Namens und den vollständigen Titel. Wenn Sie bei der Erstellung der Liste nicht bei der Firma angerufen haben, tun Sie es jetzt, um sicherzugehen, daß Ansprechpartner und Titel noch stimmen.

Sie müssen am Telefon nicht angeben, wer Sie sind. Es reicht zu sagen: „Ich habe hier ein paar Informationen für Herrn Thompson und würde gern die Schreibweise seines Namens und seinen korrekten Titel überprüfen." Diese Maßnahme verrät eine Gründlichkeit, die für selbstverständlich genommen werden mag, solange alles in Ordnung ist. Aber sobald Sie einen Fehler machen, kreidet man Ihnen die Nachlässigkeit an.

Ich hätte einen Vorschlag für Sie ...

Wenn Sie überprüft haben, daß Ihr Adressat stimmt, können Sie ihm Ihren Vorschlag unterbreiten: Sie werfen Ihre Kenntnisse, Erfahrung, Expertise und Energie in die Waagschale, um der Person bzw. der Firma bei der Lösung bestimmter Probleme zu helfen, und erhalten ein angemessenes Gehalt und Zufriedenheit im Job als Gegenleistung. Sie betteln weder um den Job noch meinen Sie, die Position stünde Ihnen zu: Sie schlagen lediglich ein für beide Seiten profitables Geschäft vor. Den Nutzen, den dieses Geschäft für Sie hat, kennen Sie bereits. Ihr Direktwerbebrief dient dazu, der Gegenpartei diesen Nutzen plausibel zu machen. Die Einleitung Ihres Briefs verfolgt drei Ziele:

1. Die Aufmerksamkeit des Lesers wecken;
2. die Bedürfnisse des Lesers bzw. seiner Firma ansprechen;
3. den Wert Ihres „Produkts" etablieren.

Ihre Recherche hat Ihnen einiges über Erfolge und Niederlagen, Stärken und Schwächen der Firmen auf Ihrer Liste verraten. Nun bekommen Sie Gelegenheit, diese Informationen nutzbringend zu verwenden. Sie sollten Probleme und besondere Interessen Ihres Adressaten kennen, um aufzeigen zu können, inwiefern Sie ihm weiterhelfen können.

Nehmen wir den Brief von Peter Nanson an die Familie Jones als Beispiel. Er beginnt wie folgt: „Als ich neulich an Ihrem schönen Eigenheim vorbeikam, fiel mir auf, daß Ihr weißer Lattenzaun ein paar Schönheitshandgriffe vertragen könnte." Nach einem einleitenden Kompliment wird ausgedrückt, daß Nanson um das bestehende Problem weiß und bei seiner Lösung behilflich sein kann. Sie sollten das Problem nicht haarklein schildern (niemand wird gern auf Mängel aufmerksam gemacht), wohl aber deutlich zu verstehen geben, daß Sie Abhilfe schaffen können. Und Sie wollen durchklingen lassen, etwas von Zahlen zu verstehen. Nanson tat das mit dem Verweis auf die Bradleys: „Der Wert ihrer Immobilie ist um ein Drittel gestiegen, weil wir Zaun und Grundstück wieder perfekt in Schuß gebracht haben."

Denkbar wäre auch folgender Satz: „Ich habe fünf Jahre Erfahrung als Experte für Qualitätskontrolle und bin sicher, Ihre Kosten dämpfen und Ihre Produktivität steigern zu können." Damit signalisieren Sie, daß Ihre Interessen mit denen der Firma übereinstimmen.

Das Risiko minimieren

Untermauern Sie Ihren „Wert" mit Beispielen, wie Ihre Leistungen Mitbewerbern und Kollegen geholfen haben – das interessiert potentielle Arbeitgeber und weckt Hoffnungen, Sie könnten ähnliches für deren Firma vollbringen. Wir haben bereits über Verantwortung und Risiken gesprochen, die Arbeitgeber mit jeder Einstellungsentscheidung eingehen. Bei Fehlern wackelt möglicherweise deren eigener Stuhl. Zeigen Sie, daß Sie das Risiko minimieren können – sie nichts zu befürchten haben, wenn sie Ihnen den Zuschlag geben.

An dieser Stelle fügen Sie zwei (maximal drei) Ihrer AAA-Blätter bei, die Sie an den Adressaten angepaßt auswählen und formulieren.

Oder würden Sie etwa auf diesen Brief reagieren?

Happy Smile Zahnpflegeprodukte GmbH
z.Hd. Frau Rachel Miller
Abteilungsleiterin Produktentwicklung
Sullivan Street
Chicago, IL 60606

9. August 1998

Sehr geehrte Frau Miller,

ich bin Experte für Forschung und Design im Zahnpflegebereich. Meine Produktentwürfe haben sich in der Praxis erfolgreich bewährt.
Vor kurzem erfuhr ich von einer offenen Position in Ihrer Abteilung. Ich werde Anfang September für zwei Wochen in Chicago sein. Wenn Sie Lust haben, über unsere Zusammenarbeit zu sprechen, rufen Sie mich bitte rechtzeitig an, damit wir uns verabreden können.

Hochachtungsvoll
Jack Washington

Nichts in diesem Brief hebt Jack Washington von der Masse ab. Warum sollte Rachel Miller ihn anrufen wollen? Sein Ton („Wenn Sie Lust haben, ...") ist etwas zu salopp, die Grußformel am Ende wirkt antiquiert, und auch sonst verfehlt der Brief seinen Zweck. Ich bekomme zahlreiche Briefe in diesem Stil und schenke ihnen keinerlei Beachtung.

Einem potentiellen Arbeitgeber gegenüber zu behaupten, Experte auf diesem oder jenem Gebiet zu sein, bringt wenig. Warum sollte er Ihnen glauben? Jack nennt weder berufliche Leistungen noch irgendeinen Nutzen für den Leser. Und zu allem Überfluß überläßt er dem Arbeitgeber den nächsten Schritt: Frau Miller soll ihn wegen eines Termins anrufen!

Positive Erwartungen wecken

Am Schluß des Briefs sollten Sie ein Datum festlegen, an dem Sie den potentiellen Arbeitgeber wegen eines Treffens kontaktieren werden. Dieses Datum markieren Sie in Ihrem Kalender und halten Ihre Ankündigung ein. Hat Ihr Brief seine „Köder"-Funktion erfüllt, erwartet der Empfänger Ihren Anruf mit Spannung. Er stellt Sie sich als jemanden vor, der sich nicht scheut, die Initiative zu ergreifen – statt passiv neben dem Telefon zu sitzen und auf einen Anruf zu hoffen. Und mit der gleichen Dynamik, so denkt er weiter, werden Sie sich um die Realisierung Ihnen anvertrauter Aufgaben kümmern.

Das Verfassen effektiver Direktwerbebriefe ist eine Fertigkeit, die gelernt und geübt sein will. Schicken Sie Ihre ersten Versuche daher nicht an Ihre favorisierten Unternehmen. Geben Sie sie Freunden oder Ihrer Familie zu lesen. Fragen Sie, ob sie aufgrund des Briefs an einem Treffen mit Ihnen interessiert wären oder nicht, und lassen Sie sich die Gründe erläutern. Die ersten Briefe, die Sie verschicken, sollten an prospektive Arbeitgeber gerichtet sein, die auf Ihrer Liste weiter unten stehen. Je mehr Sie sich zur Spitze hocharbeiten, um so perfekter werden Ihre Anschreiben dann sein.

Der erfolgreiche Direktwerbebrief – eine Analyse

Gehen wir die „Zutaten" eines erfolgreichen Direktwerbebriefs schrittweise durch:

1. *Bei der Firma anrufen und verifizieren, daß Ihr Adressat sich nicht geändert hat.* Ermitteln Sie die korrekte Schreibweise seines Namens und seinen vollständigen Titel.
2. *Die Einleitung auf den Empfänger zuschneiden.* Geben Sie dem Leser zu verstehen, daß es sich nicht um ein Massenmailing handelt und daß Sie Informationen über ihn und/oder die Firma besitzen. Die Einleitung sollte seine Aufmerksamkeit fesseln und ihn zum Weiterlesen verleiten, auch wenn er momentan keine Stelle offen hat. Sie sollte dokumentieren, daß Ihre Ziele und

Werte mit denen der Firma übereinstimmen, Sie sich harmonisch in die Abteilung und das Gesamtunternehmen eingliedern werden. Ihre Absicht ist es, sich vom Rest der Briefeschreiber abzuheben.

Die meisten Anschreiben sind phantasielos und stereotyp. Sie drücken nicht viel mehr aus, als daß der Verfasser einen Job sucht. Wenn Ihr Brief gut recherchiert und eine Spur kreativ oder humorvoll ist, können Sie daher ziemlich sicher sein, daß er im Gedächtnis bleibt und Sie in ein günstiges Licht rückt.

3. *Ein Vorgeschmack auf Ihre Qualitäten geben.* Stacheln Sie die Neugierde des Adressaten an, indem Sie andeuten, ihm bei der Lösung seiner Probleme helfen, Umsätze steigern, die Effektivität verbessern oder den kreativen Ideenstrom ankurbeln zu können. Legen Sie den Schwerpunkt auf Nutzenaussagen. Gehen Sie kurz auf Ihre Erfahrung ein und auf die Vorteile, die diese dem Unternehmen bringt. Sie müssen Ihre Erfahrung nicht in Jahren ausdrücken: Sie können ebensogut Zahlen für erwirtschaftete Profite, Einsparungen, neu akquirierte Kunden, abgeschlossene Projekte etc. angeben, die die Kompatibilität Ihres Werdegangs mit den Bedürfnissen der Firma belegen.

4. *Zwei Ihrer wichtigsten drei A integrieren.* Das ist Ihr unwiderstehliches Angebot – die Stelle, an der Ihr Adressat aufmerkt und konstatiert: „Den können wir prima gebrauchen!" Achten Sie darauf, daß der Zusammenhang zwischen Ihren Leistungen und den Firmeninteressen deutlich wird. Formulieren Sie präzise und knapp: Sie wollen nicht Ihr gesamtes Pulver verschießen – im Vorstellungsgespräch bekommen Sie genügend Gelegenheit für nähere Ausführungen. Betonen Sie Resultate. Sie müssen keine Namen von Firmen erwähnen, für die Sie diese Resultate erreichten. Auch das können Sie bei Bedarf im persönlichen Gespräch nachholen. Denken Sie daran: Ihr Brief ist nur der Köder!

5. *Den Empfänger wissen lassen, daß Sie für ihn arbeiten wollen und an einem bestimmten Datum zwecks Vereinbarung eines Treffens anrufen werden.* Verwenden Sie das Wort „Treffen" oder „Verabredung", vermeiden Sie „Vorstellungsgespräch". Sie bitten lediglich um eine geschäftliche Unterhaltung mit dem Adressaten. Wenn diese zu einem Jobangebot führt – um so besser für beide Parteien. Versuchen Sie, selbstbewußt zu klingen und zuversichtlich, daß das gewünschte Treffen stattfinden wird.

6. *Der „PS"-Trick.* Direktwerbefachleute haben herausgefunden, daß zuerst die Anrede (deshalb ist die korrekte Schreibweise so

wichtig) und als nächstes das Postskriptum am Ende von Briefen gelesen wird. Wenn Sie sich an ein konservatives Unternehmen wenden, sollten Sie die Information des Postskriptums in den Haupttext des Briefs verpacken. Bei aufgeschlosseneren Firmen kann ein PS sehr effektiv wirken. Ihr PS sollte einen zusätzlichen Anreiz nennen, warum sich Ihr Adressat ein Gespräch mit Ihnen keineswegs entgehen lassen darf.

Hier ein Beispiel für einen erfolgreichen Direktwerbebrief:

Happy Smile Zahnpflegeprodukte GmbH
z.Hd. Frau Rachel Miller
Abteilungsleiterin Produktentwicklung
Sullivan Street
Chicago, IL 60606

9. August 1998

Sehr geehrte Frau Miller,

aus Ihren jüngsten Produktinnovationen im Zahnpflegebereich schließe ich, daß Sie Ihren Kunden optimierte Möglichkeiten zur Gesunderhaltung ihrer Zähne anbieten und Ihre Absatzsituation verbessern wollen. Ich bin seit zehn Jahren auf Entwicklung und Design von Zahnpflegeprodukten spezialisiert. In dieser Zeit ist es mir mehrfach gelungen, neue, bessere und profitsteigernde Methoden der Zahngesunderhaltung zu entwickeln. Zwei Beispiele:

* *Letztes Jahr entwarf ich einen billig herzustellenden Plastikadapter, mit dem die gebogenen Zahnbürsten meiner Firma in die vorgesehenen Standardhalterungen passen. Die Folge war eine Umsatzsteigerung von 300 Prozent.*
* *Mein Vorschlag – und der Entwurf – für eine Neuverpackung unserer Kinderzahnpasta steigerte den Marktanteil des Produkts in nur sechs Monaten von 2 auf 22 Prozent.*

Ich bin sicher, Ihnen und Ihrer Firma, deren Leistungen ich sehr schätze, ähnliche Erfolge bringen zu können. Die ersten beiden Septemberwochen werde ich in Chicago sein.

Ich erlaube mir, Sie am Dienstag, den 16. August, anzurufen, damit wir einen Termin für ein persönliches Treffen vereinbaren können.

Mit freundlichen Grüßen
Jack Washington

PS: Besonders beeindruckt bin ich von Ihrem neuen Zahnseidespender. Ich habe ein Konzept für ein profitables Sortiment koordinierter Produkte erarbeitet, das ich gerne mit Ihnen diskutieren würde.

Der Brief ist Ihre Visitenkarte

Ich war im Büro eines Kunden, als dieser einen Brief erhielt, mit dem ein Bewerber um eine offene Position bat. Der Brief war zerknittert, an den Ecken geknickt und offensichtlich eine Fotokopie. Mein Kunde regte sich auf: „Es ist mir egal, wie begabt oder talentiert diese Person ist. Nie im Leben würde ich jemanden einstellen, der sich so wenig um den Eindruck schert, den dieser Brief macht. Wenn der denkt, ich merke das nicht, hat er sich geschnitten. Ich kann nur Profis gebrauchen. Und kein Profi käme auf die Idee, mir so einen Brief zu schicken."

Lesen Sie Ihren Brief sorgfältig Korrektur. Achten Sie darauf, daß jedes Detail stimmt und Sie einen professionellen Eindruck machen. Kein zerfleddertes, beschmutzes Papier, keine Tippfehler, keine ausgebesserten Stellen! Bevor Sie den Brief losschicken:

1. Kopieren Sie den Brief für Ihre Unterlagen.
2. Notieren Sie das Datum des angekündigten Anrufs und die Ansprechperson in Ihrem Terminkalender.
3. Vermerken Sie die Durchwahl/Telefonnummer auf Ihrer Briefkopie.
4. Heften Sie die Kopie so ab, daß Sie jederzeit Zugriff auf sie haben.

Das Timing macht's

Eine letzte wesentliche Erwägung zum Thema Direktwerbung ist das richtige Timing. Versuchen Sie, Ihr Mailing so zu timen, daß es ganz sicher Beachtung findet.

Erkundigen Sie sich bei der Post, wie lange Ihr Brief zu seinem Zielort unterwegs sein wird. Empfehlenswert ist es, Briefe so loszuschicken, daß Sie den Empfänger in der Wochenmitte erreichen. Der Grund: Montags quellen die Schreibtische ohnehin über, und der Freitag wird oft als Überleitung ins Wochenende betrachtet, wodurch die Aufnahmebereitschaft begrenzt ist.

Ihr Brief ist der erste Eindruck, den Sie auf prospektive Arbeitgeber machen. Seine Bedeutung kann gar nicht hoch genug eingeschätzt werden. Mit jedem Anschreiben und jedem Lebenslauf, die Sie losschicken, knüpfen Sie neue Verbindungen, die sich als mehr oder weniger fruchtbar für Sie erweisen werden. Habe ich Lebenslauf gesagt? Obwohl ich generell nichts von Lebensläufen halte, weiß ich, daß Arbeitgeber sie nach wie vor häufig verlangen. Das nächste Kapitel verrät ein paar nützliche Tips für Ihren Lebenslauf.

Tips für Ihren Lebenslauf 24

In unserem Servicezeitalter kann Massenmarketing nicht die Effizienz maßgeschneiderter Verkaufstechniken entfalten.

Die erste Hürde bewältigen

Wenn ich früher als Schauspielerin an Castings teilnahm, hatte ich mindestens zwei Fotomappen bei mir, die ich angepaßt an die Rolle vorlegte. Bewarb ich mich um eine dramatische Rolle, drückte ich dem Regisseur eine Mappe mit ernsten Aufnahmen – kein Lächeln, düster existentialistischer Touch – in die Hand. Für Komödien oder Musicals hatte ich eine Serie mit fröhlichen, Heiterkeit ausstrahlenden Fotos vorbereitet.

Castings gehören für Schauspieler und Models zum beruflichen Alltag. Man begibt sich zu einer bestimmten Zeit an einen bestimmten Ort, um dort mit zahlreichen Kollegen in einem Raum versammelt und mit prüfendem Blick gemustert zu werden. Nach dieser ersten groben Auslese wird das Gros der Bewerber nach Hause geschickt. Wer diese erste Hürde bewältigt hat, kommt in die engere Auswahl – das echte Casting beginnt.

Kluge Bewerber haben gelernt, ihre Chancen zu erhöhen, indem sie vorher recherchieren: über das Stück, den Film, den Regisseur, seine früheren Werke etc. Sie wählen Frisur und Garderobe so, daß es dem Regisseur möglichst leicht fällt, sie sich in der Rolle, um die es geht, vorzustellen. Diese winzigen Adaptationen machen oft einen gewaltigen Unterschied aus.

Mit Lebensläufen verhält es sich sehr ähnlich. Arbeitgeber mustern die Masse der Lebensläufe, die sie bekommen, mit flüchtigem Blick und legen das Gros davon desinteressiert zur Seite. Warum? Weil diese Lebensläufe wenig über den Absender verraten und erst recht nicht erklären, wieso ausgerechnet diese Person der ideale Kandidat für die ausgeschriebene Position sein soll.

Das ist der Grund, warum ich nichts von Lebensläufen halte. Sie dienen dazu, Bewerber ohne näheres Hinsehen „auszumustern". Direktwerbung ist ein ungleich effektiveres Verkaufsinstrument, das dem Käufer ein gezieltes Angebot mit präzise formuliertem Nutzen unterbreitet. Ein Lebenslauf leistet das in keinem Fall.

Am liebsten würde ich Ihnen raten, keinen Lebenslauf zu verschicken. Aber auf dem Arbeitsmarkt herrschen nach wie vor gewisse Gepflogenheiten, die berücksichtigt werden müssen. Die meisten Arbeitgeber bestehen darauf, einen tabellarischen Lebenslauf vorgelegt zu bekommen. Bevor Sie Ihr persönliches Exemplar gestalten, empfehle ich Ihnen dringend, vorher möglichst viele Details über „Rolle" und „Regisseur" herauszufinden und Ihr „Image" an die Bedürfnisse und Erwartungen anzupassen.

Die Problematik mit Lebensläufen

Sie betreten ein elegantes Restaurant. Sie setzen sich an einen Tisch, schlagen die Speisenkarte auf und lesen:

Speisenauswahl

5 Huhngerichte
3 Fleischgerichte
4 Fischgerichte
3 Gemüsegerichte
... und traumhafte Desserts!

Sie wüßten nicht einmal, um welche Art Küche es sich handelt! Von einer Speisenkarte erwarten die Gäste mehr als eine numerische Aufzählung der Gerichte. Ähnlich pauschal präsentieren sich viele Lebensläufe, wenn es heißt:

Bisherige Arbeitgeber:

IBM
Procter & Gamble
American Airlines
Visa

Ein Arbeitgeber, der das liest, zuckt (zu Recht) mit den Schultern und sagt: „Na und?" Um mit Ihrem Lebenslauf positiv aufzufallen, sollten Sie ihn nach den gleichen Prinzipien gestalten wie Ihren Direktwerbebrief, und die heißen: Nutzenorientierung, Mehrwertmarketing und gezielter Zuschnitt auf den Job, für den Sie sich bewerben.

Der Lebenslauf als Türöffner

Wie Ihr Direktwerbebrief verfolgt auch Ihr Lebenslauf den Zweck, die Aufmerksamkeit des prospektiven Arbeitgebers zu wecken – Türen zu öffnen. Sobald Sie den Fuß in der Tür haben, können Sie Ihre Verkäuferqualitäten verwenden, um den Job unter Dach und Fach zu bringen.

Die Situation ist die gleiche, wie wenn Sie ein Inserat in die Zeitung setzen: Um Interesse zu wecken, sollte der Anzeigentext den Nutzen für den Kunden in den Mittelpunkt stellen. Damit sie aus der Masse hervorsticht, muß die Anzeige einen „Hingucker" enthalten, verständlich formuliert sein und einen klaren Nutzen für den Leser anführen. Andernfalls wird sie vom eiligen Leser übersehen, der Gefahr läuft, den Wald vor lauter Bäumen nicht mehr zu sehen.

Arbeitgeber sind extrem eilige Leser: Sie überfliegen Berge ähnlich lautender Lebensläufe, statt sie gewissenhaft zu studieren – dazu fehlt ihnen die Zeit. Je leichter es für sie ist, die Verbindung zwischen Ihnen und dem Job zu sehen, um so eher sind sie geneigt, innezuhalten und Ihren Lebenslauf wirklich zu lesen.

Für alle Fälle gerüstet

„Moment mal", wenden Sie ein. „Soll ich etwa meinen Lebenslauf für jede neue Bewerbung überarbeiten? Unmöglich! Was das an Zeit kostet!"

Ich weiß. Meine Tochter Laura hat drei verschiedene Musterlebensläufe in der Schublade, die sie je nach Bedarf auf den neuesten Stand bringt. Sie decken ihre drei Interessengebiete ab: Laura ist Expertin für Kindesmißbrauch, Wissenschaftlerin und Autorin, Übersetzerin und Dolmetscherin. In allen Bereichen hat sie Berufserfahrung, aber alles in einen Lebenslauf pressen zu wollen, wäre dumm, wenn nicht sogar unmöglich.Weil sie drei Lebensläufe vorbereitet hat, ist Laura auch für spontane Chancen gut gerüstet.

Sie brauchen keinen separaten Lebenslauf für jede neue Bewerbung. Aber Sie benötigen einen Lebenslauf, der auf den Job, für den Sie sich bewerben, zugeschnitten ist, Ihren potentiellen Nutzen für den prospektiven Arbeitgeber herausstreicht. Ihr Lebenslauf muß es dem Leser einfach machen, Ihre früheren Leistungen mit dem aktuellen Job in Bezug zu setzen. Außerdem: Da das Gros der Lebensläufe am PC gestaltet wird, lassen sich Anpassung und Aktualisierung der Daten schneller und bequemer bewältigen als vielfach befürchtet.

Wie sollte Ihr Lebenslauf aussehen?

Bei einer schriftlichen Bewerbung sollte der Erstkontakt zum Unternehmen so positiv wie möglich ausfallen. Ihr Ziel ist eine Einladung zu einem persönlichen Vorstellungsgespräch. Eine aussagefähige Bewerbung umfaßt:

1. ein Anschreiben (Ihr Direktwerbebrief)
2. einen tabellarischen Lebenslauf
3. ein Lichtbild (aktuell, nicht aus dem Automaten)
4. Zeugnisse, Referenzen (keine Originale, von Berufsanfängern auch das letzte Schulzeugnis)

Tabellarischer Lebenslauf

Auch bei den Personalfachleuten hat ein gewisser Umdenkungsprozeß begonnen. Immer mehr gelangen zu der Auffassung, daß Lebensläufe in der früheren ausführlichen Form, die Veränderungen in den beruflichen Stationen eingehend begründete, nicht mehr zeitgemäß sind. Heute reicht ein tabellarischer Lebenslauf aus. Dabei hat sich folgendes Gliederungsschema bewährt:

- *Angaben zur Person*
  Name, Vorname, Geburtsdatum, Staatsangehörigkeit, Anschrift, Familienstand, ggf. Konfession.
- *Ausbildung, Praktika*
  Schulische Ausbildung (Dauer, Schulart, Abschluß), Promotion, Studienaufenthalte im Ausland, betriebliche Ausbildung, Praktika, Wehrpflichtzeiten, Fortbildungsmaßnahmen auch privater Art.
- *Berufsweg/Berufspraxis*
  Alle beruflichen Stationen in zeitlicher Reihenfolge, Art und Umfang der Tätigkeiten, Namen und Anschriften der Arbeitgeber.
- *Besondere Kenntnisse*
  Dazu gehören z.B. Fremdsprachenkenntnisse, besondere Führerscheine/Flugscheine, längere Auslandsaufenthalte, eigene Veröffentlichungen, wenn sie mit dem Beruf in Zusammenhang stehen.

Falls Sie eine Zeitlang weder in Ausbildung noch in Beschäftigung standen, geben Sie hierfür eine kurze Erklärung ab, z.B. Krankheit, Therapie, Pflege eines Familienangehörigen. Auf viele Leser wirkt es noch immer negativ, wenn solche Lücken auftreten und nicht erklärt werden. Hier ein Muster:

Lebenslauf

Name	Rita Stange
Geburtsdatum, -ort	19.03.1958 in Köln
Staatsangehörigkeit	deutsch
Anschrift	Akademiestr. 15, 80799 München
Familienstand	ledig
Schulbildung	1964 – 1968
	Besuch der Grundschule in Köln

	1968 – 1977 Besuch des Gymnasiums in Köln Abschluß: Abitur
Berufsausbildung	01.09.1977 – 30.08.1979 Banklehre bei der Stadtbank München
Berufspraxis	01.09.1979 – 30.06.1984 Anlageberaterin bei der Stadtbank München
	ab 01.07.1984 Leiterin des Beratungscenters bei der Krupsbank in München
Besondere Kenntnisse	Perfekte Englisch- und Französisch-kenntnisse in Wort und Schrift

Funktioneller Lebenslauf

Der tabellarische Lebenslauf hat sich zwar als klassisches Format etabliert, für besonders effektiv halte ich ihn jedoch nicht. Um sich einen Vorsprung vor Mitbewerbern zu verschaffen, rate ich Ihnen zu einer Variante, die ich als „funktionellen" Lebenslauf bezeichne.

Der funktionelle Lebenslauf folgt der gleichen Gliederung, ergänzt aber bei der Berufspraxis durch Beispiele und in greifbaren Nutzen und Resultaten (Zahlen) ausgedrückte Verdienste. Unter *Besondere Kenntnisse/Fähigkeiten* sollten Sie Erfolgsfaktoren und übertragbare Fähigkeiten anführen, die Ihre besondere Eignung für den Job illustrieren. Unser Beispiel sähe dann so aus:

Berufspraxis

01.09.1979 – 30.06.1984
Anlageberaterin bei der Stadtbank München

Dem Leiter der Anlagenabteilung direkt unterstellt, vier weiteren Anlageberatern übergeordnet. Vorbereitung monatlicher Verkaufsanalysen und Vergleichsberichte. Steigerung des Kundenstamms um 30 Prozent; 1981 – 1983 Akquisition von zehn neuen Großkunden.

Ab 01.07.1984
Leiterin des Beratungscenters bei der Krupsbank in München

Durchführung finanzieller Audits. Entwicklung von Berichten und Empfehlungen an die Geschäftsleitung. Dem Bankpräsidenten ein Konzept zur Optimierung von Beratungsleistungen zugearbeitet, das genehmigt wurde. Resultat des neuen Systems: Weniger Bürokratie (Papieraufwand), Verdopplung der Produktivität in sechs Monaten ohne zusätzliches Personal.

Besondere Kenntnisse/Fähigkeiten

Perfekte Englisch- und Französischkenntnisse in Wort und Schrift. Ausgeprägtes Verhandlungsgeschick und Problemlösungstalent. Fähigkeit zur Erschließung neuer Märkte und Beziehungspflege mit angestammten Kunden. Überzeugungskraft und Mut zu neuen Wegen.

Nun zur funktionellen Überarbeitung Ihres Lebenslaufs. Beginnen Sie mit einer tabellarischen Aufzählung Ihrer beruflichen Stationen:

1. _____
2. _____
3. _____

Versuchen Sie, diese Liste mit Resultaten, Nutzenaussagen, Zahlen etc. aufzufüllen – Anreize zu schaffen, damit der prospektive Arbeitgeber sich mit Ihnen treffen will.

1. _____
2. _____
3. _____

Checkliste Lebenslauf

✓ Hat Ihr Lebenslauf das Format DIN A4? Ist er sauber getippt, frei von Rechtschreib- und Grammatikfehlern? Nach Möglichkeit Korrekturlesen lassen.

✓ Haben Sie eine seriöse, leicht lesbare Schriftart gewählt? Nur eine Schriftart im ganzen Dokument verwenden.

✓ Haben Sie hochwertiges, weißes Papier benutzt (keine Recyclingware, keine Fotokopien – außer bei Zeugnissen)?

✓ Ist Ihr Lebenslauf ungebraucht? Alle Bewerbungsunterlagen müssen jungfräulich aussehen, ohne Knicke, Flecken oder Grauschleier.

✓ Sind Ihre persönlichen Daten vollständig und fehlerfrei?

✓ Ist Ihr Lebenslauf lückenlos und schlüssig?

✓ Kurz und prägnant?

✓ Enthält er Datum, Unterschrift und ein professionelles, farbiges Bewerbungsfoto (nur vom Fotografen!)?

✓ Stellt er den Bezug zwischen den im Stelleninserat genannten Anforderungen und Ihren Fähigkeiten her? Nutzenaussagen und Zahlen einflechten.

✓ Wissenschaftlich-bürokratische Ausdrucksweise und Fremdwörter vermeiden.

✓ Keine Gehaltsvorstellungen äußern, es sei denn, diese wurden ausdrücklich erbeten.

✓ Keine wahrheitswidrigen Angaben machen! Sie müssen damit rechnen, daß der Leser Ihre Daten überprüft, sich bei früheren Arbeitgebern über Sie erkundigt.

Der Lebenslauf nimmt seit jeher einen hohen Stellenwert in der Jobsuche ein – und daran wird sich so schnell nichts ändern. Was sich sehr wohl ändert, wenn auch nur langsam und zögerlich, ist sein traditionelles Format: Hier werden dem Verfasser allmählich mehr kreative Freiräume zugestanden. In einigen Bereichen wie TV und Werbung scheint die Bewerbung per Video auf dem Vormarsch, die im nächsten Kapitel kurz angerissen wird.

Schöne neue Welt: Die Video- bewerbung

25

Verkaufs- und Marketingregel Nr. 25:

Die Verpackung spielt bei der Entscheidung des Käufers für ein Produkt oder einen Service eine wesentliche Rolle.

Sehen ist glauben

Barbara Quast betritt ihr Büro in der Zentrale von XY. Sie erwartet einen hektischen Tag. In ihrem Unternehmen ist die Position des Produktionsmanagers neu zu besetzen, die Stellenannonce erschien vor einer Woche in der Zeitung. Da sich eine mehrtägige Geschäftsreise nicht verschieben ließ, hatte sie ihren Assistenten Tom gebeten, sich um die Bewerbungen zu kümmern.

Tom empfängt sie mit den Worten: „Warte bloß, bis du die Resonanz siehst!" Barbara lächelt und zuckt mit den Schultern: „Von mir aus kann's losgehen! Schalte den Videorecorder ein."

Wie bitte? Was hat ein Videorecorder mit dem Sichten von Bewerbungen zu tun? Nun, das moderne Kommunikationszeitalter, das uns Laptop, Faxmodem und Handy bescherte, macht auch vor Bewerbungen nicht länger halt. Die optische Bewerbung per Video hebt den Bewerber von der Konkurrenz ab und erlaubt dem prospektiven Arbeitgeber, sich im wahrsten Sinne des Wortes ein Bild vom Kandidaten zu machen.

Soviel steht fest: Videobewerbungen sind noch lange nicht die Norm, und bis das so ist, wird noch eine Menge Zeit vergehen. In der Zwischenzeit sind sie jedoch buchstäbliche „Hingucker", die prospektive Arbeitgeber auf den kreativen Geist hinter dem Einfall neugierig machen.

Selbstverständlich ist die Videobewerbung nicht als Ersatz für Vorstellungsgespräche gedacht – nichts geht über den Kontakt von Angesicht zu Angesicht, die unmittelbare Interaktion. Vielmehr erfüllt sie die gleiche Funktion wie der Direktwerbebrief: Ihr Ziel ist es, das Interesse des Betrachters zu entfachen, ihn für ein Treffen mit Ihnen zu begeistern. Dieses Format der Bewerbung paßt in unser elektronisches Zeitalter und in die schöne bunte Fernsehwelt, die uns von Werbeblöcken unterbrochene Informationen häppchenweise serviert.

Ein erfolgreiches Bewerbungsvideo sollte zwischen drei und sieben Minuten dauern. Nach einigen einführenden Bemerkungen schildert der Bewerber mit freundlichem Blick in die Kamera seine Qualitäten und Leistungen, die ihn für den Job geeignet machen.

Die Videobewerbung ist als Ergänzung zu Ihrem Direktwerbebrief zu verstehen. Verschicken Sie beides zusammen. Ihr Anschreiben sollte in diesem Fall nur ein AAA beinhalten, heben Sie zwei oder drei weitere drei A für den Videotext auf.

Auf eher unkonventionelle, aufgeschlossene Arbeitgeber können Videobewerbungen einen sehr positiven Eindruck machen. In Werbung, Marketing und Medien, wo man es gewohnt ist, mit visuellen Ausdrucksmitteln zu arbeiten, werden Aufwand und Originalität von Videoproduktionen vermutlich geschätzt und mit einem persönlichen Gesprächstermin honoriert.

Eine zweischneidige Angelegenheit

„Die Sache hat einen Haken", wenden Sie ein. „Ich bin kein Schauspieler. Wie kann ich vor eine Kamera treten, ohne mich lächerlich zu machen?"

Eine Videobewerbung erfordert kein Schauspieltalent. Sie ist ein Vehikel, das Ihre Persönlichkeit und Ihre Erfolgsfaktoren auf natürliche, lockere und anschauliche Weise transportieren soll. Nehmen Sie Blickkontakt mit der Kamera auf, und geben Sie sich so natürlich wie möglich. Achten Sie auf eine positive Körpersprache, eine klare Ausdrucksweise, und sprechen Sie nicht zu schnell.

Trotzdem haben Sie natürlich recht: Die Videobewerbung eignet sich nicht für jeden. Wenn Sie extrem kamerascheu oder unfotogen sind, nervös auf Ihrem Stuhl herumrutschen, am Ohrläppchen zupfen, Ihre Stimme schwach oder heiser klingt, oder wenn Sie aussehen, als hätten Sie soeben einen Stock verschluckt, sollten Sie eine Videobewerbung nicht in Erwägung ziehen. Sie würden sich damit mehr schaden als nützen.

Aber auch nicht jeder Arbeitgeber eignet sich als Empfänger für eine Videobewerbung. Konservative Unternehmen beurteilen dieses noch sehr junge Format möglicherweise als „Unfug" oder „neumodischen Schnickschnack". Vielleicht hat Ihr Ansprechpartner keinen Videorecorder in seinem Büro stehen, und es widerstrebt ihm, sich das Material in seiner Freizeit zu Hause anzusehen.

Bevor Sie Ihr Video verschicken, sollten Sie in jedem Fall bei dem Unternehmen anrufen. Mit diesem Anruf stellen Sie bereits eine Beziehung zu Ihrem Ansprechpartner her. Sie können auch im Sekretariat nachfragen, ob es in dem Büro ein Videogerät gibt.

Und noch ein Tip: Ihr Direktwerbebrief, den Sie mit dem Video mitschicken, sollte die Hauptpunkte des Videos kurz skizzieren, damit der Arbeitgeber ein paar Schwarz-auf-Weiß-Fakten über Ihre Person und Ihre Qualifikationen in den Händen hat.

Fixer faxen?

Heutzutage steht an fast jedem Arbeitsplatz und in zahlreichen Privathaushalten ein Faxgerät. Darüber hinaus bieten viele Postämter, Schreibwaren- und Kopierläden, Kaufhäuser etc. einen Faxservice an.

Bei Ihrer Jobsuche sollte das Faxgerät nur im Notfall eine Rolle spielen, etwa wenn eine Sache besonders eilig ist bzw. ein interessierter Arbeitgeber Ihre Unterlagen unbedingt sofort sehen will. Andernfalls sollten Sie keine Unterlagen faxen, weil das unprofessionell wirkt und die Optik Ihrer Bewerbung arg leidet. In dringenden Fällen ist es besser, einen Kurierdienst zu beauftragen – das geht ebenfalls schnell und hat den Vorteil, daß Ihre Bewerbung auch äußerlich tipptopp ankommt.

Wählen Sie ein Format aus, das Ihre Persönlichkeit am besten wiedergibt und deutlich macht, inwiefern Sie dem prospektiven Arbeitgeber bei der Lösung seiner Probleme behilflich sein können. Ihre Absicht steht fest: Sie wollen das Interesse des Arbeitgebers wecken, Sie näher kennenzulernen.

Im nächsten Kapitel erfahren Sie, wie Sie dieses Interesse nutzen und ausbauen können, und wie Sie mit Telefonmarketing auf Ihr finales Ziel zusteuern: das Vorstellungsgespräch.

Telefon-marketing: Ihr heißer Draht zum Erfolg

26

Verkaufs- und Marketingregel Nr. 26:

Um einen Verkauf abschließen zu können, muß man zum wahren Entscheider vordringen.

Das Telefon ist nicht Ihr Feind

„Eine tolle Persönlichkeit!", so oder ähnlich urteilten die meisten Leute, wenn sie Diana kennenlernten. Auf gesellschaftlichem Parkett bestach sie mit Esprit und Selbstbewußtsein, im Geschäftsleben mit ruhiger Professionalität. Doch diese Eigenschaften lösten sich in Luft auf, sobald sie einen Telefonhörer in die Hand nehmen sollte.

Ihre Abneigung gegen das Telefon entpuppte sich als Hemmschuh für ihre Karriere. Im Pharmakonzern, in dem sie arbeitete, zog man Diana für eine Beförderung in Betracht, doch ihre Chefin zögerte. An ihren Leistungen war nichts auszusetzen – im Gegenteil. Aber wenn ihre Chefin sie bat, einen Anruf zu tätigen oder bei wichtigen Projekten telefonisch nachzufassen, biß sie bei Diana auf Granit. Manchmal erledigte ihre Chefin den Anruf lieber selbst als abzuwarten, bis Diana sich ein Herz faßte, denn das konnte Tage dauern. Sie hatte immer das Gefühl, ein Eindringling zu sein oder inkompetent und töricht zu klingen.

Eines Tages beobachtete Diana, wie ihre kleine Tochter mit einem Spielzeugtelefon spielte. Sie tat, als ob sie mit ihrer Freundin im

Nachbarhaus sprach. Das brachte Diana auf eine Idee: Als ihre Chefin sie das nächste Mal um einen Anruf bat, notierte sie ihren Text und fingierte den Anruf, bevor sie tatsächlich wählte. Als sie den Ansprechpartner dann an der Strippe hatte, hielt sie sich an ihre Notizen, um vor Nervosität nicht zu vergessen, was sie sagen wollte. Schon nach wenigen Wochen telefonierte Diana mit der gleichen Leichtigkeit und Souveränität, die sie in anderen Bereichen an den Tag legte. Prompt empfahl ihre Chefin sie für eine Beförderung.

Merken Sie sich: Das Telefon ist nicht Ihr Feind – Sie sollten es als „verlängerten Arm" betrachten. Üben Sie vor Beginn Ihrer Telefonmarketingkampagne, bis Sie sich am Telefon vollkommen sicher fühlen. Rufen Sie spontan Leute an. Greifen Sie häufiger zum Hörer als üblich. Erledigen Sie Anrufe, die Sie seit Monaten aufschieben. Kontakten Sie Freunde und Familie. Rufen Sie in Geschäften an, wenn Sie eine Auskunft benötigen. Üben Sie soviel wie möglich, um allmählich Freude am Telefonieren zu entwickeln.

Das Phänomen „Telefonphobie" ist weit verbreitet, die Angst vor Ablehnung übermächtig. Nicht jeder Telefonkontakt wird zum erwünschten Erfolg führen. Aber wie für jede Marketingkampagne gilt auch für Ihre Jobsuche: Je mehr Leute Sie ansprechen, um so höher ist die durchschnittliche Resonanz. Klar müssen Sie mit einem gewissen Prozentsatz an Ablehnungen rechnen. Vielleicht bekommen Sie pro 50 Anrufe nur fünf Termine, aber diese fünf Leute sind dann ernsthaft an Ihrem Angebot interessiert.

Telefonphobie kann noch andere Gründe haben. Möglicherweise ist es Ihnen peinlich, jemanden anzurufen, weil Sie glauben, denjenigen bei etwas Wichtigem zu stören, seine kostbare Zeit zu stehlen. Dabei ist Ihre Zeit genauso kostbar, und wenn Sie keinen triftigen Grund hätten, würden Sie nicht anrufen. Sie rufen die Person an, weil Sie ein reelles Angebot für sie haben, das ihr Probleme lösen oder Zeit sparen hilft und der Firma echten Nutzen bringt. Wenn Sie nicht an Ihren Wert und den Wert Ihres Angebots glauben, tut es keiner.

Bleiben Sie am Ball, oder besser gesagt: am Hörer. Machen Sie nicht alles von einem Anruf abhängig. Das ist so ähnlich, wie nur einen Gast zu einer Party einzuladen. Wenn dieser Gast nicht auftaucht, ist Ihre Party im Eimer. Wenn Sie aber 50 Leute einladen und ein Gast erscheint nicht, kann die Party trotzdem ein voller Erfolg werden. Auch beim Telefonmarketing gilt: Übung macht den Meister. Der erste Follow-up-Anruf (Nachfaßanruf) mag Ihnen ein Greuel sein, der zweite fällt schon leichter, der dritte noch leichter, bis ein telefonischer Kontakt eine positive Antwort bringt. Je mehr Routine Sie bekommen, um so besser wird Ihre Technik und desto mehr positive Antworten erhalten Sie.

Achten Sie darauf, daß das räumliche Umfeld stimmt. Wenn Sie Ihre Jobsuche von zu Hause aus betreiben, richten Sie sich eine separate Telefonecke ein, in der Sie sich professioneller fühlen. Rufen Sie von Ihrem jetzigen Arbeitsplatz an, heben Sie den Apparat aus dem Durcheinander auf Ihrem Schreibtisch heraus, damit er ein „eigenes Zuhause" hat. George Walther, ein bekannter Experte für telefonische Kommunikation, sagt in seinem Buch *Phone Power: How to Make the Telephone Your Most Profitable Business Tool*: „Das räumliche Umfeld dient als ‚mentaler Anker'. Egal ob zu Hause oder im Büro – sobald Sie dieses Umfeld betreten, schalten Sie um auf die Rolle des ‚professionellen Kommunikators'."

Jobsuche am Arbeitsplatz – ethisch korrekt?

Wenn Sie erwerbstätig sind und einen neuen Job suchen, sollten Sie Ihre Anrufe nicht während der Arbeitszeit tätigen. In der Frühstücks- oder Mittagspause können diese notfalls als legitim gelten, allerdings nur, wenn Sie die Kosten dafür übernehmen.

Natürlich gibt es Ausnahmesituationen, etwa wenn man Ihren Arbeitsplatz wegrationalisiert oder Ihnen gekündigt hat, in denen Ihr Arbeitgeber erlaubt, sich auch während der Arbeitszeit um eine neue Stelle zu bemühen. Generell sollten Sie sich von Ihrem ethischen Instinkt leiten lassen.

Ein junger Mann namens Martin hatte es enorm eilig, seine Karriere voranzutreiben. In seiner Position als stellvertretender Kantinenleiter in einem Großunternehmen war er unzufrieden. Um seine Jobsuche zu beschleunigen (und Telefongebühren zu sparen), benutzte Martin sein Bürotelefon für Anrufe. Sein Pech: Der Kantinenleiter bekam die Telefonrechnung, bevor Martin eine neue Stelle gefunden hatte. „Hätte ich gewußt, daß Sie gehen wollen, hätte ich Ihnen eine sehr gute Empfehlung gegeben", reagierte sein Chef. „Aber ich weiß jetzt,

Sie sind nicht so ehrlich wie ich dachte, und ich fürchte, aus der Empfehlung wird nichts."

Unehrlichkeit macht sich selten bezahlt. Werfen Sie nicht alle Türen hinter sich zu, nur um bißchen Zeit oder Geld zu sparen.

Den Telefonvorteil ausschöpfen

Es kann losgehen! Alles liegt bereit: Ihre Liste mit Telefonnummern, Papier und Bleistift, Terminkalender und Kopien der verschickten Mailings. Sollte Ihr Selbstbewußtsein noch wackelig sein, rufen Sie sich die Vorteile ins Gedächtnis, die Sie als Anrufer gegenüber der Person am anderen Ende der Leitung besitzen:

1. Sie wissen mehr über Ihren Gesprächspartner als umgekehrt. Zum Beispiel, daß die Wahrscheinlichkeit seiner Gesprächsbereitschaft hoch ist. Sie kennen einige seiner Probleme und sind bereit, Ihre Hilfe anzubieten. Der Angerufene wird sich von Ihrem Wissen und Ihrer Vorbereitung beeindruckt zeigen.
2. Die Person am anderen Ende der Leitung ist auf das Telefonat nicht vorbereitet. Sie hingegen haben sich in Gedanken lange Zeit damit beschäftigt und sind für alle möglichen Einwände und Fragen gewappnet.
3. Sie haben ein festes Ziel im Kopf, das Sie entschlossen verfolgen. Das gibt Ihnen einen Vorsprung.
4. Von der Person am anderen Ende der Leitung wird eine spontane und schnelle Entscheidung verlangt. Die einzige Entscheidung, die Sie treffen müssen: was Sie als nächstes sagen.

Den Abschirmdienst durchbrechen

Ein Problem, dem Sie häufig begegnen werden, besteht darin, daß die Person, die den Hörer abnimmt, nicht die ist, die Sie sprechen wollen. Sie wollen mit dem Entscheidungsträger persönlich sprechen, an den Ihr Mailing gerichtet war. Dazu müssen Sie in aller Regel zuerst den Abschirmdienst der Sekretärin durchbrechen, die alle Anrufe entgegennimmt. Dabei haben sich verschiedene Taktiken bewährt:

- *Taktik Nr. 1: Seien Sie höflich, aber bestimmt.* Wenn Sie anrufen und eine Sekretärin abhebt, erklären Sie mit bestimmter Stimme, wen Sie sprechen wollen: „Ellen Peterson, bitte." Vermeiden Sie einen fragenden Tonfall. Klingen Sie zuversichtlich, sofort durchgestellt zu werden. Häufig wird man Ihrer Bitte entsprechen. Aber seien Sie darauf gefaßt, auf eine tüchtige Sekretärin zu stoßen, die ihre Arbeit gut machen will – und zu dieser Arbeit gehört es nun mal, den Vorgesetzten vor unwichtigen Anrufen zu schützen Auf Fragen wie „Worum geht es?" oder „Was ist der Zweck Ihres Anrufs?" erwidern Sie „Mein Anruf wird erwartet", denn das wird er tatsächlich. Sie haben in Ihrem Direktwerbebrief angekündigt, an diesem Tag anzurufen. Oder Sie sagen einfach: „Es ist persönlich, bitte verbinden Sie mich." Das funktioniert in der Regel sofort.
  Eine Aufgabe des Sekretariats ist es, störende oder unbedeutende Anrufe abzuwimmeln. Wenn Sie meinen, dies träfe auf Ihren Anruf zu, sollten Sie gar nicht erst zum Hörer greifen. In Ihrer Stimme müssen Selbstbewußtsein und die Überzeugung mitschwingen, daß Ihr Anruf es wert ist, durchgestellt zu werden.
- *Taktik Nr. 2: Die direkte Konfrontation.* Diese Methode wählen Sie, indem Sie beispielsweise sagen: „Ich weiß, Sie wollen verhindern, daß jemand die Zeit Ihrer Chefin stiehlt. Aber glauben Sie mir, ich brauche nur eine oder zwei Minuten. Bitte stellen Sie mich durch." Versuchen Sie, eine Beziehung zur Sekretärin aufzubauen, so daß diese bei Ihrem nächsten Anruf weiß, wer Sie sind. Vielleicht stellt sie Sie dann sogar ohne weitere Fragen durch. Denken Sie daran: Die Sekretärin tut nur ihre Arbeit. Streiten Sie nicht mit ihr, und beleidigen Sie sie nicht.
  Vergessen Sie nicht, daß die Sekretärin eine gute Informationsquelle für Sie sein kann, etwa was Titel und korrekte Aussprache

des Namens angeht. Menschen reagieren mitunter sehr empfindlich, wenn es um ihren Namen geht. Finden Sie bei schwierigen Namen heraus, wie man sie korrekt ausspricht, und notieren Sie die Aussprache in Lautschrift auf der Kopie Ihres Mailings.

Apropos: Notieren Sie auch den Namen der Sekretärin und merken Sie ihn sich gut. Beim nächsten Anruf sprechen Sie sie mit ihrem Namen an. Wie heißt es so treffend: „Wie man in den Wald hineinruft, so schallt es wieder heraus." Wenn Sie sich mit Rücksichtslosigkeit oder Hinterlist ans Ziel durchmogeln, vergißt das keine Sekretärin! Und da viele großen Einfluß auf ihre Vorgesetzten besitzen, sollten Sie ihre Sympathie gewinnen. Wenn die Sekretärin meint, jemand sei am Telefon barsch oder unverschämt gewesen, stehen viele Chefs diesem Anrufer von vornherein negativ gegenüber.

Und noch ein Tip: Bedanken Sie sich bei einer hilfsbereiten Sekretärin mit einem Anruf, einer Karte oder kleinen Aufmerksamkeit. Auch das wird sie nicht vergessen.

- *Taktik Nr. 3: Rufen Sie später zurück.* Wenn der Entscheidungsträger nicht zu sprechen ist, fragen Sie nach einem günstigen Zeitpunkt für Ihren Rückruf. Bitten Sie um eine möglichst genaue Zeitangabe. Aber klingen Sie nicht, als hätten Sie den lieben langen Tag nichts Besseres zu tun, als am Telefon zu sitzen. Sagen Sie beispielsweise: „Um 14 Uhr könnte ich es einrichten. Wäre das eine gute Zeit, Ihre Chefin zu erreichen?" Damit bringen Sie zum Ausdruck, daß auch Ihre Zeit kostbar ist.

  Lassen Sie sich nicht hinreißen, der Sekretärin den genauen Zweck Ihres Anrufs auf die Nase zu binden. Eine alte Verkäuferregel lautet: „Je mehr einer verrät, um so weniger verkauft er." Geben Sie niemandem die Chance, Sie abzuservieren, bevor Sie mit dem Entscheidungsträger persönlich gesprochen haben.

  Ist es sinnvoll, nach mehrfachen vergeblichen Versuchen, den Entscheidungsträger zu sprechen, eine Nachricht bei der Sekretärin zu hinterlassen? Ja, denn wenn Sie wiederholt anrufen, ohne eine Nachricht zu hinterlassen, erkennt die Sekretärin bald Ihre Stimme und reagiert gereizt. Halten Sie Ihre Nachricht so knapp wie möglich, etwa: „Es ist persönlich" oder „Eine vertrauliche Angelegenheit."

- *Taktik Nr. 4: Warten Sie auf den Signalton.* Automatische Anrufbeantworter, die mit metallischer Stimme erklären, daß der Angerufene gerade nicht an seinem Schreibtisch sitzt, werden im Zuge unseres modernen Computerzeitalters immer häufiger auch von

Firmen eingesetzt. Natürlich können Sie auf der „Mailbox", wie auf einem privaten Anrufbeantworter, eine Nachricht hinterlassen – ich rate Ihnen aber davon ab. Zu einer Sekretärin können Sie eine Beziehung aufbauen oder sogar eine Verbündete in ihr gewinnen – mit einem Automaten funktioniert das nicht.

Bloß nicht aufgeben!

Mit einer Kombination dieser Taktiken ist es mir bisher noch immer gelungen, die Entscheidungsträger an den Apparat zu bekommen. Vielbeschäftigte erreichen Sie oft vor Arbeitsbeginn, in der Mittagspause und nach Feierabend. Wenn Sie mit der Sekretärin gesprochen haben, wissen Sie, welcher dieser Zeitpunkte am aussichtsreichsten ist. Sie können auch am Samstag Ihr Glück versuchen: Den nutzen einige Führungskräfte nämlich, um Liegengebliebenes aufzuarbeiten, während sich ihr „Bodyguard" im Wochenende befindet.

Diesen Rat gab ich Glenn, einem Seminarteilnehmer, dem es nicht gelang, zu jemanden vorzudringen, für den er unbedingt arbeiten wollte. Die Sekretärin war zwar freundlich, aber nicht sonderlich kooperativ. Ich riet Glenn, zwischen 8.30 und 9 Uhr morgens sowie zwischen 12 und 13 Uhr anzurufen. Nach drei Tagen hatte er die Person, die er sprechen wollte, an der Strippe. Es war 12.30 Uhr, und sein Wunsch-Arbeitgeber meinte: „Oh, da haben Sie aber Glück gehabt, mich zu erwischen. Meine Sekretärin macht gerade Mittag, und ich war früher im Büro zurück als erwartet. Was kann ich für Sie tun?"

Endlich! Sie haben es geschafft!

Endlich: Die Sekretärin verbindet Sie. Oder sie ist die Post holen. Liegt krank im Bett. Wie auch immer – Sie haben den Schutzwall durchbrochen und den Entscheidungsträger persönlich am Apparat. Was sagen Sie? Sie sollten schnurstracks auf Ihr Ziel zusteuern. Es ist nicht die Zeit für Small talk; Sie müssen sich sofort die Aufmerksamkeit Ihres Gesprächspartners sichern. Die fatale Gefahr beim Telefonmarketing besteht darin, daß der andere unversehens aufhängen kann, wenn Sie ihm nicht genügend Grund bieten, mit Ihnen zu reden.

Beginnen Sie grundsätzlich, indem Sie den anderen mit seinem vollen Namen ansprechen. Fragen Sie: „Spreche ich mit Ellen Peterson?" (Verwenden Sie Vor- und Zunamen, sofern Sie sie kennen – und das sollten Sie.) Wenn Sie lieber „Frau Peterson" sagen, ist das auch in Ordnung. Daraufhin erklären Sie sofort, wer Sie sind und erinnern an den Brief, den Sie geschickt und Ihren Anruf darin angekündigt haben. Das ist wichtig, um der Person am anderen Ende der Leitung langes Grübeln zu ersparen: „Wer ist dieser Mensch? Muß ich ihn kennen? Was will er von mir?"

Nachdem Sie sich vorgestellt und auf den Brief bezogen haben, holen Sie tief Luft und legen los! Leiten Sie Ihre Offensive mit einem potenten Nutzen ein, und bitten Sie dann um einen persönlichen Gesprächstermin.

Etwa so:

Spreche ich mit Ellen Peterson? Mein Name ist David Clark. Ich bin der Verkaufsleiter, von dem Sie letzte Woche einen Brief erhielten. Erinnern Sie sich? Darin stand, daß es mir im vergangenen Jahr gelang, in einem für gesättigt gehaltenen Verkaufsgebiet 18 neue Kunden zu gewinnen. Ich bin sicher, das gleiche auch für Ihr Unternehmen leisten zu können – und noch einiges mehr. Ich könnte Mittwoch, 10. Mai, um 15.45 Uhr, oder Donnerstag, 11. Mai, um 9.45 Uhr, für ein persönliches Treffen vorbeischauen. Wann paßt es Ihnen am besten?

Die ungewöhnliche Uhrzeit hat einen raffinierten Grund. Wenn Sie 9, 14 oder 15 Uhr vorschlagen, meint die andere Partei automatisch, das Gespräch werde eine ganze Stunde dauern und Sie damit entschieden zuviel Zeit kosten. Unser Beispiel suggeriert dagegen, der Termin sei in einer Viertelstunde erledigt.

Hartnäckigkeit zahlt sich aus

Ihr Ziel ist es, einen persönlichen Gesprächstermin zu bekommen. Das erfordert Hartnäckigkeit, denn Ihr prospektiver Arbeitgeber wird aller Wahrscheinlichkeit nach nicht sofort einwilligen. Sie müssen mehrmals Anlauf auf Ihr Ziel nehmen. Seien Sie auf die unterschiedlichsten Antworten vorbereitet.

Vielleicht sagt die Person am anderen Ende der Leitung: „Tut mir leid, Ihren Brief habe ich nie bekommen."

Dann könnten Sie erwidern: „Das finde ich schade, würde Ihnen aber trotzdem mehr von mir erzählen. Am Mittwoch, um 15.45 Uhr, oder am Donnerstag, um 9.45 Uhr: Wann paßt es Ihnen besser?"

Oder sie konstatiert: „Ich habe Ihren Brief gelesen. Mehr muß ich nicht wissen."

In diesem Fall sollten Sie beharren: „Oh, es gibt aber viel mehr, das Sie wissen sollten, aber das würde ich Ihnen gern persönlich mitteilen. Wann paßt es Ihnen besser: Mittwoch oder Donnerstag?"

Wenn sie Sie auffordert „Erzählen Sie mehr von dem, was Sie bisher getan haben", beschränken Sie sich auf eine Leistung, von der im Brief nicht die Rede war. Und dann setzen Sie hinzu: „Mittwoch, um 15.45 Uhr, oder Donnerstag, um 9.45 Uhr, könnte ich fortfahren. Wann paßt es Ihnen besser?"

Kommen Sie immer wieder auf Ihr Ziel zurück. Wenn Sie zuviel am Telefon verraten, glaubt die Person, genug zu wissen, um sofort eine Entscheidung fällen zu können. Das sollten Sie unbedingt vermeiden!

Wenn sie sagt „Mir fehlt wirklich die Zeit für ein Treffen", antworten Sie: „Ich weiß, Ihre Zeit ist sehr wertvoll, aber ich habe Ihnen auch etwas Wertvolles anzubieten. Ich werde nur 15 Minuten Ihrer kostbaren Zeit in Anspruch nehmen, und nächste Woche bin ich in Ihrer Nähe. Wann paßt es Ihnen besser: Mittwoch oder Donnerstag?"

Falls die Person eröffnet, am nächsten Tag für drei Wochen zu verreisen, versuchen Sie einen Termin danach zu vereinbaren. Bieten Sie an, sie zum Flughafen zu fahren, mit ihr ins Restaurant zu gehen – was immer (im vernünftigen Rahmen) nötig ist, um einen Termin zu ergattern.

Man könnte diese Technik „kaputte Schallplatte" nennen. Indem Sie Ihr Anliegen hartnäckig wiederholen, sich nicht aus der Ruhe bringen lassen und immer schön freundlich bleiben, gelingt es Ihnen früher oder später, die Person zu erweichen – frei nach dem Motto: Steter Tropfen höhlt den Stein. Seien Sie ausdauernd, nicht aggressiv. Unbeugsam, aber charmant. Sollte sie allmählich gereizt reagieren, sagen Sie: „Sehen Sie, Frau Peterson, mit der gleichen Beharrlichkeit werde ich mich meinen beruflichen Aufgaben widmen." Sie soll sich geschmeichelt fühlen, weil Sie sich so sehr um sie und den Job bemühen. Am Ziel sind Sie, wenn Sie eine feste Terminzusage erhalten.

Nicht vergessen: Networking

Beenden Sie ein Telefonat nie mit leeren Händen. Wenn die Antwort negativ ausfällt, versuchen Sie, einige Hinweise zu bekommen. Fragen Sie, ob die Person am anderen Ende der Leitung von einer anderen Abteilung (bei größeren Firmen) oder einem Arbeitgeber weiß, die von Ihren Diensten profitieren würden.

Formulieren Sie Ihre Bitte um Hinweise präzise. Diese Technik lehre ich in meinen Verkaufsseminaren. Wenn Sie Kaffeemaschinen verkaufen und nicht weiterkommen, fragen Sie nicht pauschal: „Kennen Sie sonst jemanden, der Interesse an einer Kaffeemaschine hat?" – Sie werden vermutlich ein Nein ernten. Wenn Sie aber präziser formulieren: „Kennen Sie jemanden, der sich vor kurzem über die schlechte Qualität seines Kaffees beschwert hat?", denkt Ihr prospektiver Käufer in eine bestimmte Richtung. „Jetzt, wo Sie's sagen", antwortet er dann vielleicht, „mein Nachbar drei Häuser weiter hat sich letzte Woche beklagt. Gut möglich, daß er an einer neuen Kaffeemaschine interessiert ist. Ich schreibe Ihnen den Namen auf." Der prospektive Käufer hat das Gefühl, etwas Gutes zu tun, indem er dem Nachbarn bei der Lösung seiner Probleme hilft.

Statt zu fragen „Fällt Ihnen sonst jemand ein, der an einem Gespräch mit mir interessiert wäre?", werden Sie konkret: „Fällt Ihnen sonst jemand ein, der sich beklagt hat, keine Neukunden in seinem Verkaufsgebiet finden zu können?" Bekommen Sie einen Tip, bedanken Sie sich etwa so: „Vielen Dank für diese Information, Frau Peterson. Darf ich mich auf Sie berufen?". Dann können Sie dort anrufen und sagen: „Ich rufe auf Empfehlung von Frau Peterson bei XYZ an. Sie meinte, ..."

Ihre Einstellung klingt durch

Jeder Telefonmarketingprofi wird bestätigen, daß Ihre Einstellung am Telefon durchklingt und den Zuhörer veranlaßt, sich ein spontanes Bild von Ihnen zu machen. Wenn Sie am Telefon unsicher und kleinlaut wirken, muß Ihr prospektiver Arbeitgeber annehmen, daß Sie Ihren Job ähnlich unprofessionell anpacken. Natürlich ist ihm jemand lieber, der selbstbewußt und voller Elan klingt.

Denken Sie an Menschen, die Sie mögen, denen Sie gerne zuhören. Was sind deren anziehende Eigenschaften? Blicken sie optimistisch oder pessimistisch in die Welt? Sind sie an Ihnen und ihrer Umgebung interessiert oder verschlossen und selbstzentriert? Dabei ist es gar nicht schwierig, anziehende Eigenschaften (Eigenschaften, die nicht nur positiv sind, sondern andere Menschen buchstäblich anziehen) zu entwickeln. Wir alle haben positive und negative Charakterzüge. Je mehr Sie Ihre positiven Qualitäten betonen, um so dominanter werden sie.

Natalie war arbeitslos und deprimiert. Sie – und mit ihr ein Großteil der Belegschaft – hatte ihren Job verloren, nachdem die Textilfirma, in der sie beschäftigt war, von einem großen Konzern aufgekauft worden war. Natalie war eine ausgezeichnete Managerin mit vielen Kontakten in der Textilbranche, aber bei ihrer Jobsuche fehlte ihr der richtige Drive. Nach zwei oder drei erfolglosen Anrufen gab sie auf, ging einkaufen oder setzte sich vor den Fernseher. Dann raffte sie sich wieder auf, machte ein oder zwei Anrufe, bevor sie erneut resignierte. Schließlich rief sie ihre Freundin Johanna an, die ebenfalls einen Job suchte, um zu erfahren, wie sie vorankäme.

„Oh, ganz gut", meinte Johanna gutgelaunt. „Ich habe schon drei Vorstellungstermine für nächste Woche festgemacht und noch eine Menge Namen auf meiner Telefonliste."

„Hast du denn keine Abfuhren kassiert?" fragte Natalie. „Wie schaffst du es, dich immer wieder aufzuraffen?"

„Klar kriege ich ab und zu einen Korb", erklärte Johanna, „aber dann sage ich mir, diese Leute lassen sich etwas Gutes durch die Lappen gehen und mache einfach weiter. Ich habe eine feste Zeit für meine Anrufe, in der ich so tue, als säße ich im Büro, und das wäre mein Job. Einige Gesprächspartner waren sehr nett und schienen aufrichtig interessiert. Übrigens wollte ich gerade noch ein paar Anrufe erledigen."

Natalie dachte über Johanna und deren Einstellung nach. Indem sie diese positive Erwartungshaltung für sich ausprobierte, gelang es ihr, an diesem Tag noch einige Anrufe zu tätigen und sogar ein Vorstellungsgespräch zu vereinbaren. Sobald Natalie Einstellung und „Arbeitsgewohnheiten" änderte, änderten sich auch die Reaktionen, die sie bekam.

Wenn Sie jemanden bewundern, versuchen Sie, seine Einstellung nachzuahmen. Umgeben Sie sich mit positiven Menschen. Natalie imitierte Johannas positive Erwartungshaltung. Zeigt jemand viel Enthusiasmus für seine Arbeit, machen Sie es wie er – und bald werden Sie seinen Enthusiasmus verinnerlicht haben. Zeigen Sie Hilfsbereitschaft, um auch diese Qualität zu übernehmen. Finden Sie heraus, wie positiv diese Eigenschaften wirken und welche Anziehungskraft sie entfalten.

Tips für erfolgreiches Telefonieren

Arbeiten Sie sowohl mit positiver als auch negativer Motivation, um das Interesse Ihres Gesprächspartners zu gewinnen. Positive Motivation überzeugt Ihren potentiellen Arbeitgeber, daß ein Treffen mit Ihnen keine Zeitverschwendung ist, denn Ihr Angebot klingt attraktiv:

Ich habe in einem für gesättigt gehaltenen Verkaufsgebiet 18 neue Kunden gewonnen. Ich bin sicher, das gleiche auch für Ihr Unternehmen leisten zu können – und noch einiges mehr.

Negative Motivation macht den Arbeitgeber auf einen Mißstand aufmerksam und darauf, daß Sie die Antwort auf sein Problem kennen:

Ich weiß: Es sieht aus, als sei die XY-Region mit Ihrem Produkt gesättigt. Sie brauchen jemanden, dem es gelingt, neue Kunden in dieser Region aufzuspüren. Genau das habe ich für meinen letzten Arbeitgeber getan, und ich bin sicher, das gleiche auch für Ihre Firma leisten zu können.

- *Visualisierung.* Versuchen Sie, sich vorzustellen, wie Ihr Gesprächspartner aussieht. Dann haben Sie das Gefühl, nicht mit einer anonymen Stimme, sondern mit einem Menschen aus Fleisch und Blut zu sprechen. Kontrollieren Sie Ihre Erwartungshaltung: Wenn Sie keine positive Antwort erwarten, warum rufen Sie überhaupt an?
- *Vorbereitung.* Kopien der verschickten Mailings, Telefonnummern, Papier und Kugelschreiber – alles sollte griffbereit sein, Ihr Terminkalender aufgeschlagen neben dem Telefon liegen. Tragen Sie alle Termine ein, um keine Verabredung zu vergessen und Tage nicht doppelt zu belegen. Ordnen Sie Ihre Anrufe nach Vorwahlnummern.
- *Gleichberechtigung.* Sehen Sie sich dem Gesprächspartner gegenüber als gleichberechtigt an. Sie sind genauso intelligent und kompetent, mit dem gleichen Recht auf Erfolg. Sie besitzen Informationen und Ideen, die dem prospektiven Arbeitgeber und seiner Firma sehr nützlich sein werden.

Ihre Stimme ist Ihre Visitenkarte

Ihre Stimme dient in der Telefonsituation als Visitenkarte. Da Ihr Gesprächspartner Sie nicht sehen kann, beurteilt er Sie nach Ihrer Stimme. Diese kann sehr hilfreich, aber auch sehr hinderlich für Sie sein: Nervosität verraten – oder Stärke und Selbstvertrauen.

Achten Sie auf Ihre Stimme, wenn Sie erreichen wollen, daß andere Sie beachten. Hören Sie sich selbst zu. Lesen Sie laut, rezitieren Sie Gedichte unter der Dusche. Bemerken Sie, wie Schauspieler über ihre Stimme Gefühle transportieren.

Unsere Telefonstimme setzt sich aus mehreren Komponenten zusammen: Tempo, Volumen, Tonfall und Diktion. Diese lassen sich separat und gemeinsam trainieren.

Tempo

Achten Sie auf das Tempo, mit dem die andere Person spricht, und passen Sie Ihre Geschwindigkeit entsprechend an, denn:

- Ein schneller Sprecher wird ungeduldig, wenn Sie zu langsam sprechen.
- Ein langsamer Sprecher wird argwöhnisch, wenn Sie zu schnell sprechen.

Das durchschnittliche Sprechtempo liegt bei etwa 150 Wörtern pro Minute. Allerdings denken wir viermal so schnell wie wir reden. Wenn Sie also zu langsam werden, entgleitet Ihnen die Aufmerksamkeit des Zuhörers. Umgekehrt kann Ihr Zuhörer nicht folgen, wenn Sie zu schnell sprechen. Trainieren Sie, Ihr Tempo zu variieren und an verschiedene Sprechgeschwindigkeiten anzupassen. Achten Sie auf eine regelmäßige Atmung und natürliche Pausen.

Nicht zu laut!

Viele neigen dazu, am Telefon zu laut zu sprechen. Reden Sie mit normaler Lautstärke, als würde der Angerufene direkt neben Ihnen sitzen. Wenn er Sie nicht verstehen kann, wird er es Sie wissen lassen. Halten Sie die Sprechmuschel ein bis zwei Zentimeter vor Ihren Mund, und legen Sie Wert auf eine ruhige, nicht zu hohe Stimme. Nehmen Sie ein gewöhnliches Telefonat auf Kassette auf, um Ihre Lautstärke zu überprüfen.

Üben Sie, Ihren Stimmpegel zu kontrollieren, indem Sie das Wort Nein mehrmals wiederholen: erst leise (fast flüsternd), dann immer lauter, bis Sie am Ende beinahe brüllen. Dadurch schärfen Sie Ihr Gehör, um zu erkennen, wann Sie zu leise oder zu laut sprechen.

Der Ton macht die Musik

Am Telefon klingt jede Stimme höher als in der Realität. Variieren Sie Tonlage und Sprechrhythmus, um Monotonie zu vermeiden. Auch hier hilft Ihnen ein Kassettenrecorder, zu überprüfen, wie andere Ihre Stimme wahrnehmen, und Änderungen vorzunehmen.

Üben Sie mit Hilfe der „Do-Re-Mi"-Tonleiter oder durch Zählen von eins bis acht, Ihre Stimmlage von hoch auf tief zu schrauben.

Im Tonfall schwingen Einstellungen und Gefühle mit. Nervosität, Ablehnung, Niedergeschlagenheit – Stimmungen, die über das Telefon wie über einen Verstärker transportiert werden. Das gilt aber –

zum Glück – auch für Ernsthaftigkeit und Enthusiasmus. Denken Sie an das Image, das Sie projizieren wollen. Versuchen Sie, ein Lächeln in der Stimme zu haben.

Eine saubere Aussprache ist wichtig

Eine nachlässige Sprechweise macht am Telefon einen noch schlechteren Eindruck als im persönlichen Kontakt und bedingt, daß man Ihnen weniger Wertschätzung entgegenbringt. Wenn der Angerufene Sie nicht versteht, weil Sie nuscheln oder schlampig reden, verliert er schnell das Interesse an dem, was Sie sagen.

Trainieren Sie eine saubere, klare Aussprache durch Üben der Laute P, B, N, M und W, indem Sie „PAPA", „MAMA", „NANA", „BABA" und „WAWA" sagen. Achten Sie darauf, daß Ihre Lippen sich treffen, formen Sie jedes Wort klar und deutlich. Wählen Sie allmählich längere Sätze, und steigern Sie Ihr Sprechtempo. Sie können auch mit Zungenbrechern arbeiten, z.B.: „Brautkleid bleibt Brautkleid, und Blaukraut bleibt Blaukraut", „Fischers Fritz fischt frische Fische ...", „Die Katze tritt die Treppe krumm".

Und noch eins ...

Brummen, Summen, Rauschen – störende Nebengeräusche in der Leitung können jedes vernünftige Telefonat unmöglich machen. Sorgen Sie dafür, daß Ihr Telefon tadellos funktioniert. Es wäre doch schade, wenn Ihr Stimmtraining für die Katz' wäre! Vorsicht bei Lautsprechern und Handys! Sie verleihen einen distanzierten, desinteressierten Klang.

Nehmen Sie eine bequeme Position ein. Je wohler Sie sich in Ihrer Haut – und in Ihrer Umgebung – fühlen, um so mehr Termine werden Sie verabreden.

Bravo! Sie sind eingeladen!

Herzlichen Glückwunsch! Sie haben es geschafft! Sie haben einen schlagkräftigen Direktwerbebrief verfaßt, sind mit Beharrlichkeit zum Entscheidungsträger vorgedrungen und haben ihn mit Hilfe Ihrer Verkaufstechniken zu einem Vorstellungsgespräch überredet. Wiederholen Sie alle relevanten Informationen, um sicherzugehen, daß Sie Datum und Zeit richtig notiert haben. Verifizieren Sie die Adresse, und lassen Sie sich nötigenfalls eine Wegbeschreibung geben. Sagen Sie, daß Sie den Termin in Ihrem Kalender markiert haben. Dann verabschieden Sie sich und legen auf. Sie gewinnen nichts, wenn Sie nach Erreichung Ihres Ziels länger an der Strippe verweilen, im Gegenteil: Sie riskieren nur Fehler damit.

Jetzt heißt es – am Ball bleiben! Je besser Sie werden, um so mehr Termine können Sie sammeln. Und dann sind Sie bereit für das große Finale Ihrer Marketingkampagne: das Vorstellungsgespräch.

Das Vorstellungsgespräch: Die ultimative Bewährungsprobe von Angesicht zu Angesicht

27

Verkaufs- und Marketingregel Nr. 27:

Ein Verkauf ist eine Serie geplanter Fragen,
die Bedürfnisse aufdecken, Vertrauen bilden, Zweifel zerstreuen und
eine Zusage entlocken sollen.

Nutzen Sie Ihre nervöse Energie

Sie sind ein perfekt vorbereiteter Verkäufer. Sie kennen Ihr Produkt in- und auswendig, verfügen über ein aussagekräftiges AAA-Arsenal, haben Ihre Hausaufgaben über die Firma und Ihren Interviewer gemacht, Ihre Marketingfertigkeiten geübt und vervollkommnet. All diese Maßnahmen kommen Ihnen nun im großen Finale – dem Vorstellungsgespräch – zugute. Tausend Fragen schwirren durch Ihren Kopf: „Wie verhalte ich mich?", „Was sage ich?", „Was ziehe ich an?", „Was erwartet man von mir?", „Soll ich Gehaltswünsche äußern", „Wie erkläre ich, warum ich mein Studium abgebrochen habe?",

„Was, wenn er mich für zu alt hält?" „Wie soll ich meine Kündigung rechtfertigen?", „Und wenn sie ja sagt?", „Und wenn sie nein sagt?"

Ihr Herz beginnt zu rasen, Ihr Adrenalinspiegel steigt. Hin- und hergerissen zwischen Flucht und Angriff sind Sie sicher, Sie haben den falschen Tag, die falsche Adresse, das falsche Outfit ... einfach alles falsch erwischt.

Vor Vorstellungsgesprächen nervös zu sein ist völlig normal – eine ganz und gar natürliche Reaktion. Lassen Sie sich von Ihrer Nervosität nicht verwirren oder einschüchtern. Lernen Sie vielmehr, Ihr Adrenalin als positive Energie zu nutzen, die Sie wach und auf Draht hält. Sie werden sehen: Je besser Sie auf das Interview vorbereitet sind, um so mehr schwindet Ihre Nervosität. Es gibt nur einen Weg, wie Sie verhindern können, daß sich Ihre nervöse Energie zu lähmender Angst auswächst: bestmögliche Vorbereitung.

Sie sind bereits besser auf Ihr Vorstellungsgespräch vorbereitet, als Sie glauben. Recherche, Organisation, Networking, Initiative, Zuversicht, Marketing- und Verkaufstalent, Hartnäckigkeit – all dies hat Sie dahin gebracht, wo Sie jetzt sind. *Und all diese Eigenschaften sind bei Arbeitgebern heiß begehrt!*

Lassen Sie nicht zu, daß Ihre Nervosität alles kaputtmacht. Reden Sie sich nicht ein, Ihr Lebensglück hinge von diesem einen Vorstellungsgespräch ab. Wenn Sie den Job nicht bekommen, sind Sie nicht schlechter dran als vorher, sondern um eine wertvolle Erfahrung reicher. Sie haben nichts zu verlieren!

Übung macht den Meister

Dieser Satz bewahrheitet sich immer wieder – egal, um welche Fertigkeit es sich dreht. Erinnern Sie sich noch an das erste Mal, als Sie ohne Hilfsmittel radgefahren oder geschwommen sind, vor einem Publikum gesungen haben? Sicher waren Sie nervös – und Ihre Versuche dilettantisch. Aber je öfter Sie übten und die Erfahrung wiederholten, um so leichter wurde die Sache – und um so besser wurden Sie. Der Jungfernflug auf einer Boing 747 ist für jeden Piloten ohne Zweifel nervenaufreibend, aber nach 20 oder 30 Starts hat er genügend Routine und läßt sich nicht mehr so leicht aus der Ruhe bringen. Mit Vorstellungsgesprächen ist es genauso, und deshalb sollten Sie soviele Interviews wie möglich arrangieren. Das heißt nicht, daß alle Jobs Sie wirklich interessieren, nur daß Sie die Situation möglichst oft wiederholen sollten.

Bevor Sie den ersten Termin wahrnehmen, können Sie das Gespräch mit einem Freund oder Familienmitglied im Rollenspiel üben. Erstellen Sie anhand Ihrer Hintergrundinformationen eine Liste mit Fragen, die man Ihnen vermutlich stellen wird. Lassen Sie Ihren Partner verschiedene Typen von Arbeitgebern spielen. Bitten Sie um sein Feedback, wie Sie zugehört, geantwortet, sich präsentiert haben.

Das Zwei-Ziele-Interview

Zwei Ziele dominieren jedes Vorstellungsgespräch, das Sie führen:

1. Ein Jobangebot zu bekommen;
2. Informationen über den Job und die Firma zu sammeln.

Erstes und oberstes Ziel in jedem Vorstellungsgespräch ist das Jobangebot. Selbst wenn Sie unsicher sind, ob Sie den Job haben wollen, ist es auf alle Fälle Ihr Ziel, ihn angeboten zu bekommen – ablehnen können Sie später immer noch. Dadurch bekommen Sie Übung und Ihr Selbstbewußtsein Aufwind. Aber seien Sie fair: Wenn Sie beim zweiten oder dritten Gespräch definitiv wissen, daß der Job nichts für Sie ist, sollten Sie das offen sagen, statt allen Beteiligten unnütz Zeit zu stehlen.

Das zweite Ziel besteht im Sammeln möglichst vieler Informationen über den Job, die Firma, Ihren potentiellen Chef. Ohne ausreichende Informationen sind Sie unmöglich in der Lage, vernünftig zu entscheiden, ob Sie den Job wollen oder nicht. Merken Sie sich: Sie werden nicht nur interviewt, Sie interviewen auch selbst – Ihren potentiellen Chef.

Jedes Vorstellungsgespräch ist eine Frage-und-Antwort-Situation, in der beide Parteien versuchen, sich in einem begrenzten Zeitrahmen bestimmte Informationen zu besorgen. Im Idealfall halten sich Geben und Nehmen die Waage: Beide Parteien übernehmen sowohl die aktive (fragende) als auch die passive (antwortende) Rolle.

Wie Sie die Gedanken Ihres potentiellen Arbeitgebers lesen

Im Prinzip beschäftigen den Arbeitgeber während des ganzen Interviews nur drei Fragen:

1. „Sind Sie in der Lage, diesen Job zu bewältigen? Und können Sie ihn besser bewältigen als die anderen Bewerber, die ich gesehen habe?"
2. „Möchten Sie den Job wirklich? Wie sehr begeistert und motiviert die Aufgabe Sie?"
3. „Werden Sie in das Team und in die Firma passen – und ein gutes Licht auf mich werfen?"

Jede Ihrer Antworten sollte daher zum Ausdruck bringen: „Ja, ich bin in der Lage, diesen Job zu bewältigen; ich möchte den Job von ganzem Herzen; und ich werde mich gut in das Team einfügen." Hören Sie genau auf den Wortlaut der Fragen: Unter welche der drei Kategorien fällt sie? Ein simples „Wann können Sie anfangen?" kann (A) auf eine faktische Antwort abzielen und (B) herausfinden wollen, wie motiviert und ungeduldig Sie sind, Ihre neue Arbeitsstelle anzutreten.

Je weniger Sie darüber nachdenken, was Sie als nächstes sagen werden, um so besser wird das Interview verlaufen. Sind Sie zu sehr mit Nachdenken beschäftigt, hören Sie schlechter zu und wirken unkonzentriert. Angenommen, ein Arbeitgeber fragt Sie, warum Sie Ihre letzte Stelle gekündigt haben, während Sie fieberhaft überlegen, wieviel Gehalt er wohl zu zahlen bereit ist. Seine Frage wird Sie aus Ihren Überlegungen reißen, und Sie werden kaum zu einer vernünftigen Antwort in der Lage sein.

Je mehr Sie sich auf den Interviewer einlassen, um so mehr wird er sich auf Sie einlassen. Seien Sie ein aktiver Zuhörer. Nicken Sie mit dem Kopf. Demonstrieren Sie Zustimmung. Wenn Sie aufmerksam zuhören, geben Sie nicht nur die besseren Antworten – die Konzentration drängt auch Ihre Nervosität in den Hintergrund.

Je mehr Sie verraten ...

Karen wurde für eine Managerposition in einem großen Tagungshotel interviewt. „In diesem Job ist eine hohe Problemlösungskompetenz gefragt. Können Sie mir ein Beispiel für Ihr diesbezügliches Geschick nennen?", fragte ihr prospektiver Vorgesetzter.

Zumal sie ihre drei A nicht im Kopf hatte und unsicher war, was der Arbeitgeber hören wollte, erzählte Karen unbeholfen von einer Auseinandersetzung, die sie mit einem Zulieferer in ihrem früheren Job hatte. Befürchtend, diese Antwort wäre nicht gut genug, schickte sie noch zwei Geschichten über Unstimmigkeiten mit ihrem damaligen Boß hinterher.

Karen war eine gute Kraft und jedes dieser Beispiele hätte – richtig vorgetragen – seinen Zweck erfüllt. Aber weil sie nicht vorbereitet war und sich scheute, ihr Gegenüber zu fragen, was genau er hören wollte, erweckte sie den Eindruck, ein „Problemtyp" zu sein.

Wieder bewahrheitete sich die Maxime: „Je mehr Sie verraten, um so weniger verkaufen Sie."

Beantworten Sie nur die Frage, die Ihnen gestellt wurde – klar, einfach und wahrheitsgemäß. Wenn Sie nicht hundertprozentig sicher sind, worauf der Interviewer hinauswill, stellen Sie eine klärende Frage. Interviewer sind bekannt für Fragen, die man ohne nähere Informationen nicht beantworten kann oder sollte. So fordern viele zum Auftakt des Gesprächs gern auf: „Erzählen Sie mir etwas von sich." Darauf sollten Sie immer kontern: „Es gibt soviel, was ich Ihnen erzählen könnte. Ich würde mich gern auf das konzentrieren, was für Sie wichtig ist. Was speziell wollen Sie wissen?"

Je allgemeiner die Frage, um so notwendiger ist es, daß Sie eine klärende Gegenfrage stellen. Sie reden sich sonst leicht um Kopf und Kragen. Beherzigen Sie meine Warnung: Antworten Sie niemals auf Fragen, deren Motive oder Hintergründe Sie nicht voll verstehen.

Produktnutzenverkauf

Besinnen Sie sich auf die Verkaufstechniken, die Sie gelernt haben. Die Technik des Produktnutzenverkaufs haben Sie in Ihrem Direktwerbebrief, Ihrem Lebenslauf und Ihrem Bemühen um ein Vorstellungsgespräch eingesetzt. Sie beherrschen sie inzwischen gut. Erinnern Sie sich an Ihre drei A, wenn Sie dem Arbeitgeber Rede und Antwort stehen. Auf die Frage: „Bei uns geht es sehr hektisch zu. Ich brauche jemanden, der sich gleichzeitig um viele verschiedene Dinge kümmert. Können Sie das?" sollten Sie antworten: „Ich bin sehr organisiert." (Das ist ein Merkmal). Und ergänzen: „In meinem letzten Job habe ich eine Wandtafel entworfen, aus der auf einen Blick hervorging, welche Projekte liefen, wer an welchem arbeitete und wann sie fällig waren. Dadurch konnten die Mitarbeiter bei Zeitdruck flexibel hin und her springen. In zwei Jahren haben wir keine einzige Deadline verpaßt." (Nutzen)

Ihre Faustregel: Erwähnen Sie keine Produktmerkmale, ohne den dazugehörigen Nutzen zu nennen.

Schwierige Fragen, souveräne Antworten

Egal, wie gut Sie vorbereitet sind – das Vorstellungsgespräch wird Sie mit der einen oder anderen schwierigen Frage konfrontieren, die Ihnen ein mulmiges Gefühl bereitet oder nicht in einem Satz zu beantworten ist. Der Trick bei brenzligen Fragen besteht darin, sie so zu beantworten, daß ein eventuell negativer Punkt „vorbeugend" durch ein positives Bild von Ihnen und Ihren Fähigkeiten ersetzt wird.

Wenn Sie sich etwa um eine Stelle in einem Bereich bewerben, in dem Sie keine direkte Berufserfahrung besitzen, fragt der Interviewer wahrscheinlich: „Waren Sie bereits in der Textilbranche tätig?" Dann könnte Ihre Antwort lauten: „Ich habe in der Innenarchitektur gearbeitet und weiß viel über Stoffe und ihre Herstellung" oder „In meinem letzten Job versetzte man mich in eine neue Abteilung, und mein Abteilungsleiter war begeistert, wie schnell ich lernte und meine Fertigkeiten anpaßte."

Hier andere schwierige Fragen, auf die Sie gefaßt sein sollten:

- *„Wo liegen Ihre Hauptstärken und -schwächen?"* Diese Frage sollten Sie stets mit einer Gegenfrage beantworten: „Welche Stärken halten Sie für notwendig, damit ich den Job perfekt erledigen kann?" Eine exzellente klärende Frage, denn sie signalisiert dem Arbeitgeber, daß Sie perfekt sein wollen.
  Ihre Stärken sind Ihnen aus Ihrem KSVK bekannt. Verkaufen Sie die Erfolgsfaktoren, die direkt mit dem Job, um den es geht, zu tun haben, und geben Sie Beispiele für die praktische Umsetzung. Geben Sie nur Stärken preis, auch wenn Sie sie als Schwächen tarnen müssen. Jeder Mensch hat Fehler, aber einige werden lieber gesehen als andere. Sie könnten sagen, daß Sie die Qualität eines Terriers besitzen – Sie beißen sich so lange an einem Problem fest, bis es gelöst ist. Oder daß Sie leicht die Geduld verlieren mit Leuten, die weniger einsatzbereit sind als Sie. Daß Sie zu übertriebenem Perfektionismus neigen, aber versuchen, sich zu bessern. Hin und wieder ist es in Ordnung, kleinere Schwächen einzugestehen; als erfolgreicher Verkäufer könnten Sie sagen: „Ich habe dreimal soviel Umsatz gemacht wie die anderen. Trotzdem bekam ich von meinem Chef oft Schelte, weil ich es mit dem Papierkram nicht immer so genau nahm. Ich habe mich bereits geändert und arbeite weiter an mir."
- *„Ich bin unsicher, ob Sie die nötige Erfahrung (Ausbildung) für diesen Job besitzen. Was meinen Sie?"* Mit dieser Frage sollten Sie auf alle Fälle rechnen. Von Ihrer Recherche wissen Sie, wonach die Firma sucht. Offensichtlich gibt es Aspekte, die dem Arbeitgeber an Ihnen gefallen, sonst hätte er Sie nicht zum Gespräch eingeladen. Er möchte, daß Sie ihm helfen, Argumente zu finden, die Ihr Manko ausgleichen und ihm die Rechtfertigung geben, Sie einzustellen.
  Als Staubsaugerverkäufer sind Sie sich z.B. des Mankos bewußt, daß Ihr Produkt schwächer ist als andere und weniger Saugkraft besitzt. Dafür kann Ihr Staubsauger winzige Ecken und Winkel erreichen, wo andere Geräte keine Chance haben. Das ist der Produktnutzen, den Sie herausstreichen sollten. Denken Sie an die Vorteile, die Sie von Ihren Mitbewerbern (auch von denen mit mehr Erfahrung) abheben. Machen Sie dem Arbeitgeber klar, daß Ihre anderen Stärken und Fertigkeiten die fehlende Erfahrung mehr als wettmachen.

- *„Wo sehen Sie sich in fünf Jahren?"* Im Klartext heißt dies: „Können wir langfristig mit Ihnen rechnen? Oder sehen Sie diesen Job nur als eine Sprosse auf Ihrer Karriereleiter?" Versichern Sie dem Arbeitgeber, daß Sie davon ausgehen, in dem Job glücklich und zufrieden zu sein. Betonen Sie Ihr Engagement, und nennen Sie Beispiele, die Ihre Loyalität und Zuverlässigkeit verdeutlichen.
- *„Warum sind Sie aus Ihrem letzten Arbeitsverhältnis ausgeschieden?"* Hier dürfen Sie niemals lügen oder Ihre alte Arbeit kritisieren. Suchen Sie nicht nach Ausflüchten. Wenn Sie unfreiwillig gegangen sind, geben Sie es zu. (Der Interviewer findet es früher oder später sowieso heraus.) Details können Sie sich sparen, beschränken Sie sich auf ein paar allgemeine Sätze, warum die Zusammenarbeit nicht klappte. „Die Vorstellungen meines Chefs und meine liefen konträr und waren leider nicht zu vereinbaren. Aber ich habe mir sehr viel Mühe gegeben und eine Menge gelernt."
- *„Weshalb meinen Sie, als Mitarbeiter für diese Firma qualifiziert zu sein?"* Eine defensive Reaktion wäre, eine Litanei von Gründen und früheren Tätigkeiten herunterzurattern, von denen Sie annehmen, daß diese Ihre Qualifikation erkennen lassen. Statt dessen sollten Sie antworten: „Eine interessante Frage, die zu beantworten Ihnen eigentlich leichter fallen sollte als mir. Was meinen Sie denn, was mich qualifziert macht?"
- *„Können Sie unter Druck arbeiten?"* Ein definitives Beispiel für eine klärende Frage: Bitten Sie den Interviewer um eine Erklärung, was genau er mit Druck meint. Möglicherweise finden Sie heraus, daß es sich um einen extrem stressigen Posten handelt, den Sie lieber nicht annehmen sollten. Oder Sie stellen fest, daß Sie bereits unter ähnlichen Bedingungen gearbeitet haben und daher gut gewappnet sind.
- *„Arbeiten Sie lieber mit Menschen oder Dingen?"* Eine heikle Frage, solange Sie den Job nicht genau einschätzen können. Dustin Hoffman konterte in dem Kinohit *Tootsie:* „Welche Antwort verschafft mir den Job?" Bevor Sie antworten können, brauchen Sie unbedingt nähere Informationen.
- *„Wie sind Ihre Gehaltsvorstellungen?"* Sie sollten niemals über Geld sprechen, bevor Sie ein konkretes Jobangebot haben. Egal, was passiert – warten Sie, bis der Interviewer von Ihnen überzeugt ist. Das kann mitunter erst im zweiten oder dritten Gespräch der Fall sein. Ein guter Verkäufer etabliert erst den Produktwert, bevor er über den Preis verhandelt. Mit anderen Worten: Erst reiben Sie dem prospektiven Käufer all die wunderbaren Merkmale und den

Nutzen des Produkts, für das er sich interessiert, unter die Nase. Sobald er dann meint, das Produkt unbedingt haben zu müssen, ist der Zeitpunkt gekommen, über den Preis zu verhandeln.

Je mehr Zeit ein Arbeitgeber in Sie investiert, desto mehr steht für ihn auf dem Spiel. Stellt er die Gehaltsfrage relativ früh im Interview, können Sie kontern: „Ist das ein Jobangebot?" Falls Ihnen das zu direkt ist, schwächen Sie ab: „Ich denke, es ist wichtiger, daß wir zuerst über Ihre Bedürfnisse sprechen, und wenn ich der/die Richtige für die Stelle bin, können wir uns später noch über das Gehalt unterhalten." Schicken Sie eine Frage hinterher: „Was halten Sie für die wichtigste Fähigkeit, die man für diesen Job mitbringen muß?" Wie Sie Ihre Gehaltsvorstellungen am geschicktesten durchsetzen, erfahren Sie in Kapitel 29.

Sie haben das Recht, zu schweigen

Kein Gesetz der Welt besagt, daß Sie auf jede Frage, die man Ihnen stellt, antworten müssen. Wenn Ihnen eine zu sehr widerstrebt, können Sie ein Ablenkungsmanöver versuchen, etwa so: „Entschuldigen Sie, dürfte ich kurz eine Frage stellen, die mir eben einfällt?" Unzulässige Fragen im Vorstellungsgespräch – nach politischer Gesinnung, Religion, Schwangerschaft etc. – müssen nicht wahrheitsgemäß beantwortet werden. Wenn Sie das Gefühl haben, eine Frage sei unzulässig oder habe nichts mit den Jobanforderungen zu tun, können Sie die Antwort durchaus verweigern – höflich, versteht sich.

Was, ich soll Fragen stellen?

„Moment mal", haken Sie ein. „Wenn der Arbeitgeber alle Fragen stellt, wie komme ich dann an die Informationen, die ich brauche?"

Klug gefragt, und die Antwort lautet: Damit Sie Ihr zweites Ziel erreichen – genügend Informationen sammeln und entscheiden können, ob der Job richtig für Sie ist –, müssen Sie Fragen stellen.

Wie bereits erklärt, bestimmen zwei Zielsetzungen Ihr Vorstellungsgespräch. Die erste und offenkundige hat den Arbeitgeber im Visier – nach dem Motto: „Was ist Ihr Problem? Wie kann ich helfen?" Die zweite ist verdeckter und an Sie selbst gerichtet: „Ist das der richtige Job für mich?" Jede Frage, die Sie während des Gesprächs stellen, sollte in eine der beiden Kategorien fallen.

Seien Sie kein Waschlappen!

Dennis kam zu mir, weil er seit fast einem Jahr eine Arbeit suchte und einfach kein Glück dabei hatte. Als ich ihn zum ersten Mal traf, wunderte mich das kein bißchen: Dennis verhielt sich im Gespräch äußerst passiv, lasch, ohne jede Dynamik. Man konnte sich wirklich nicht vorstellen, wie er mit dieser lahmen Art je Erfolg haben sollte!

Wir kauten die Regeln für erfolgreiche Vorstellungstermine so lange durch, bis Dennis sich endlich einen Ruck gab und begann, in Gesprächen aktiver zu werden, Antworten mit Elan und Pep zu würzen und von sich aus Fragen zu stellen. Binnen drei Wochen hatte er zwei attraktive Jobangebote vorliegen.

Arbeitgeber suchen Mitarbeiter mit Energie und Power – keine Waschlappen, denen alles mehr oder weniger egal zu sein scheint. Sitzen Sie deshalb nicht im Vorstellungsgespräch, als könnten Sie nicht bis drei zählen oder hätten einen Stock verschluckt. Ihr Input ist gefragt. Vergessen Sie nicht: Sie sind hier der Verkäufer – und von allein verkauft sich kein Produkt. Um den Verkauf abzuschließen, müssen Sie das Gespräch in die richtigen Bahnen lenken, indem Sie gut überlegte Fragen stellen.

Jeder Mensch hat den Impuls, auf Fragen zu antworten – automatisch. Das gilt für den Interviewer ebenso wie für Sie.

Je mehr Sie fragen, desto mehr Kontrolle besitzen Sie. Nach jeder Antwort, die Sie gegeben haben, sollten Sie versuchen, das Gespräch mit einer cleveren Frage wieder unter Ihre Regie zu bringen. Wenn ein Arbeitgeber Sie um eine Beschreibung Ihrer herausragenden Stärken bittet, kontern Sie unmittelbar nach Ihrer Antwort: „Welche Stärken sollte Ihr Traumkandidat denn mitbringen?"

Warten Sie passiv, bis Ihr möglicher Arbeitgeber Ihnen lange genug auf den Zahn gefühlt hat, erfahren Sie wenig über den Job an sich. Bereiten Sie eine Liste mit Fragen vor, die Sie beantwortet haben möchten. Stecken Sie diese in Ihre Mappe oder Brieftasche, und zögern Sie nicht, sie herauszuziehen, wenn Sie sie brauchen. Kluge Interviewer schätzen kluge Fragen – und die Sorgfalt und Professionalität, die Sie mit deren Vorbereitung signalisieren.

Überlegen Sie gut, wie Sie Ihre Fragen formulieren. Statt auf ein einsilbiges Ja oder Nein sollten sie auf ausführlichere Antworten zielen. Also nicht „Darf ich in diesem Job Budgetentscheidungen treffen?", sondern: „Wie würden meine Entscheidungskompetenzen in Budgetfragen aussehen?" Stellen Sie konkrete Fragen, um nähere Fakten über den Job zu erfahren, und andere, um die Bedürfnisse des Arbeitgebers besser einschätzen und ihn überzeugen zu können, wie gut Sie diese erfüllen werden.

Die Spielregeln

Stil und Ton des Vorstellungsgesprächs definiert der Interviewer. Handelt es sich um einen souveränen Interviewer (was Sie erst im Gespräch erfahren), wird er Sie darauf hinweisen, daß Sie sich im Gesprächsverlauf jederzeit mit Fragen an ihn wenden können. Ist er weniger selbstsicher, schlägt er vielleicht vor: „Ich erzähle Ihnen jetzt ein paar Dinge über den Job, und danach stelle ich eine Reihe von Fragen. Wenn ich fertig bin, können wir Ihre Fragen durchgehen." Oft redet er dann soviel, daß für Ihre Fragen keine Zeit mehr bleibt. Oder aber er weiht Sie gar nicht erst in seine Gesprächsplanung ein.

Sobald Ihr potentieller Arbeitgeber die Spielregeln offengelegt hat, sind Sie an der Reihe: Sie können seine Marschroute akzeptieren oder höflich widersprechen. Wenn er beispielsweise vorgeschlagen hat, daß Sie Ihre Fragen bis zum Ende aufheben, könnten Sie ihn kurz nach Gesprächsbeginn unterbrechen: „Entschuldigen Sie, dürfte ich schon hier eine Frage einwerfen? Ich habe nicht ganz verstanden, was Sie gerade meinten." Der Interviewer merkt vermutlich gar nicht, daß Sie seinen Kurs ändern, und wird Ihnen die Bedeutung seiner Aussage gern erklären.

Versuchen Sie gleich zu Anfang, die Kontrolle über das Gespräch zu gewinnen, indem *Sie* die erste Frage stellen – präzise und freundlich. Bekunden Sie Interesse an Ihrem Gegenüber, oder machen Sie eine Bemerkung über das Büro, die Aussicht etc. Einen deutlichen Vorteil genießen Sie, wenn Sie im Vorfeld etwas über die Person in Erfahrung bringen und geschickt einsetzen können: „Ich habe in einem Wirtschaftsmagazin von Ihrer Beförderung gelesen. Welchen Faktoren, glauben Sie, verdanken Sie Ihren Erfolg?" Oder wenn Sie auf Empfehlung eingeladen wurden, können Sie beiläufig fragen: „Woher kennen Sie und Patrick Gerard sich?"

Den internen „Jargon" zu beherrschen verschafft Ihnen in jedem Fall gute Karten. Martin Shafiroff, Geschäftsführer von Sherson Lehman Hutton, rät Jobsuchenden, „vor einem Vorstellungstermin soviel wie möglich über ein Unternehmen zu lesen. Lernen Sie, wie diese Leute zu sprechen. Stellen Sie Fragen über das Gelesene, zeigen Sie, wie gut Sie Bescheid wissen. Damit sichern Sie sich einen Vorsprung vor Ihren Mitbewerbern."

Die Qualität Ihrer Fragen sagt viel über den Grad Ihres Interesses an diesem Job, die Sorgfalt Ihrer Vorbereitung und Ihre allgemeine Intelligenz aus. Musterfragen finden Sie im nächsten Kapitel.

In einem meiner besten Vorstellungsgespräche saß ich einem sehr gewieften, blitzgescheiten Verkaufsleiter gegenüber. Wissend, daß ich beruflich auf mehreren Hochzeiten getanzt hatte, fragte er mich, ob ich meinte, in dem Job glücklich zu werden, wo ich doch offenbar so viele verschiedene Interessen hätte. Nach kurzem Überlegen antwortete ich mit einer Gegenfrage: „Befriedigt Ihr Job etwa all Ihre Interessen?" Ich bekam ein Jobangebot und bin sicher, das lag an meiner schlagfertigen Antwort-Frage.

Denken Sie an Ihr Einmaleins!

Sobald sich das Gespräch dem Ende zuneigt, sollten Sie an Ihr Einmaleins denken und versuchen, den Verkauf unter Dach und Fach zu bringen. Das heißt: Zögern Sie nicht, um ein Jobangebot zu bitten. Sagen Sie: „Ich würde sehr gern für Ihre Firma arbeiten. Was kann ich tun, damit Sie sich zu meinen Gunsten entscheiden?" Möglich, daß der Interviewer einige Gedanken offenbart, die ihm durch den Kopf gehen. Sie lernen so seine Einwände kennen und wissen, wie Sie sie entkräften können.

Mit der vagen Aussage „Ich rufe Sie an und lasse Sie meine Entscheidung wissen" sollten Sie sich nicht zufriedengeben. Verabreden Sie einen konkreten Zeitpunkt, wann Sie zurückrufen dürfen. Falls Sie abgelehnt werden, obwohl Sie den Job unbedingt wollen, drängen Sie auf einen zweiten Gesprächstermin, etwa so: „Haben Sie sich auch schon einmal eine zweite Chance gewünscht, einen besseren ersten Eindruck zu machen? Diese Chance hätte ich jetzt gern, weil ich mir dringend wünsche, für Sie zu arbeiten. Könnten wir uns nächste Woche noch einmal sehen?" Dieser Ansatz wirkt in manchen Fällen Wunder.

Alles fällt ins Gewicht

Im Jobinterview fällt von der ersten bis zur letzten Minute alles ins Gewicht. Seien Sie lieber zu früh als zu spät; behandeln Sie jeden, mit dem Sie sprechen, freundlich und zuvorkommend. Rauchen und trinken Sie nicht – auch wenn es Ihnen angeboten wird. Kaffee oder Tee sind akzeptabel, sofern es einen Platz gibt, um hinterher die leere Tasse abzustellen, statt sie die ganze Zeit störend in der Hand halten zu müssen.

Versuchen Sie, etwas über die Atmosphäre in der Firma herauszufinden, bevor Sie zum Vorstellungsgespräch antreten. Wie locker oder steif geht es zu? Ist hinsichtlich der Garderobe Einheitslook oder individuelles Flair angesagt? Falls Sie unsicher sind, kleiden Sie sich lieber konservativ; beim zweiten Gespräch können Sie Ihr Styling zur Not ändern. Ich bin einmal zu schick gekleidet zu einem Vorstellungstermin aufgetaucht, mit zuviel Make-up (zumindest für den Geschmack dieser Firma) und strenger Frisur. Zum zweiten Gespräch trug ich dann ein sehr dezentes Make-up und eine weichere, lockere Frisur. Der Chef meinte: „Sie wirken irgendwie anders." Schließlich bot er mir den Job an (den ich allerdings nicht annahm), was er nicht getan hätte – da bin ich sicher –, wenn ich beim alten Styling geblieben wäre.

Der Eindruck, den Sie auf den Interviewer machen, überträgt sich später auf Ihre Position in der Firma. Wenn Sie stark, kompetent und ehrgeizig auftreten, prägen Sie Ihren Ruf als fähige Arbeitskraft, der keiner so schnell etwas vormacht.

Follow-up: Der Trick erfolgreicher Verkäufer

„Ich führe einen Großteil meines heutigen Erfolgs auf Nachfaßtechniken zurück, die ich mir zu Beginn meiner Karriere aneignete", erklärte mir neulich Jackie Burton, der Präsident von Burton-Lunch Public Relations.

„Als ich anfing, mußte ich mich mächtig ins Zeug legen, um meine Kunden an Zeitschriftenmacher und TV-Produzenten zu ‚verkaufen'. Damals gewöhnte ich mir an, mit einem persönlichen Schreiben nachzufassen, dem ich das gewünschte Material gleich beilegte. Dann rief ich erneut an, um sicherzugehen, daß die Unterlagen angekommen waren, und vielleicht noch ein oder zwei Ideen loszuwerden. Nach jedem erfolgreichen Abschluß schickte ich prompt eine Karte oder einen Brief als Dankeschön. Das tat ich sogar unabhängig vom Ausgang, weil ich wußte, daß mein Verhandlungspartner viel Mühe in die Sache investiert hatte."

„Diese Leute behielten mich in guter Erinnerung, und als ich später mit neuen Kunden ‚an die Tür klopfte', freuten sie sich, wieder von mir zu hören. Verkaufen ist ein komplexes Geschäft, in dem der Follow-up meines Erachtens eine zentrale Rolle spielt."

Diese Überzeugung teilen viele Verkaufsprofis. Deshalb sollten auch Sie sich die Follow-up-Technik zunutzemachen und perfektionieren.

Machen Sie nach jedem Vorstellungsgespräch Notizen zum Verlauf. Benutzen Sie dafür ein spezielles Arbeitsblatt, indem Sie das folgende Muster kopieren oder auf Ihre Bedürfnisse abstimmen:

Follow-up

Datum des Gesprächs: _____

Name der Firma: _____
    Anschrift: _____

Name des Interviewers: _____
    Titel: _____
    Telefon/Durchwahl: _____

Jobbeschreibung/Position/Titel: _____
    Hauptaufgabengebiete: _____
    Diskutierte drei A: _____

Erwähntes Gehalt oder Gehaltsspanne: _____

Follow-up:
    Dankschreiben geschickt: _____ (Kopie beilegen)
    Zurückrufen am: _____ Rückruf erfolgt: _____
    Nächster Schritt: _____

Positive/negative Eindrücke:

_____
_____
_____
_____
_____
_____

Bilanz meines Abschneidens (Was habe ich gut gemacht? Was wäre verbesserungswürdig? Wie gut war ich vorbereitet? Habe ich genügend Fragen gestellt? etc.):

_____
_____
_____
_____
_____
_____

Egal, welches Gefühl Sie nach dem Vorstellungsgespräch haben –
Sie sollten sich auf jeden Fall schriftlich bei Ihrem Interviewer bedanken. Erwähnen Sie in einem Satz Ihre wichtigsten drei A, und bestätigen Sie, daß Sie zum verabredeten Zeitpunkt anrufen werden
(was Sie dann auch tun).

Ein Manager bestätigte mir: „Ich beurteile Bewerber oft nach ihren
Follow-up-Aktionen. Kandidaten, die so wild auf den Job sind, wie
sie vorgeben, rufen pünktlich zurück – dann weiß ich, daß auf ihr
Wort Verlaß ist."

Acht Schlüssel zum Jobangebot

Folgende acht Punkte verhelfen Ihnen zu einem Jobangebot, dem krö-
nenden Abschluß des Vorstellungsgesprächs:

- Seien Sie gut vorbereitet.
- Kehren Sie mögliche negative in positive Punkte um.
- Stellen Sie Fragen, um das Gespräch unter Kontrolle zu behalten.
  Hören Sie aktiv auf Inhalt und Absicht der Fragen.
- Antworten Sie niemals auf Fragen, deren Inhalt oder Absicht Ihnen
  nicht ganz klar ist.
- Bitten Sie um ein Jobangebot.
- Fassen Sie mit Follow-up-Aktionen nach.
- Üben Sie, bis Sie so zuversichtlich und gelassen sind, daß Sie im
  Gespräch ganz Sie selbst sein und sich im bestmöglichen Licht
  zeigen können.

Das nächste Kapitel macht Sie mit Fragen vertraut, die man Ihnen
vermutlich stellen wird bzw. die Sie selbst stellen sollten. Ergänzen
Sie diese um eigene Ideen, und üben Sie die Gesprächssituation so
lange im Rollenspiel, bis Sie sich ihr perfekt gewachsen fühlen. Es
kann losgehen!

Einwände souverän entkräften: So bleiben Sie gelassen, wenn es brenzlig wird

28

Verkaufs- und Marketingregel Nr. 28:

Die Person, die die Fragen stellt, kontrolliert den Verkauf.

Arbeitgeber 1: „Offenbar haben Sie nicht viel Erfahrung in diesem Bereich. Wieso glauben Sie, für den Job geeignet zu sein?"

Arbeitgeber 2: „Bei Ihrer letzten Arbeitsstelle wurde Ihnen gekündigt. Warum?"

Arbeitgeber 3: „Sie scheinen es in keinem Job lange auszuhalten. Warum wechseln Sie so oft?"

Sicher sind das brenzlige Fragen, aber wenn Sie sie sorgfältig lesen, entdecken Sie, daß keiner der Arbeitgeber sagte: „Ich will Sie nicht einstellen." Nein, die Arbeitgeber fragten lediglich oder – den Ausdruck haben wir schon öfter in diesem Buch gebraucht – erhoben einen Einwand.

Eine der schwierigsten Lektionen, die Verkäufer lernen müssen, besteht darin, Einwände nicht mit Ablehnung zu verwechseln. Wie in

Kapitel 22 erklärt, ist ein Einwand das, was der prospektive Käufer vorbringt, wenn er noch keine positive Entscheidung gefällt hat.

Arbeitgeber, die Sie mit heiklen Fragen in die Bredouille bringen, hoffen in Wirklichkeit, daß Sie ihnen triftige Gründe liefern, warum sie Sie einstellen sollen. Wenn ein prospektiver Chef fragt: „Warum sind Sie aus Ihrem letzten Job geflogen?", und Sie antworten mit: „Persönliche Konflikte – mein Chef war nicht kommunikativ" – welchen Eindruck macht das wohl? Schon möglich, daß Ihr letzter Chef kein Kommunikationstalent besaß, aber damit geben Sie dem Interviewer noch lange keinen Grund, das Risiko auf sich zu nehmen und Sie einzustellen.

Wir neigen dazu, Einwände unreflektiert zu akzeptieren, statt hinter ihre Fassade zu blicken, weil es einfacher und bequemer ist. Wenn ein Interviewer sagt: „Wir können es uns nicht leisten, Sie einzustellen", akzeptieren wir das und reden uns tröstend ein: „Ich habe den Job nicht bekommen, weil sie mich nicht bezahlen können. An mir lag es nicht."

Manchmal nehmen wir Einwände persönlich, fühlen uns verletzt und enttäuscht. Wie können Sie diese Angst vor Ablehnung und Versagen überwinden und beherzt auf den Verkaufsabschluß zusteuern? Erinnern Sie sich an das Motto: „Erfolg ist Umsetzung von Wissen in konkrete Aktionen." Nun haben Sie Gelegenheit, es zu praktizieren, indem Sie Ihr bereits gewonnenes Wissen anwenden und offen sind, Neues hinzuzulernen.

Sechs Strategien bei Einwänden

Sie haben verschiedene Möglichkeiten, auf auftauchende Einwände zu reagieren. Die folgenden sechs Strategien helfen Ihnen, jedem Einwand souverän zu begegnen – zu Ihrer eigenen Zufriedenheit und zu der Ihres prospektiven Arbeitgebers:

1. *Aktiv zuhören.* Lassen Sie den Arbeitgeber wissen, daß Sie seine Bedenken nachvollziehen können. Fragen Sie sich, ob Sie an seiner Stelle die gleichen Zweifel hätten. Sie sollten sich niemals in die Enge getrieben fühlen oder den Interviewer in die Enge treiben. Eine einfache Aussage wie „Eine berechtigte Frage – gut,

daß Sie sie angeschnitten haben" oder „Ich verstehe Ihre Zweifel" vermittelt dem Interviewer, daß Sie auf seiner Seite stehen. Unterbrechen Sie ihn nicht, und glauben Sie nicht, seine Fragen im voraus zu kennen, auch wenn sie Ihnen schon viele Male gestellt wurden.

2. *Um Klärung des Einwands bitten.* Fragen Sie sich, ob Sie genau verstehen, um welches Problem es hier geht. Auf die Anmerkung des Arbeitgebers „Ich fürchte, Sie sind für den Job überqualifiziert" haken Sie nach: „Warum glauben Sie das?" oder „Was meinen Sie damit?" Wenn Sie dann „Nun, ich bin nicht sicher, ob wir Ihnen das Gehalt zahlen können, das Sie vermutlich verlangen werden" hören, wissen Sie, daß Geld das Problem ist – nicht Ihre Qualifikation.

Hätten Sie um nicht um Klärung des Einwands gebeten, hätten Sie viel Zeit damit verschwendet, den Arbeitgeber zu überzeugen, daß Sie die richtige Person für den Job sind. Sobald Sie wissen, daß es um den „Preis" geht, konzentrieren Sie sich darauf, Ihren Wert zu etablieren.

3. *Einwände in Fragen übersetzen.* Sehen Sie brenzlige Fragen als Herausforderungen an, nicht als Hindernisse. Fragen Sie sich: „Welche fehlende Information hält diesen prospektiven Käufer davon ab, dem Abschluß zuzustimmen?" Übersetzen Sie die Feststellung: „Ich glaube nicht, daß Sie genügend Erfahrung in diesem Bereich haben" in die Aufforderung: „Können Sie mir sagen, welche anderen Qualifikationen Sie besitzen, die Ihren Mangel an Erfahrung wettmachen?"

4. *Auf den Einwand reagieren.* Überlegen Sie, wie Sie dem Arbeitgeber helfen können, sein Problem zu lösen. Jeder hat das Recht auf Fragen und auf eine eigene Meinung, auch wenn diese falsch ist. Reagieren Sie auf den Einwand, indem Sie den „Produktnutzen" betonen. Bezieht sich der Einwand auf eine Schwäche, versuchen Sie nicht, ihn zu ignorieren oder die Schwäche zu kaschieren. Statt dessen sollten Sie sagen: „Das ist ein sehr bedeutender Punkt. Es stimmt, daß ich nicht viel Erfahrung in diesem Bereich habe, aber mein Hintergrundwissen im Bereich der Sozialarbeit ist eine ideale Voraussetzung für meine persönlichen Talente und das Verständnis, die für eine leitende Position im Personalsektor nötig sind. Außerdem bin ich sehr lernbegierig."

5. *Produktnutzen verkaufen.* Wissen Sie, welcher Produktnutzen für Ihr Gegenüber den höchsten Stellenwert hat? Je stärker die Ver-

bindung zwischen Ihren Fähigkeiten und den Bedürfnissen des Arbeitgebers, um so weniger Einwände werden Sie hören. Angenommen, Sie bewerben sich als Kundenberater in einer Bank und nehmen an, Ihre mögliche zukünftige Chefin sucht einen kontaktfreudigen Mitarbeiter „mit einem guten Draht zu Menschen". Das stimmt, aber sie möchte gleichzeitig jemanden, der eigenverantwortlich arbeiten kann, da sie beruflich viel unterwegs ist. Daher sollten Sie im Gespräch Ihre Selbständigkeit als Produktnutzen hervorheben.

6.   *Alle Bedenken beseitigt?* Vergewissern Sie sich, mit Ihrer Reaktion alle Zweifel in einer für beide Parteien zufriedenstellenden Weise aus dem Weg geräumt zu haben. Erkundigen Sie sich beim Arbeitgeber: „Beantwortet das Ihre Frage?" oder „Sind Ihre Bedenken damit beseitigt?"

Üben Sie diese sechs Strategien, bevor Sie zu einem realen Vorstellungsgespräch antreten. Bitten Sie Ihre Rollenspielpartner, sich soviele Einwände wie möglich – auch lächerliche – einfallen zu lassen. Von „Ihnen fehlen die nötigen Qualifikationen" bis „Mein Astrologe sagt, unsere Sterne stehen ungünstig"– keine Zweifel sind zu abwegig, um sich zu Übungszwecken mit ihnen auseinanderzusetzen.

Die perfekte Verkaufsgelegenheit

Vorstellungsgespräche machen uns nervös, weil wir nicht genau wissen, welche Fragen auf uns zukommen. Wir kennen das Dilemma aus unserer Schulzeit: Sie wissen, Sie beherrschen den Stoff, sind ziemlich sicher, die Prüfung zu bestehen, haben aber trotzdem Angst vor der einen Frage, auf die Ihnen partout keine Antwort einfallen will. Der Gedanke reicht aus, um Schweißausbrüche zu verursachen.

Ein Vorstellungsgespräch ist keine Klassenarbeit: Es gibt keine richtigen oder falschen Antworten. Im Gegenteil – je mehr Fragen man Ihnen stellt, um so besser liegen Ihre Karten. Warum? Weil Sie mit jeder Frage eine neue Gelegenheit bekommen, Ihr Produkt zu verkaufen. Was Ihr potentieller Arbeitgeber wirklich sagt, wenn er Ihnen eine Frage stellt, bleibt: „Nennen Sie mir Gründe, warum ich Sie einstellen soll."

Sie lesen gleich eine Liste mit Fragen, die in Vorstellungsgesprächen an der Tagesordnung sind und exzellente Verkaufsgelegenheiten bieten. Welche positiven, nutzenorientierten Antworten fallen Ihnen dazu ein?

Wie würden Sie beispielsweise darauf antworten: „Ich sehe, Ihr letztes Arbeitsverhältnis dauerte nur vier Monate. Woran lag das?" Wenn Sie nicht vorbereitet sind, reagieren Sie vielleicht defensiv: „Das war nicht mein Fehler. Ich hatte familiäre Probleme und mußte kurzzeitig zu meinen Eltern ziehen."

Besser wäre die folgende Antwort: „Ich kam gut mit dem Job zurecht, aber dann erlitt mein Vater einen Schlaganfall, und ich zog kurzzeitig zu meinen Eltern, um meiner Mutter zur Hand zu gehen. In dieser Zeit habe ich sehr viel gelernt, und das hat zu meiner Entscheidung beigetragen, in diesem Bereich tätig sein zu wollen ..."

Verwenden Sie die folgenden Fragen für Übungs- und Rollenspielzwecke. Bitten Sie einen Freund, diese mit Ihnen durchzugehen:

- Warum suchen Sie eine neue Arbeitsstelle?
- Warum glauben Sie, als Mitarbeiter für diese Firma in Frage zu kommen?
- Warum sind Sie aus Ihrem letzten Arbeitsverhältnis ausgeschieden?
- Was erhoffen Sie sich am meisten von Ihrem Job: Geld, Macht, persönliche Befriedigung etc.?
- Nennen Sie drei Personen in Ihrem Leben, die Sie am stärksten geprägt haben?
- Können Sie mir ein Problem schildern, mit dem Sie an Ihrem letzten Arbeitsplatz konfrontiert waren, und wie Sie es lösten?
- Wie verbringen Sie Ihre Freizeit?
- Was sind die Hauptaufgaben in Ihrem momentanen Job?
- Was waren Ihre Hauptverdienste in Ihrem letzten Job?
- Welche Auswirkungen hatten diese Verdienste auf die Firma insgesamt?
- Was gefiel Ihnen an Ihrem letzten Job am besten?
- Was gefiel Ihnen an Ihrem letzten Job am wenigsten?
- Was halten Sie für Ihre größten Stärken?
- Was halten Sie für Ihre größten Schwächen?
- Wie sehen Ihre langfristigen Karriereziele aus?
- Warum sollten wir uns für Sie entscheiden?
- Warum wollen Sie zu einer anderen Firma (in eine andere Branche)?

- Warum wollen Sie für unsere Firma arbeiten?
- Wie konkurrenzorientiert sind Sie?
- Sind Sie bereit, Überstunden zu leisten?

Branchen- oder berufsspezifische Fragen

Mit den zitierten Fragen müssen Sie in allen Vorstellungsgesprächen rechnen. Möglich, daß man Ihnen zusätzlich Fragen stellt, die sich speziell auf die Branche oder die Stelle, um die Sie sich bewerben, beziehen. Konzipieren Sie daher eine Reihe von drei A, die Ihren speziellen fachlichen Fertigkeiten Rechnung tragen. Wenn Sie keine Berufserfahrung in einem bestimmten Bereich haben, sollten Ihre drei A den Zusammenhang zwischen Ihrem Werdegang und der Stelle deutlich machen.

Merken Sie sich die folgenden Fragen, um vorbereitet zu sein, wenn sie so oder ähnlich in Vorstellungsgesprächen auftauchen. Ich habe drei Berufe ausgewählt, die momentan als zukunftsträchtig gelten:

Financial Controller

- Welche Aufgaben haben Sie an Ihrem letzten Arbeitsplatz wahrgenommen?
- Haben Sie an Ihrem letzten Arbeitsplatz neue Systeme und Kontrollen entwickelt? Wenn ja, welche?
- Welche Softwareprogramme beherrschen Sie?
- Mit welchen Arten von Budgets haben Sie gearbeitet?
- Welche Arten von Finanzanalysen haben Sie durchgeführt?

Netzwerkbetreuer

- Mit welchen Netzwerksystemen haben Sie bereits gearbeitet?
- Welche Ausbildung, Seminare, Kurse etc. haben Sie absolviert?
- Wie sahen Ihre bisherigen Tätigkeiten aus?
- Mit welchen Softwareprogrammen sind Sie vertraut?
- Wie lange dauert es, bis Sie mit neuen Systemen umgehen können?

Krankenpflegepersonal

- Für welche Aufgaben waren Sie an Ihrem letzten Arbeitsplatz zuständig?
- Haben Sie früher Teams geleitet, Dienstpläne erstellt etc.?
- Weshalb haben Sie diesen Beruf ausgewählt?
- Was beherrschen Sie besonders gut? Ihre Stärken?

Stellen Sie anhand der genannten Beispiele eine Liste mit mindestens fünf bis zehn Fragen zusammen, die sich speziell auf Ihr Interessengebiet beziehen. Nutzen Sie Ihre Recherche, Erfahrungen und Informationsgespräche als Orientierungshilfen.

1. _____
2. _____
3. _____
4. _____
5. _____

Fragenkatalog nicht vergessen!

Wie Sie wissen, besteht das zweite Ziel Ihres Vorstellungsgesprächs darin, möglichst viele Informationen über den Job und die Firma zu sammeln. Sie sollten einen Katalog mit Fragen zusammenstellen und diesen im Gespräch griffbereit haben.

Die Fragen, die Sie an Ihren potentiellen Arbeitgeber richten, sind gleichzeitig Verkaufsinstrumente, denn: Ohne Fragen kein Verkauf. Sie sollen die Wünsche und Bedürfnisse des Arbeitgebers enthüllen, seine emotionalen Gründe, die zu Ihren Gunsten sprechen. Fragen, die sich anbieten, sind:

- Was sind die Hauptaufgaben in diesem Job?
- Wo sehen Sie Hindernisse oder Probleme, mit denen ich rechnen muß?
- Welche Entscheidungsbefugnisse besitze ich in bezug auf meine Hauptaufgaben?
- Warum ist die Position neu zu besetzen?

- Welche Attribute hatten meine Vorgänger, die sich gut in diesem Job bewährten? Welche bewährten sich nicht gut?
- Welche speziellen Erwartungen hegen Sie an mich, sofern Sie mich einstellen?
- Welche Eigenschaften sollte Ihr Traumkandidat mitbringen?
- Von wievielen Personen wurde diese Position in den letzten fünf Jahren bekleidet?
- Mit wem würde ich unmittelbar zusammenarbeiten? Könnte ich diese Kollegen kennenlernen?
- Nach welchen Kriterien wird die Leistung in diesem Job beurteilt?
- Befördert die Firma Personen aus den eigenen Reihen? Wie und wie oft?
- Wie werden Entscheidungen getroffen?
- Wie sieht ein typischer Arbeitstag aus?
- Welche Ausbildungspolitik verfolgt die Firma?

Sag mir, was die Zukunft bringt

Klar wünscht man sich einen Beruf mit Zukunft. So turbulent und unsicher, wie sich die Wirtschaft heute gibt, ist es unverzichtbar, zu fragen, in welche Richtung die Firma steuert. Sie möchten nicht den Eindruck erwecken, der Job, für den Sie sich bewerben, sei nur ein Karrieresprungbrett für Sie. Trotzdem ist es vernünftig, sich Gedanken über Ihre Zukunft zu machen. Am besten stellen Sie Fragen, welche die Firma und ihre Zukunftspläne betreffen, ans Ende des Vorstellungsgesprächs. Einige Anregungen wären:

- Wie sieht eine typische Laufbahn in dieser Abteilung aus?
- Ich sehe, daß Ihre Firma international expandiert. Welche Langzeitstrategie verfolgen Sie?
- Mit welchen Personalmaßnahmen planen Sie, diese Strategie zu unterstützen?
- Gab es in den letzten Jahren Kurzarbeit oder Massenkündigungen in Ihrer Firma?
- Falls solche Maßnahmen für die Zukunft zu erwarten sind, welche Auswirkungen hätte das auf meinen Arbeitsplatz und/oder meine Abteilung?

Eine der wichtigsten Fragen, die Sie sich merken sollten:

- Welche Aufstiegsmöglichkeiten gibt es für jemanden, der auf meiner Ebene in die Firma einsteigt und sich sehr gut bewährt?

Machen Sie sich eine Liste mit mindestens zehn Fragen, die Sie in Ihrem nächsten Vorstellungsgespräch stellen wollen:

1. _____

2. _____

3. _____

4. _____

5. _____

etc.

Die richtigen Fragen stellen hilft Ihnen, einen Job zu finden. Aber das ist erst die halbe Miete. Ihr Job sollte Sie auch ausfüllen und finanziell zufriedenstellen. Wie Sie im Gehaltspoker die Oberhand behalten, erfahren Sie jetzt.

29 Über die Zukunft verhandeln: Wie Sie mehr fordern – und es bekommen

Verkaufs- und Marketingregel Nr. 29:

Aus einer erfolgreichen Verhandlung
gehen alle Parteien als Sieger hervor – aber derjenige,
der mehr fordert, bekommt in der Regel auch mehr.

Ich bin ein leidenschaftlicher Kinofan und liebe es, die alljährliche Oscar-Verleihung am Bildschirm zu verfolgen. Vor mehreren Jahren wurde Sally Field als „Beste Schauspielerin" ausgezeichnet – eine Würdigung ihrer herausragenden Leistung in dem von ihr gewählten Beruf. Sie trat ans Mikrofon, und Millionen Zuschauer warteten darauf, daß sie Mutter, Vater, dem Theatergruppenleiter, ihrer High-School und ihrer wunderbaren Familie für all die Liebe und Unterstützung dankte.

Statt dessen sagte sie mit Tränen in den Augen: „Ihr mögt mich! Ihr mögt mich wirklich!" Ein rührend menschlicher Moment, der einmal mehr deutlich machte, daß – egal, wie reich oder berühmt jemand ist – das höchste Streben zu sein scheint, gemocht zu werden.

Was das mit dem Thema Verhandeln zu tun hat? Ganz einfach: Verhandlungsgeschick und Selbstbild bzw. Selbstvertrauen sind sehr eng miteinander verwoben. Manchmal freuen wir uns so sehr über ein Zeichen der Anerkennung, daß wir bereit sind, uns mit weniger zufriedenzugeben, als uns zusteht. Wenn Sie nach langer Suche endlich einen Job angeboten bekommen – noch dazu einen, der Ihre Vorstellungen ziemlich genau trifft –, reagieren Sie möglicherweise spontan mit: „Sie mögen mich!" und akzeptieren dankbar das erste (Lohn-) Angebot, das man Ihnen macht.

Dabei ist Ihre Verhandlungsposition nie stärker als in dem Moment, in dem man Ihnen den Job anbietet. In dieser Situation „Besser, ich verlange nicht zuviel, sonst überlegen sie es sich am Ende anders" zu denken, ist ein Fehler, den Sie später bereuen werden. Sie haben es soeben geschafft, den Interviewer von Ihrem Wert für seine Firma zu überzeugen. Verspielen Sie diesen Trumpf nicht, indem Sie sich zu billig verkaufen. Der Interviewer will Sie als Mitarbeiter und auf keinen Fall, daß die kostspielige, zeitraubende Suche nach einem geeigneten Bewerber von vorn beginnt. Sie befinden sich also in einer sehr guten Verhandlungsposition.

Das Ego bleibt vor der Tür

Beim Verhandeln sind vor allem Logik und ein kühler Kopf gefragt. Sobald Ihre Emotionen über die Ratio siegen, haben Sie verloren. „Was glauben Sie eigentlich, wen Sie vor sich haben?! Ein solches Angebot kann ich nie und nimmer akzeptieren!" – auf diese Weise in die Ego-Falle zu tappen bringt Sie keinen Schritt weiter. Verärgert oder frustriert zu reagieren, wenn die Dinge nicht so laufen, wie sie sollten, nützt Ihnen nichts, wohl aber der Gegenpartei. Verhandeln ist eine Form der Problemlösung, und wenn es Ihnen nicht gelingt, Ihre spezifischen Probleme, Bedürfnisse und Ansichten adäquat zu verbalisieren, werden Sie vermutlich nicht bekommen, was Ihnen vorschwebt.

Verhandeln verlangt Objektivität. Sie mögen versucht sein, den Job alleine deshalb anzunehmen, weil Sie Ihren zukünftigen Chef sympathisch finden. Sicherlich ist Sympathie wichtig, vergessen Sie aber nicht, Ihr Chef kann schon morgen versetzt, befördert oder entlassen werden. Verhandlungsentscheidungen sollten niemals aus emotionalen Gründen gefällt werden.

Kommunikation ist der Schlüssel zu erfolgreichem Verhandeln. Je besser Sie mitteilen, was Sie wollen und warum, um so besser stehen

Ihre Chancen. Wenn Sie der anderen Partei den Nutzen Ihrer Vorschläge plausibel machen können, ist sie eher zur Zustimmung bereit – das bewährte Verkaufsprinzip hat auch beim Verhandeln Gültigkeit.

Ted und Frank waren gleichzeitig auf Jobsuche und hatten beide eine Stelle als Einkäufer bei einem großen Betrieb in Aussicht. Ted wurde ein Anfangsbruttogehalt von 4 500 DM im Monat angeboten. Er hatte auf mindestens 5 000 DM gehofft, fürchtete aber, sich selbst die Tür vor der Nase zuzuschlagen, wenn er mehr forderte. Darum akzeptierte er das Angebot.

Frank wurde ebenfalls ein Anfangsgehalt von 4 500 DM angeboten. Auch er war bereit, zu akzeptieren, allerdings unter der Auflage, einen Platz im firmeninternen Trainingsprogramm zugesichert und die Kosten für seinen M.B.A.-Kurs erstattet zu bekommen. Der Arbeitgeber willigte ein.

Fünf Jahre später mußte Ted seine Fortbildungsmaßnahmen selbst finanzieren. Er hatte sich zwar zum Abteilungsleiter hochgearbeitet, aber ohne weiteres Training wäre das Ende der Fahnenstange für ihn erreicht. Frank hingegen hatte seinen M.B.A. in der Tasche und im firmeninternen Trainingsprogramm so gut abgeschnitten, daß er nach nur drei Jahren ins Management befördert wurde. Was ihren Ehrgeiz und ihre Fähigkeiten betraf, bestand kaum ein Unterschied zwischen Ted und Frank – den Ausschlag gab ihre Verhandlungstaktik zum Zeitpunkt der Einstellung.

Ultimatives Verkaufsziel: Gegenseitige Zufriedenheit

Verhandeln ist etwas, was wir im Alltag häufig tun, ohne uns dessen bewußt zu sein. Wir verhandeln darüber, wer den Müll rausträgt oder die Kinder zur Schule fährt, welchen Kinofilm wir ansehen, ob wir den Pizza- oder China-Heimservice anrufen.

Verhandeln ist eine spezielle Form der Problemlösung. Einige Probleme machen wir mit uns alleine aus. Problemlösungen werden dann zu Verhandlungen, wenn zwei Personen oder Gruppen mit unterschiedlichen Positionen versuchen, einen für alle Seiten befriedigenden Kompromiß zu finden. Jede Seite hofft dabei, ihre Vorstellungen durchzusetzen und so wenige Konzessionen wie möglich machen zu müssen.

Kinder verstehen sich exzellent aufs Verhandeln. Sie tauschen Kekse gegen Vanilleeis oder einen Spielzeuglaster gegen ein Meerschweinchen, und am Ende ist jeder Sieger. Sie wissen, was sie wollen, und gehen schnurstracks auf ihr Ziel zu.

Ich beobachtete einmal einen kleinen Jungen im Park, der sich abmühte, auf einem großen, nagelneuen Schlitten mit Lenkrad einen schneebedeckten Hang hinabzufahren. Das Problem: Der Schlitten war zu groß für den Dreikäsehoch. Ein älterer Junge in der Nähe hatte einen runden Plastikschlitten mit einem Seil in der Mitte. Statt zu ihm zu gehen und zu versuchen, ihm diesen Schlitten abzunehmen (eine aggressive Verhandlungstaktik, die nicht nur bei Kindern populär ist), schätzte der kleine Junge die Situation clever ein, bevor er zu dem Älteren hinging und ihn in ein Gespräch verwickelte. „Du mußt dich ganz schön kleinmachen auf deinem runden Schlitten", sagte er. „Deine Füße hängen über den Rand hinaus. Ich wette, auf dem großen Schlitten hier könntest du mit Volldampf den Hang runtersausen. Und besser lenken obendrein!"

Der ältere Junge war begeistert, auf dem neuen, teuren, lenkbaren Schlitten fahren zu dürfen, während der Kleinere mit dem einfachen Plastikmodell viel mehr Spaß hatte.

Solche Verhandlungen, bei denen beide Parteien Sieger sind, nennt man Win-Win-Verhandlungen.

Es geht beim Verhandeln nämlich nicht um Sieg oder Niederlage, um überzogene Forderungen, die die Gegenseite „schlucken soll oder eben nicht". Verhandlungen drehen sich um Optionen, um die zentrale Frage: „Wie können wir eine Einigung erzielen, die alle Parteien zufriedenstellt?"

Diesem Ziel nähern wir uns mit „Was, wenn ...?"-Optionen. „Was, wenn ich Dir das gebe und Du mir dafür das zugestehst? Würde das den Bedürfnissen von uns beiden gerecht werden? Und wenn ich weniger hiervon, aber mehr davon nehme? Könnten wir uns darauf einigen?" Je mehr Optionen auf dem Tisch liegen, um so mehr Raum für Kompromisse gibt es.

Was erwarten Sie, wenn Sie nicht wissen, was Sie wollen?

Wenn Sie nicht wissen, was Sie von Ihrem Job erwarten, neigen Sie dazu, Angebote ohne Prüfung der Konsequenzen leichtfertig anzunehmen. Neben dem Geld verdienen viele andere Faktoren Berücksichtigung. Sie müssen sich darüber klar werden, was für Sie den höchsten Stellenwert hat.

Eine Freundin meiner Tochter suchte meinen Rat. Man hatte ihr die Position einer Redaktionsassistentin bei einem kleinen Magazin angeboten. Da Linda dieses Magazin sehr schätzte, war sie von der Chance begeistert. Leider konnten sich die Herausgeber das Gehalt, das ihr vorschwebte, unmöglich leisten. Linda war fest entschlossen, zu kämpfen, um ihre deutlich höheren Gehaltsvorstellungen durchzusetzen.

Als wir gemeinsam ihre Ziele durchgingen, kristallisierte sich heraus, daß ein hoher Verdienst Linda weniger wichtig war als der Einstieg in eine Journalismuskarriere. Eine junge Journalistin könnte bei diesem Magazin eine Menge lernen. Nach längerem Nachdenken wurde Linda bewußt, daß sie ein geringeres Gehalt in Kauf nähme, wenn man ihr dafür die Chance gäbe, eigene Texte zu schreiben.

Der Chefredakteur willigte ein, sie hin und wieder kleinere Beiträge verfassen zu lassen, aus denen, sofern sie sich bewährte, allmählich längere Artikel werden könnten. Linda nahm den Job an. Später verriet sie mir, daß sie mit einem höheren Gehalt, aber ohne die Möglichkeit, eigene Texte zu schreiben, wohl nicht glücklich geworden wäre.

Vor unserem Gespräch war Linda bereit, für mehr Lohn zu kämpfen. Und das, obwohl Geld mit ihrem persönlichen Glück gar nichts zu tun hatte. Hätte sie sich nicht Klarheit über ihre Ziele verschafft, hätte sie die Sache vielleicht abgeblasen wegen etwas, das keine Priorität in ihrem Leben genoß.

Grenzen abstecken

Der nächste Schritt nach der Klärung Ihrer Ziele besteht im Abstecken Ihrer Grenzen. Beginnen Sie mit dem Minimum an Ansprüchen, die unbedingt erfüllt sein müssen. Linda war bereit, ein geringeres Gehalt als erhofft zu akzeptieren, aber sie hätte es sich nicht leisten können, umsonst zu arbeiten. Sie mußte vor Verhandlungsbeginn festlegen, welchen Lohn sie eben noch akzeptieren konnte – ihren „Mindestpreis", unter den sie sich auf keinen Fall drücken lassen würde.

Als nächstes überlegen Sie, welche Maximalansprüche Sie stellen können. Wenn Sie über einen Firmenwagen verhandeln, ist es kaum realistisch, auf einen Rolls Royce zu bestehen. Beginnen Sie mit einer vernünftigen Maximalforderung, in der Hoffnung, daß die Gegenseite einverstanden ist. Ist sie das nicht, gehen Sie langsam mit Ihren Ansprüchen herunter. Verraten Sie nie, was Sie sich als unterste Grenze gesetzt haben, sonst bietet die Gegenseite genau das an. Eine zu hohe Forderung können Sie immer noch nach unten justieren – sich von einer zu niedrigen Forderung nach oben zu verbessern ist selten möglich. Stellen Sie sich die folgenden Fragen:

- Was erhoffe ich mir von diesem Job?
- Was sind meine wahren Bedürfnisse (über das Finanzielle hinaus)?
- Was kann ich maximal fordern?
- Wo ziehe ich die untere Grenze?
- Wo könnte ich Kompromisse eingehen?
- Habe ich eine klare Vorstellung, was auf dem Spiel steht, welche Faktoren eine Rolle spielen?

Flexibel sein

Verlieren Sie nicht die Ruhe, wenn die Dinge nicht so laufen wie geplant. Geschickte Verhandler sind flexibel. Geduld ist in Verhandlungen ebenso gefragt wie rasches Reagieren, sollten Strategien geändert, neue Aspekte berücksichtigt oder gar komplette Richtungswechsel vorgenommen werden müssen. Wenn Sie Ihrem Instinkt vertrauen, können Sie neu auftauchende Faktoren schnell in Ihre Überlegungen integrieren. Wie Sie wissen, zählt Flexibilität heutzutage zu den begehrtesten Erfolgsfaktoren. Wenn Sie in kniffligen Verhandlungssituationen Flexibilität beweisen, überzeugen Sie den Arbeitgeber erst recht, mit Ihnen einen Glücksgriff getan zu haben – und stimmen ihn Ihren Forderungen gegenüber positiv.

Typisch für Verhandlungen ist, daß das Blatt sich zwischendurch öfter wendet – einmal haben Sie Oberwasser, ein anderes Mal die Gegenseite. Achten Sie auf diese subtilen Verschiebungen, indem Sie sich im gesamten Verhandlungsverlauf immer wieder fragen:

• Warum beharrt die Gegenseite auf diesem bestimmten Punkt?
• Was bedeutet das für meine Strategie?
• Bewege ich mich noch im abgesteckten Rahmen?
• Wenn sich die Gegenseite zu dieser Konzession durchringt, wie kann ich ihr helfen, ihr Gesicht zu wahren?

Money Talk

Reden Sie niemals über Geld, bevor Sie ein konkretes Jobangebot haben und sicher sein können, den Arbeitgeber „in der Tasche" zu haben. Je mehr Zeit er bereits in Sie investiert hat, um so höher ist Ihr Wert.

Der Preis resultiert aus dem Wert – diese Wirtschaftsmaxime gilt beim Gehaltspoker allemal. Wenn Sie sich auf Preisverhandlungen einlassen, bevor Sie Ihren Wert etabliert haben, ziehen Sie garantiert den kürzeren.

In den meisten Fällen bedeutet dies, das Thema Geld erst im zweiten oder dritten Gespräch anzuschneiden, wenn Sie den Grad des

Interesses an Ihrer Person besser einschätzen können. Bis dahin dürften Sie auch genügend Informationen über den Job und seine Inhalte besitzen, um eine Ahnung zu haben, wie Sie dafür bezahlt werden wollen. Arbeitgeber, die sich sehr früh nach Gehaltsvorstellungen erkundigen, versuchen damit häufig, zwischen den Bewerbern auszusieben, indem sie versteckt fragen: „Sind Sie überqualifiziert für den Job? Oder unterqualifiziert?"

Ziehen Sie sich geschickt aus der Affäre, und antworten Sie ruhig und gelassen: „Ich halte den Zeitpunkt für verfrüht, um über mein Gehalt zu sprechen." Dann wechseln Sie mit einer strategischen Frage das Thema. (Sie erinnern sich: Die Person, die die Fragen stellt, kontrolliert das Gespräch.) Sollte der Arbeitgeber danach erneut auf das Gehalt zurückkommen, riskieren Sie eine Offensive: „Heißt das, Sie nehmen mich?" oder „Ist das ein Angebot?" Wenn er verneint, wiederholen Sie Ihren Eindruck, daß es für Gehaltsdiskussionen zu früh sei. Mit einer weiteren Frage übernehmen Sie wieder die Regie im Gespräch.

Lassen Sie sich nicht aus der Reserve locken!

Und wenn der Zeitpunkt gekommen ist, über Geld zu sprechen? Dann versuchen Sie, den Arbeitgeber zu bewegen, als erster eine „Hausnummer" zu nennen. Wenn er die Karten auf den Tisch legt, wissen Sie, wie aussichtsreich oder abwegig Ihre eigenen Vorstellungen sind. Vielleicht übersteigt der Gehaltsvorschlag ja sogar Ihre Erwartungen, und Sie wären dumm gewesen, weniger zu verlangen.

Wenn der Interviewer Sie um Ihre Gehaltsvorstellung bittet, sollten Sie fragen, ob ein Verhandlungsspielraum besteht oder nicht. Bei manchen Gehältern besteht kein, bei anderen ein geringer und bei wieder anderen ein großer Spielraum. Zögern Sie nicht, den Arbeitgeber direkt zu fragen, mit welcher Kategorie Sie es hier zu tun haben. Auf die Frage „Welches Gehalt stellen Sie sich vor?" antworten Sie (mit einem Schuß Humor): „Nun, was ich glaube, wert zu sein, und was Sie glauben, kann sehr unterschiedlich sein. Wieviel bieten Sie mir denn an?"

Bei Jobs mit Gehaltsspanne fragen Sie, wie dieser Spielraum genau aussieht. Auf die Auskunft „zwischen 4 500 DM und 5 000 DM brutto" erwidern Sie: „5 000 DM hört sich akzeptabel an."

„Welches Mindestgehalt wäre für Sie akzeptabel?" – lassen Sie sich von dieser Frage des Arbeitgebers nicht aus der Reserve locken. Sagen Sie in höflichem Ton, daß Sie keineswegs auf das Minimum erpicht sind, sondern einen Job suchen, der Sie intellektuell (oder kreativ oder was immer Ihre Priorität ist) fordert und sich auch finanziell rentiert.

Und noch ein wichtiger Rat: Sie sollten kein Angebot sofort akzeptieren, auch wenn es sehr attraktiv klingt. Erklären Sie, daß Sie aufrichtig interessiert und sicher sind, in hohem Maße zum Erfolg der Firma beitragen zu können, aber Sie müßten sich das Ganze ein paar Tage durch den Kopf gehen lassen. Der Arbeitgeber wird sich fragen, welche anderen Angebote Sie in petto haben und vielleicht noch etwas zulegen. Wenn nicht, können Sie in ein paar Tagen immer noch anrufen und mitteilen, daß Sie sich positiv entschieden haben.

Diese kurze Phase des Überdenkens gibt Ihnen außerdem Gelegenheit, sich zu vergewissern, daß Sie gut verhandelt haben und bekommen, was Sie wollten. Sobald Sie zu einer Einigung gelangt sind, können Sie schlecht einwenden: „Ach, übrigens habe ich vergessen, nach ... zu fragen", während Sie nach Ablauf der Bedenkfrist sehr wohl erklären können: „Ich habe Ihr Angebot überdacht und finde es insgesamt fair. Allerdings haben wir nicht diskutiert ..." Auf diese Weise behalten Sie das Heft noch etwas länger in der Hand.

Trümpfe richtig einsetzen

Wie beim Poker ist auch bei Verhandlungen nicht immer entscheidend, wer die besten Karten hat. Ein gewiefter Pokerspieler ist stets auf der Hut, sich seiner eigenen Körpersprache und der der Mitspieler vollkommen bewußt. Ihre Augen verraten viel über Sie. Wenn Sie Ihre Ansprüche vortragen, sollten Sie Ihrem Gegenüber direkt in die Augen sehen. Ein flackernder oder gesenkter Blick wirkt unsicher und untergräbt Ihre Überzeugungskraft. Es gibt nichts, was Ihnen peinlich sein müßte: Zu fordern, was Ihre Leistung wert ist, gehört zu den normalsten Dingen der Welt.

Sie dürfen Ihr Gegenüber niemals unterschätzen. Hören Sie aufmerksam zu, und pflichten Sie seinen Aussagen so oft wie möglich bei, auch wenn Sie nicht ganz mit ihnen übereinstimmen. Proteste sollten Sie stets auf dezente, respektvolle Weise anmelden. Wenn Sie dem Arbeitgeber das Gefühl geben, sein Angebot geringzuschätzen oder zu ignorieren, ziehen Sie sich seinen Groll zu.

Achten Sie auf eventuelle nonverbale Signale, die Ihr Verhandlungspartner aussendet, und versuchen Sie, diese zu deuten. Solche Signale sind ein gutes Indiz, wann Sie in die Offensive gehen und wann lieber die Bremse ziehen sollten. Wenn Ihr prospektiver Chef nach einer Weile konzentrierten Zuhörens beginnt, unruhig in seinem Stuhl hin und her zu rutschen, haben Sie wohl etwas gesagt, was ihm mißfiel. Versuchen Sie, herauszufinden, was das war, oder mit einer klug eingeschobenen Frage auf ein anderes Thema zu lenken.

Geld allein macht nicht glücklich

In der Vergangenheit gingen Firmen davon aus, alle Mitarbeiter hätten die gleichen Bedürfnisse. Folglich basierte das Gehaltsgefüge auf dem „Durchschnittsarbeiter" – individuelle Absprachen waren zu kompliziert und aufwendig.

Heute wird den Bedürfnissen des einzelnen mehr Priorität beigemessen. EDV-Systeme ermöglichen individuelle Gehaltspläne, selbst in großen Konzernen. Es hängt von der jeweiligen Person ab, wie gut sie in der Lage ist, die für sie wichtigen Punkte durchzusetzen.

Arbeitnehmern sind heute andere Dinge wichtig als noch vor 30 Jahren. In einer Gesellschaft, die sich hauptsächlich aus Doppelverdiener- und Singlehaushalten zusammensetzt, rangieren Kinderbetreuungs- oder Gleitzeitmodelle in der Wunschskala oft weiter oben als ein paar Mark mehr Lohn im Monat, von denen der Fiskus ohnehin nicht viel übrig läßt. Familienfreundlichkeit wird seitens der Arbeitgeber immer größer geschrieben. Firmen versuchen, ihre Mitarbeiter nicht nur über das Salär, sondern auch über gehaltsähnliche Zusatzleistungen wie Direktversicherung, Firmenwagen, Mietkostenzuschuß, Bildungsurlaub, Sprachkurse etc. zu gewinnen. Von diesen „Benefits" profitieren beide Seiten. Einige Modelle im Kurzüberblick:

- *Kinderbetreuung.* Voraussetzung, damit beide Ehepartner oder Alleinerziehende einem Lohnerwerb nachgehen können. Manche Firmen besitzen eigene Kindertagesstätten, andere übernehmen einen Teil der Kinderbetreuungskosten. Fast jedes größere Unternehmen hat die Bedeutung des Betreuungsthemas erkannt und entsprechende Modelle entwickelt. Gerade alleinerziehende Mütter, die einen wachsenden Anteil unserer Bevölkerung ausmachen, sollten sich gezielt erkundigen, wie diese Lösungen aussehen, bevor sie sich zur Annahme eines Jobangebots entschließen.

- *Gleitzeit und Job-Sharing (Arbeitsteilung).* Eines der wichtigsten verhandelbaren Benefits. Gleitzeit bedeutet, daß der Arbeitnehmer seine Arbeitszeit in einem gesteckten Rahmen – sagen wir, zwischen 6 und 19 Uhr – frei wählen kann, natürlich unter Beibehaltung der vorgeschriebenen Stundenzahl. Das hat den Vorteil, daß er die für ihn und seine Familie günstigste Zeit aussuchen kann. Angenommen, ein Ehemann geht von 6 bis 14 Uhr ins Büro. Seine Frau macht in der Zeit die Kinder für Kindergarten oder Schule fertig. Ihr Arbeitstag beginnt um 10 Uhr und endet um 18 Uhr. Auf diese Weise ist der Ehemann zu Hause, wenn die Kinder um 15 Uhr aus der Schule kommen. Das spart Betreuungskosten und erlaubt den (weniger gestreßten) Eltern, mehr Zeit mit ihren Kindern zu verbringen.

  Eine andere Variante ist das Job-Sharing, bei dem sich zwei Angestellte einen Arbeitsplatz teilen.

Eine meiner Cousinen, eine erfahrene Rechtsanwaltsgehilfin, suchte eine Teilzeitstelle, weil sie nebenbei noch eine Ausbildung machte. Ihre Bewerbungen bei mehreren großen Rechtsanwaltskanzleien wurden abgelehnt. Da traf sie zufällig eine alleinerziehende Mutter, die ebenfalls auf der Suche nach einer Teilzeitarbeit war. Sie bewarben sich fortan im Team und teilen sich heute eine Stelle in einem Kanzleibüro.

Meine Cousine arbeitet von 9 bis 13 Uhr, um 13 Uhr beginnt die Schicht ihrer Partnerin. Nachdem sie Aufgaben und Projekte kurz diskutiert haben, fährt meine Cousine in ihr Institut, und ihre Partnerin hält bis 17.30 Uhr die Stellung im Büro. Dieses Arrangement funktioniert für beide Frauen sehr gut, und auch ihr Arbeitgeber ist hochzufrieden.

Flexible Arbeitszeiten wirken sich positiv auf das Verantwortungsgefühl der Arbeitnehmer aus, weil sie die Leistung – den Wert der Arbeit – in den Vordergrund rücken, nicht die Anzahl der „abgesessenen" Stunden. Die Folge: Die Produktivität wächst, wovon sowohl Arbeitgeber als auch Arbeitnehmer profitieren.

Bevor Sie in Verhandlungsgespräche über Ihren neuen Job einsteigen, sollten Sie eine Liste aller Faktoren zusammenstellen, die für Sie wichtig sind. Eine Auswahl:

- *Geld & Co.* Lohn, Lohnsteigerungsmöglichkeiten, Sonderprämien, Bonifikation, Provision, Gewinnanteile, Tantiemen oder Wiederholungshonorare etc.
- *Position.* Titel, Vollmachten, Pflichten, Büro, Personal, Budget, Karriereaussichten etc.
- *Zusatzleistungen.* Versicherungs-/Mietzuschüsse, Urlaubstage, Firmenwagen, Kostenübernahme bei Fortbildungsmaßnahmen, Gleitzeit, Kinderbetreuung etc.

Erfolgreiches Verhandeln

Um in Verhandlungen Erfolg zu haben, müssen Sie die richtigen Fragen stellen, Ihre Verkäuferqualitäten gekonnt einsetzen und vom starken Glauben an sich selbst und Ihren Wert für den Arbeitgeber getragen sein. Außerdem sollten Sie Übung in den fundamentalen Verhandlungstechniken besitzen.

Eine Zusammenfassung der wichtigsten Punkte für erfolgreiche Verhandler:

1. Um Ihre Verhandlungsstrategie planen zu können, müssen Sie eine klare Vorstellung von den Wünschen und Bedürfnissen Ihres potentiellen Arbeitgebers besitzen.
2. Ihre Verhandlungsposition ist in dem Moment am stärksten, wenn Sie den Job angeboten bekommen.
3. Vor Einstieg in die Verhandlungen sollten Sie eine Marktanalyse durchführen und dann überlegen, was Sie fordern werden, womit Sie sich gut zufriedengeben können und unter welche Grenze Sie sich auf keinen Fall drücken lassen wollen.
4. Zeigen Sie aufrichtiges Interesse sowohl an der Person des Arbeitgebers als auch an der Firma und basieren Sie Ihre Aussagen darauf.
5. Verhandlungen, die in einer Win-Win-Atmosphäre statt in einem Klima der Konkurrenz und Aggression geführt werden, bringen

fast immer ein gerechteres Ergebnis, das beide Parteien langfristig glücklicher macht.

6. Generell sollten Sie die weniger kontroversen Themen an den Anfang der Verhandlungen stellen, um Übereinstimmungen transparent zu machen und ein Klima gegenseitiger Akzeptanz zu schaffen.

7. Etablieren Sie Ihren Wert, bevor Sie mit den Verhandlungen beginnen.

8. Augen sind verräterisch. Sehen Sie Ihrem Verhandlungspartner direkt in die Augen, ohne zu zwinkern oder den Blick zu senken.

9. Auch der Mund verrät viel. Beginnen Sie Verhandlungen stets mit einem warmen Lächeln, selbst wenn Sie meinen, bald widersprechen zu müssen.

10. Eine Einigung wird erst dann erzielt, wenn die Partei, die glaubt, aus der Gegenseite sei nichts mehr herauszuholen, eine letzte Konzession einräumt.

11. Am besten gelingt es Ihnen, den Verhandlungspartner auf Ihre Seite zu bringen, wenn Sie ihn in den Überlegensprozeß, der hinter Ihrem Standpunkt steckt, einbeziehen.

12. Hören Sie aktiv und aufmerksam zu. Auch wenn Sie mit den Argumenten der Gegenseite nicht einverstanden sind, dürfen Sie diese nicht ignorieren.

13. Fassen Sie die wichtigsten Vereinbarungen zusammen, bevor Sie die Verhandlung verlassen, um sicherzugehen, daß der Arbeitgeber und Sie sich wirklich einig sind.

14. Zeigen Sie sich der Gegenseite gegenüber ehrlich und fair – und erwarten Sie, umgekehrt genauso behandelt zu werden.

15. Studien zeigen, daß Verhandler, die mehr fordern und weniger zu geben anbieten, am Ende fast immer mehr bekommen und weniger geben.

Inzwischen haben Sie sich zu einem hervorragenden Verkäufer entwickelt. Verkaufen Sie sich nicht unter Wert. Sie wissen, welchen Wert Sie für den Arbeitgeber besitzen und daß Sie nichts fordern, was Sie nicht wirklich verdienen. Ihr Ziel sollten Verhandlungen sein, aus denen alle als Sieger hervorgehen. Denken Sie daran: Es ist Ihr Job, Ihre Entscheidung – Ihr Leben. Geben Sie sich nicht mit weniger zufrieden, als Sie sich wünschen oder wert sind.

Ein letzter Blick nach vorn

30

Verkaufs- und Marketingregel Nr. 30:

Eigenmarketing ist ein lebenslanger Prozeß:
Nutzen Sie es und genießen Sie Ihren Erfolg.

Fragt man einen Millionär, *wie* er es so weit gebracht hat, erwidert er oft: „Mit Blut, Schweiß und Tränen". Fragt man, *warum* er es so weit gebracht hat, lautet die Standardantwort fast immer: „Aus Liebe zu meiner Arbeit".

Ich habe dieses Buch nicht zuletzt geschrieben, um eine wichtige Botschaft zu vermitteln: Das wahre Erfolgsgeheimnis besteht darin, Ihre Arbeit zu lieben. Schließlich widmen Sie ihr 96 000 Stunden Ihres Lebens. Wie traurig wäre es, all die Zeit unglücklich, unerfüllt und unterbezahlt zu fristen!

Vermarkte Dich selbst! hat Ihnen effektive Erfolgsinstrumente an die Hand gegeben. Sie haben gelernt, von sich und Ihren Talenten überzeugt zu sein und diese überzeugend zu verkaufen. Sie haben erfahren, auf welche Qualitäten Arbeitgeber Wert legen, und wie Sie Ihre Erfolgsfaktoren stärken können. Sie haben Ihre Möglichkeiten erforscht und einen zielgerichteten Marketingplan konzipiert. Und Sie wissen jetzt, wie Sie prospektive Arbeitgeber mit Hilfe professioneller Verkaufstechniken dazu bewegen, Ihr „Produkt" zu kaufen. Der Rest hängt von Ihnen ab. Erfolg ist Umsetzung von Wissen in konkrete Aktionen.

Nur wer wagt, gewinnt

Die in diesem Buch präsentierten Verkaufs- und Marketingfertigkeiten eröffnen Ihnen eine Vielfalt neuer, aufregender beruflicher Möglichkeiten. Sicher ist es nicht immer leicht, seine Träume zu verwirklichen – Probleme und Rückschläge lauern überall. Ich glaube jedoch fest daran, daß, wer sich Ziele steckt und diese systematisch verfolgt, früher oder später mit Erfolg belohnt wird.

Wer weiß, was die Zukunft bringt? Die Welt und ihre Geschehnisse versetzen uns von Tag zu Tag in größeres Erstaunen. Am Ende des 19. Jahrhunderts ahnte niemand, wie rasant sich die Welt verändern würde. Auch das anbrechende 21. Jahrhundert wird uns mit politischen und technologischen Neuentwicklungen in Atem halten. Soviel steht fest: Die nächsten hundert Jahre werden ein Jahrhundert des Wandels und der Wahlmöglichkeiten sein.

Die Techniken und Tips in diesem Buch helfen Ihnen bei der erfolgreichen Vermarktung Ihrer Talente und Fertigkeiten heute und in Zukunft. Je mehr Sie die Herausforderungen der Zukunft willkommen heißen, um so größer wird Ihr Erfolg sein.

Das chinesische Schriftsymbol für Krise besteht aus zwei Komponenten – eine steht für Risiko, die andere für Chance. Man kann das eine nicht ohne das andere haben; nur wer das Risiko nicht scheut, darf auf Belohnung hoffen.

Ihre Verkaufs- und Marketingregeln auf einen Blick

Dieses Buch ist den Millionen Erwerbstätigen gewidmet, die davon träumen, ihr Potential voll auszuschöpfen, ihre Arbeit zu lieben und so bezahlt zu werden, wie es ihrem Wert entspricht.

Die Zukunft gehört Ihnen – nutzen Sie sie! Eigenmarketing ist ein kontinuierlicher Prozeß, der von Ihren Träumen motiviert und mit Hilfe bewährter Verkaufs- und Marketingtechniken realisiert wird.

Seine Grundregeln bilden das Fundament für Ihre lebenslange Karriereplanung:

1. Der Marketingerfolg wird durch die Qualität des Produkts und die Fähigkeit des Verkäufers bestimmt.
2. Die richtige Einstellung ist die wichtigste Voraussetzung für den Verkaufs- und Marketingerfolg.
3. Wenn Sie nicht an den Wert Ihres Produkts glauben, tut es keiner.
4. Statt sich gegen Veränderungen zu wehren, heißen effektive Verkäufer sie als Herausforderung und Chance willkommen.
5. Bei der Vielzahl an Produkten und Dienstleistungen, die heute um die gleichen Märkte konkurrieren, ist das Engagement des Verkäufers oftmals der entscheidende Faktor.
6. Den Verkaufserfolg steigern durch bessere Kommunikation: Vergewissern Sie sich, daß Ihre Botschaft so ankommt, wie Sie sie vermittelt und gemeint haben.
7. Verkaufen heißt, ein Problem kreativ lösen. Sie müssen überlegen, wie Sie am besten ans Ziel kommen und dabei die Bedürfnisse Ihrer Kunden erfüllen können.
8. Marketing erfordert schnelles, sicheres Entscheiden. Das bedeutet nicht, daß der Entscheider immer richtig liegen muß – wir lernen aus allen Fehlern.
9. Die beste Frage, die ein Verkäufer sich stellen kann, lautet: „Was kann ich beim nächsten Mal besser machen?"
10. Damit Produkte und Dienstleistungen in einer Zeit des schnellen Wandels überlebensfähig sind, müssen sie mit Weitblick und Zukunftssinn vermarktet werden.
11. Je mehr wir uns auf unsere eigenen Verkaufs- und Marketingfertigkeiten verlassen, um so selbstsicherer werden wir.
12. Gegenseitige Abhängigkeit und Vertrauen sind die Voraussetzungen für ein erfolgreiches Team.
13. Mehrwertmarketing bedeutet, die Bedürfnisse des Käufers zu kennen und seine Erwartungen zu übertreffen.
14. Je mehr Sie über Ihr Produkt wissen, um so besser können Sie es verkaufen.
15. Stärken ausbauen statt Schwächen korrigieren – das ist der Schlüssel zum Erfolg.
16. Käufer wollen über die Produktmerkmale informiert werden, aber sie kaufen wegen des Produktnutzens.
17. Ein Produkt läßt sich am besten durch selektives Betonen seiner Merkmale und Maßschneidern seines Nutzens verkaufen.

18. Effektives Marketing ist das Resultat gewissenhafter Planung.
19. Ein erfolgreicher Marketingplan basiert auf dem Verständnis aktueller wirtschaftlicher Trends.
20. Sie verbessern Ihre Chancen auf einen Verkaufsabschluß, wenn Sie wissen, was die Käufer wollen und brauchen.
21. Je genauer Sie wissen, wo Ihre Käufer lokalisiert sind, um so besser stehen Ihre Aussichten auf Erfolg.
22. Die Kunst des Verkaufens ist die Fähigkeit, der richtigen Person zum richtigen Zeitpunkt auf die richtige Weise das richtige Produkt zu verkaufen.
23. Der geheime Wunsch aller prospektiven Käufer: „Machen Sie mir ein Angebot, das ich nicht ablehnen kann."
24. In unserem Servicezeitalter kann Massenmarketing nicht die Effizienz maßgeschneiderter Verkaufstechniken entfalten.
25. Die Verpackung spielt bei der Entscheidung des Käufers für ein Produkt oder einen Service eine wesentliche Rolle.
26. Um einen Verkauf abschließen zu können, muß man zum wahren Entscheider vordringen.
27. Ein Verkauf ist eine Serie geplanter Fragen, die Bedürfnisse aufdecken, Vertrauen bilden, Zweifel zerstreuen und eine Zusage entlocken sollen.
28. Die Person, die die Fragen stellt, kontrolliert den Verkauf.
29. Aus einer erfolgreichen Verhandlung gehen alle Parteien als Sieger hervor – aber derjenige, der mehr fordert, bekommt in der Regel auch mehr.
30. Selbstmarketing ist ein lebenslanger Prozeß: Nutzen Sie es und genießen Sie Ihren Erfolg.

Hören Sie niemals auf, zu träumen ...

Unterschätzen Sie nie die Bedeutung von Träumen: Ihr Erfolg in der Zukunft hängt von Ihren Träumen heute ab. Vergessen Sie die Mahnungen von Eltern, Lehrern und anderen Autoritätspersonen, die Ihnen in der Vergangenheit etwas anderes weismachen wollten.

Eleanor Roosevelt wußte: „Die Zukunft gehört jenen, die an die Schönheit ihrer Träume glauben." Wer fest an seine Träume glaubt, ist bereit, für sie zu kämpfen – alles zu tun, um Phantasie in Realität, Wunschdenken in konkrete Aktionen umzusetzen.

Auch der berühmte Schauspieler Jack Lemmon war von der Erfüllung seines Lebenstraums nicht abzubringen. Sein Vater, Bäcker von Beruf, freute sich auf den Tag, an dem er den Familienbetrieb stolz dem Junior übergeben würde. Als Jack verkündete, nach New York gehen und Schauspieler werden zu wollen, brach das seinem Vater beinahe das Herz.

Er fragte: „Ist das dein Traum, Jack?"
Jack bejahte.
„Liebst du die Schauspielerei, Jack?", fragte sein Vater weiter.
Jack bejahte erneut.
„Dann geh, mein Sohn, und werde Schauspieler", sagte daraufhin der Vater. „Ich weiß, was es heißt, seine Arbeit zu lieben. Der Tag, an dem ein frischgebackener Laib Brot mein Herz nicht mehr zum Singen bringt, ist der Tag, an dem ich mich zur Ruhe setzen werde."

Dem kann ich nur aus tiefster Seele beipflichten.

Notizen

Notizen